Martin K. W. Schweer

Vertrauen und soziales Handeln

Martin K. W. Schweer

Vertrauen und soziales Handeln

Facetten eines alltäglichen Phänomens

Mit Beiträgen von:
Martin K. W. Schweer, Günter Krampen,
Andrea M. Dederichs, Margit E. Oswald, Hans W. Bierhoff/
Ernst Buck, Luitgard Stumpf, Ingrid E. Josephs,
Michael Opielka, Michael Koller/Wilfried Lorenz,
Mathias Franz, Günter F. Müller, Wolfgang Grunwald

Luchterhand

Die Deutsche Bibliothek - CIP-Einheitsaufnahme

Vertrauen und soziales Handeln : Facetten eines alltäglichen
Phänomens / Martin K. W. Schweer. – Neuwied ; Kriftel ; Berlin :
Luchterhand, 1997
ISBN 3-472-02990-0

Umschlaggestaltung: S.P.E.C.K.I.N Grafik-Design, Mühlheim, Ruhr
Satz: Wiesjahn GmbH, Berlin
Druck, Bindung: H. Heenemann GmbH & Co, Berlin
Printed in Germany, Oktober 1997

♾ Gedruckt auf säurefreiem, alterungsbeständigem und chlorfreiem Papier

Vorwort

Vor gut einem Jahr haben Bernhard ROSEMANN und ich an der Ruhr-Universität Bochum das Zentrum für Vertrauensforschung (ZfV) gegründet. Im Februar 1997 fand dann erstmals ein Bochumer Symposion zur Vertrauensforschung statt. Dieses Symposion war einerseits das Ergebnis unserer Überlegungen, die Vertrauensforschung im deutschsprachigen Raum zu intensivieren und erste Kontakte zwischen interessierten Wissenschaftlern herzustellen. Andererseits sollte das Symposion ein Ausgangspunkt sein, um den jeweiligen aktuellen Stand der Vertrauensforschung zu dokumentieren. Hieraus erwuchs die Idee, zur Dokumentation des Symposiums und vor allem zur Bündelung der neuesten Ergebnisse zur Vertrauensforschung die ausgearbeiteten Vorträge in dem nunmehr vorliegenden Sammelband »Vertrauen und soziales Handeln« zu veröffentlichen und sie somit einem breiteren Publikum zugänglich zu machen.

Mein Dank gilt allen Kolleginnen und Kollegen für ihre Mitarbeit an diesem Sammelband. Ferner danke ich allen Mitarbeitern, die mit der redaktionellen Überarbeitung der Beiträge betraut waren. Schließlich danke ich dem Luchterhand Verlag für die kooperative Zusammenarbeit.

Dortmund, im Sommer 1997   *Martin K.W. Schweer*

Inhalt

Vertrauen im familiären Kontext

Vertrauen in professionellen Beziehungen

Vertrauen und Gesellschaft

Vertrauen – ein alltägliches Phänomen

Vertrauen – ein alltägliches Phänomen

Martin K.W. Schweer

Der Titel meines einleitenden Beitrags deutet den Stellenwert von Vertrauen für das soziale Handeln des Individuums an: Vertrauen ist ein alltägliches Phänomen, d.h. es durchzieht sämtliche Lebensbereiche: Ob wir nun von partnerschaftlichen Beziehungen reden, von der Familie, vom großen (und augenblicklich heftig umstrittenen) Bereich des Gesundheitssystems, von dem Geschehen in der Arbeitswelt bis hin zu gesellschaftlichen Dimensionen wie beispielsweise dem politischen Engagement in der Bevölkerung - Vertrauen scheint in all diesen Lebensbereichen eine wesentliche Rolle zu spielen. Dies wird bei der Betrachtung der in diesem Sammelband gebündelten Beiträge evident, welche aus pädagogischer, psychologischer und soziologischer Perspektive die unterschiedlichen Facetten des Vertrauens beleuchten.

Die ersten vier Beiträge widmen sich der *Spezifizierung des Konstrukts Vertrauen.*

Günter KRAMPEN stellt zunächst die erhebliche Diskrepanz zwischen Alltagsrelevanz und wissenschaftlicher Erforschung des Konstrukts »Vertrauen« heraus und versucht vor diesem Hintergrund eine dezidierte Verankerung und Einordnung, wobei er insbesondere auf handlungs-, persönlichkeits- und entwicklungspsychologische Aspekte des Vertrauensphänomens eingeht. Den theoretischen Bezugsrahmen bildet das handlungstheoretische Partialmodell der Persönlichkeit, das auf der sozialen Lerntheorie ROTTERS basiert. Krampen unterscheidet hierbei drei verschiedene Bedeutungsebenen von Vertrauen: das Vertrauen in andere, das Selbstvertrauen und das Zukunftsvertrauen. Exemplarische empirische Befunde zur Vertrauenstrias aus dem Gesundheitsbereich verdeutlichen deren Stellenwert für das individuelle Erleben und Verhalten.

Sodann geht *Andrea M. DEDERICHS* dem Vertrauensphänomen als affektiver Handlungsdimension nach. Sie geht davon aus, daß die Analyse des Vertrauens neben einem historisch-dynamischen Rahmen eine konzeptionelle Einbettung in soziologische Handlungs- und Systemtheorien verlangt. Hierbei vertritt sie die These, daß Vertrauen als spezifischer Modus der Handlungsbewältigung in jeweilige Systemlogiken eingebunden ist und Transformationsprozessen unterliegt, die durch sozialen Wandel und systemische Differenzierung verursacht sind. Mit Hilfe der strukturfunktionalistischen Theorie PARSONS´ läßt sich Vertrauen als ein emotionales Verhältnis zwischen Ego und seiner Umwelt beschreiben, die aus sozialen, kulturellen und physikalischen Systemen besteht. Die Entscheidung für oder gegen Vertrauen wird durch vertrauensfördernde bzw. -hemmende Handlungsbedingungen modifiziert, die in Form von kulturellen Codes, normativen Tradierungen und sozialen Strukturen auf den Handlungsprozeß einwirken.

Wie zentral Vertrauen auch für das Verständnis der Informationsverarbeitungsprozesse ist, zeigt der Beitrag von *Margit E. OSWALD*. Vor dem Hintergrund einer allgemeinen Theorie interpersonalen Vertrauens wird am empirischen Beispiel einer Verkaufssituation deutlich, daß bei erlebtem Vertrauen versus Mißtrauen die Informationssuche unterschiedlich ist und ferner Informationen unterschiedlich intensiv verarbeitet werden. Auch läßt sich erkennen, daß die Komplexität der Urteilssituation mit der Akzeptanz von Lösungsvorschlägen und dem Grad erlebten Vertrauens in Zusammenhang steht.

Die Fragestellung von *Hans W. BIERHOFF & Ernst BUCK* bezieht sich schließlich darauf, welche soziodemographischen Merkmale (Geschlecht, Alter, Schichtzugehörigkeit) eine Vertrauens- bzw. eine Mißtrauensperson besitzt und welche Zusammenhänge zwischen den soziodemographischen Merkmalen einer befragten Person und der von ihr ausgewählten Zielperson bestehen. Die Ergebnisse einer diesbezüglichen empirischen Erhebung verdeutlichen die Struktur der Vertrauensbildung im Alltag und machen desweiteren systematische Zusammenhänge bei der Beantwortung der Frage »Wer vertraut wem?« evident. Es zeigt sich, wie wichtig wahrgenommene Ähnlichkeit als Faktor interpersonaler Attraktivität in zwischenmenschlichen Beziehungen ist.

Der zweite Themenkomplex des Sammelbandes thematisiert das *Vertrauen im familiären Kontext*.

Aus Sicht der kognitiven Entwicklungspsychologie geht *Luitgard STUMPF* auf der Grundlage von Interpretationen ambivalenter Handlungen und ambivalenter Intentionen zwei Fragen nach: Wie entwickelt sich Vertrauen während der Kindheit und wie wird Vertrauen mental repräsentiert? Hierbei geht sie davon aus, daß Vertrauensattributionen genau in solchen Situationen von besonderer Bedeutung sind, die für den Beobachter nicht eindeutig sind und somit für dessen Interpretationen aufgrund individueller Erwartungen offen sind. Die Ergebnisse einer experimentellen Studie deuten darauf hin, daß jüngere Kinder unabhängig von vorausgehenden a-priori-Erfahrungen ambivalente Situationen tendenziell positiv interpretieren und Vertrauen attribuieren, während ältere Kinder in der Lage sind, in ihren Beurteilungen der ambivalenten Situationen und dementsprechend auch in ihren Vertrauensattributionen zwischen den jeweiligen a-priori-Erfahrungen zu differenzieren.

Ingrid E. Josephs untersucht das Vertrauen zwischen Eltern und ihren Kindern aus der Perspektive der Bindungstheorie, nach der die frühen sozialen Erfahrungen und ihre Repräsentation ausschlaggebend für die weitere Entwicklung des Kindes sind. Die Basis des Selbstkonzeptes liegt also in der Internalisierung früher sozialer Erfahrungen: Kann das Kind im frühesten Alter seinen Bezugspersonen vertrauen, wird es sowohl von sich, als auch von anderen ein positives Bild aufbauen, was seine weitere kognitive und soziale Entwicklung maßgeblich bestimmt. Josephs zeigt auf, wie Vertrauen und eine sichere Bindung zur Autonomie des Kindes beitragen, und sie erläutert ferner an empirischen Ergebnissen aus Deutschland und Rumänien die kulturelle Dimension der Bindungsorganisation.

Der Beitrag von *Michael Opielka* erörtert in drei Schritten den Prozeß der Herstellung und Sicherung von Vertrauen in der Familie über soziologische und pädagogische Zugänge: Zunächst wird die zentrale soziologische Kategorie der Gemeinschaft erläutert und in ihrer analytischen Relevanz für mikrosoziale Strukturen entfaltet. Hierbei wird die Familie als ein prototypisches Gemeinschaftssystem verstanden und in ihren spezifischen Funktionen (Hilfe, Erziehung, Kommunikation, Legitimation) untersucht, wobei sich systematische Beziehungen von Vertrauen zu u. a. Solidarität, Risiko und Treue ergeben. In einem zweiten Schritt wird Vertrauen als Produkt gemeinschaftlichen Handelns betrachtet, und zwar als Output bestimmter Handlungskonstellationen in bestimmten Phasen. In einem dritten Schritt werden schließlich die Bedingungen der Herstellung von Vertrauen in den Teilsystemen des Gemeinschaftssystems Familie (Eltern-Kind-Beziehung, Paarbeziehung, Geschwisterbeziehung, Großelternbeziehung, erweiterte familiare Netzwerke) differenziert: Jedes dieser Teilsysteme aktiviert eine andere Kombination möglicher Funktionen des Familiensystems und leistet insoweit einen anderen Beitrag zur Vertrauensbildung. Folgerungen für die Familienpädagogik lassen sich vor allem dadurch ziehen, daß diese Kombinationen ein Muster unterschiedlicher Handlungsrelevanzen der am familiaren Erziehungsprozeß Beteiligten ergeben.

In den nachfolgenden vier Beiträgen wird der spezifischen Bedeutung von *Vertrauen in professionellen Beziehungen* nachgegangen.

In der Arbeit von *Michael Koller & Wilfried Lorenz* wird hierbei zunächst das Arzt-Patient-Verhältnis fokussiert: In kaum einer anderen Beziehung spielt Vertrauen eine so große Rolle wie in der zwischen Patient und Arzt. Es handelt sich um eine asymmetrische Interaktion, in der Ärzte Handelnde sind, und Patienten das Risiko in Form von Schmerzen, Komplikationen oder gar dem Tod tragen. Koller & Lorenz gehen davon aus, daß Patienten dieses Risiko kaum steuern können, während Ärzte ihr Risiko (z. B. Behandlungsfehler, Schadenersatzansprüche) durch sorgfältiges Handeln kalkulieren und eingrenzen können - Vertrauen erleichtert somit die Bewältigung dieser asymmetrischen Situation erheblich, wobei eine intakte Kommunikation zwischen Patient und Arzt zentral für den Aufbau eines positiven Vertrauensverhältnisses ist. Am Beispiel dreier empirischer Studien mit Krebspatienten im Rahmen einer Nachsorgeuntersuchung läßt sich zeigen, daß ein enger Kontakt zum Patienten die Tendenz bei Ärzten fördert, bei der Beurteilung des Gesundheitszustandes insbesondere auch psychosoziale Faktoren zu berücksichtigen. Hieraus ergeben sich wichtige Ansatzpunkte zur Verbesserung der ärztlichen Betreuung von schwerkranken Patienten.

Matthias FRANZ geht der Frage nach, welche Bedeutung Vertrauen und Wertschätzung für die Inanspruchnahme psychotherapeutischer Hilfe haben. Ausgangspunkt seiner Überlegungen ist hierbei die Tatsache, daß gegen die rechtzeitige Inanspruchnahme psychotherapeutischer Hilfe bei psychogen erkrankten Patienten häufig Widerstände bestehen. FRANZ geht davon aus, daß aufgrund einer strukturellen Vertrauensstörung das Erlebnis der Angewiesenheit auf äußere Hilfe und der Umgang mit einem psychotherapeutischen Hilfsangebot für psychogen erkrankte Patienten häufig eine hochkritische Situation darstellt, so daß sich der prätherapeutische Annäherungsprozeß nicht selten dramatisch und komplikationsbeladen gestaltet. Die Ergebnisse der Mannheimer Kohortenstudie zur Epidemiologie Psychogener Erkrankungen machen evident, daß insbesondere die Fähigkeit des Therapeuten zur Herstellung einer von gegenseitigem Vertrauen und Sympathie getragenen Beziehung entscheidend für eine positive Psychotherapieakzeptanz ist. Sie ist eine wesentliche Voraussetzung dafür, entgegen früherer Erfahrungen bei psychogene erkrankten Patienten die Vorstellung einer nicht-destruktiven Abhängigkeit entstehen zu lassen - eine einmal etablierte »Abhängigkeitstoleranz« ist Grundlage für einen positiven Therapieverlauf.

Den Auswirkungen fairer Entscheidungsverfahren in Organisationen widmet sich *Günter F.* MÜLLER in seinem Beitrag, wobei sein besonderes Augenmerk hierbei auf dem Prozeß der Vertrauensbildung liegt. *Müller* geht diesbezüglich davon aus, daß positive Wirkungen für das Vertrauensklima in Organisationen nur in dem Maße zu erwarten sind, in dem solche Merkmale für Organisationsmitglieder offensichtlich und als solche zu erkennen sind, anhand salienter Hinweisreize erschlossen werden können und zu Vorstellungen von Verfahrensgerechtigkeit passen, die Organisationsmitglieder durch eigene Erfahrungen oder übernommene Ansichten anderer Organisationsmitglieder herausgebildet haben. Fairneßaspekte berühren zahlreiche zentrale Bereiche des Verhaltens in Organisationen (u. a. Personalauswahl, Leistungsbeurteilung, Konfliktmanagement) und können somit in vielfacher Hinsicht zur Vertrauensbildung zwischen entscheidungsbefugten und -betroffenen Organisationsmitgliedern beitragen. Kritisch zu bewerten sind hierbei jedoch ethisch bedenkliche Aspekte der Vertrauensbildung durch bloßes Eindrucksmanagement.

Auch *Wolfgang GRUNWALD* thematisiert den Vertrauensaspekt im organisationalen Kontext, fokussiert hierbei insbesondere den Aspekt der Wechselseitigkeit - eine universelle Norm zwischenmenschlicher Beziehungen, die seiner Meinung nach im Wirtschaftsleben seit einigen Jahren erheblich verletzt wird. Als personenbezogene Ursachen für die zunehmende Ungleichgewichtigkeit im Geben und Nehmen macht er Unwissenheit, Gleichgültigkeit und Eigennutz verantwortlich. GRUNWALD betrachtet das Prinzip der Wechselseitigkeit als grundlegendes Regulativ für die Stabilität sozialer Arbeitsbeziehungen und verdeutlicht dessen Nutzen für das Verständnis und für die Gestaltung gerechter und motivierender Führungsbeziehungen.

Im abschließenden *eigenen Beitrag* wird Vertrauen im gesellschaftlichen Kontext, und hier im Hinblick auf das politische System betrachtet: Sinkende Wahlbeteiligungen, steigende Stimmenanteile von Protestparteien, Mitgliederschwund bei den etablierten Parteien und geringe Sympathiewerte von Politikern und Parteien in zahlreichen Umfragen haben in Deutschland eine nachhaltige und andauernde Debatte über eine Abnahme des Vertrauens in die Politik, ihre Institutionen und deren Repräsentanten ausgelöst. Hierbei zeigen neuere Befunde, daß insbesondere auch die Folgen der Wiedervereinigung eine »Vertrauenskrise« ausgelöst haben. In Erweiterung bisheriger Forschungsansätze, die vor allem das Vertrauen der Bevölkerung gegenüber politischen Institutionen in den Mittelpunkt ihrer Analyse gestellt haben, wird im Rahmen einer empirischen Studie das Vertrauen zu konkreten Repräsentanten des politischen Systems untersucht. Dahinter steht die Annahme, daß sich Befragte bei der Einschätzung der Vertrauenswürdigkeit von Institutionen primär auf ihre subjektiver Wahrnehmung von den derzeitigen Agenten und Vertretern dieser Institutionen stützen. Die Ergebnisse liefern erste Hinweise auf die Fragen, warum manchen Politikern in hohem Maße vertraut wird, während anderen Politikern verschwindend geringes Vertrauen geschenkt wird, und sie lassen die Auswirkungen (fehlenden) Vertrauens für das eigene politische Engagement erkennen.

Spezifizierung des Konstrukts Vertrauen

Zur handlungs-, persönlichkeits- und entwicklungstheoretischen Einordnung des Konstrukts Vertrauen

Günter Krampen

1. Einleitung

Die Zielsetzung des vorliegenden Beitrages ist die dezidierte theoretische Verankerung und Einordnung eines umgangssprachlichen Konstrukts, mit dem sich die psychologische Forschung und - noch weniger - die psychologische Theorienbildung bislang nicht nur viel zu wenig, sondern zumeist auch nur mit der Fokussierung einer seiner Bedeutungsvarianten - nämlich der des interpersonalen (sozialen) Vertrauens - beschäftigt hat. Das Konstrukt des interpersonalen Vertrauens wurde und wird dabei vor allem in der politischen Partizipations- und Sozialisationsforschung (u. a. KRAMPEN, 1991a, 1991b; MARSH, 1977; ROSENBERG, 1956), der sozialpsychologischen und soziologischen Forschung (u. a. LERNER, 1980; LUHMANN, 1973; WRIGHTSMAN, 1974), der psychoanalytischen Entwicklungspsychologie (u. a. ERIKSON, 1968), der sozial-kognitiven und handlungstheoretisch fundierten Persönlichkeitspsychologie (u. a. KRAMPEN, 1987a; ROTTER, 1967) sowie - erst neuerdings auch empirisch - in therapeutischen und pädagogischen Kontexten (u. a. BECKER, 1994; PETERMANN, 1996; SCHWEER, 1996) thematisiert und empirisch untersucht.

Obwohl »Vertrauen« ein im Alltagsverständnis präsenter Begriff sowie in seiner Bedeutung für das Verhalten und Erleben von Menschen nahezu ubiquitär ist, spiegelt sich dies in der sozialwissenschaftlichen Fachliteratur zu diesen Forschungstraditionen kaum in adäquatem qualitativem und quantitativem Umfang wider. Wohl nur bei wenigen Charakteristika des menschlichen Verhaltens und Erlebens ist die Diskrepanz zwischen ihrer direkten Relevanz und Thematisierung im Alltagsleben und ihrer psychologischen Erforschung ähnlich groß wie bei dem Merkmal des Vertrauens. Eine vergleichbar groß klaffende Lücke zwischen Alltagsrelevanz und wissenschaftlicher Thematisierung findet sich allenfalls noch bei (umgangssprachlichen) Konzepten wie »Schüchternheit«, »Kreativität«, »Sympathie« und »Liebe«. Dies ist wohl kaum Zufall, da solche umgangssprachlichen Begriffe in den Wissenschaften vor allem auch deshalb gerne vermieden werden, weil sie trotz ihrer Ubiquität im Alltag kaum eindeutig faßbare interindividuelle, intraindividuelle und kontextuelle Bedeutungs-variationen aufweisen, was ihre systematische (wissenschaftliche) Analyse erheblich erschwert: (Nahezu) Jeder »weiß«, was »Liebe« ist, (nahezu) jeder »weiß«, ob und wann er jemandem »Vertrauen« schenken kann, (nahezu) jeder »weiß«, ob sich jemand »schüchtern« verhält usw.; trotzdem ist die prägnante Definition dieser Konzepte wegen der genannten (dreifachen) konnotativen Variationen schwierig. In der Regel behilft sich die Wissenschaft in solchen Fällen mit Fachtermini, die zum Teil Kunstworte sind und durch ihre klarere Definition (im besseren Fall) mehr oder weniger stark von den umgangssprachlichen Konzepten abweichen und diese dabei in der Regel im Bedeutungsvolumen einschränken. In der Psychologie wurde so für »Kreativität« der Fachbegriff des »divergenten Denkens und Handelns«, für »Sympathie« jener der »interpersonalen Anziehung« (interpersonal attraction), für »Liebe« jener der »Intimität« bzw. »intimen Beziehung« (intimacy), für Schüchternheit jener der sozialen Ängstlichkeit (oder - im Englischen - »timidity«, nicht »shyness«!) geschaffen. Auffällig ist hierbei nicht nur, daß bei zahlreichen dieser Konzepte, bei denen wissenschaftliche Hilfsbegriffe nötig werden, trotzdem die Lücke zwischen ihrer Relevanz und Thematisierung im Lebensalltag und in der psychologischen Forschung bestehen bleibt. Auffällig ist zweitens auch, daß es so scheint, als ob sich diese Konzepte im Bereich der sozialen Interaktionen und Beziehungen häufen. Dies gilt nicht allein für »Schüchternheit«, »Sympathie« und »Liebe«, sondern auch für »Vertrauen« (trust), für das zudem bislang kein spezifischer Fachterminus entstanden ist.

Zu registrieren ist somit ein Konflikt zwischen dem umgangssprachlichen, freilich auch durch die Bedeutungsvariationen bedingten »Mehrwert« dieser Begriffe und ihrer eindeutigen wissenschaftlichen Definition und Analyse. Für solche möglichst eindeutigen Definitionen von Begriffen ist ihre theoretische Einbettung von zentraler Relevanz. Dies nicht allein, weil dadurch sowohl ihre Beziehungen zu anderen Konzepten verdeutlicht und damit etwa logisch konsistente, widerspruchsfreie und ggf. durch empirische Prüfungen abgesicherte Erklärungen und Prognosen möglich werden, sondern auch deswegen, weil durch die Einbindung isolierter Konzepte in breitere theoretische Netzwerke dem umgangssprachlichen »Mehrwert« der Begriffe unter Umständen besser auf die Spur gekommen werden kann.

Exkurs: Arten menschlichen Wissens und der Begriffsverwendung

Die Charakteristika, Bestimmungsstücke und Interrelationen zwischen wissenschaftlichen Begriffen und zwei Typen der umgangssprachlichen Begriffsverwendung sind in Abb. 1 in Anlehnung an die von BOULDING *(1968) vorgenommene Systematik menschlicher Wissensarten skizziert.*

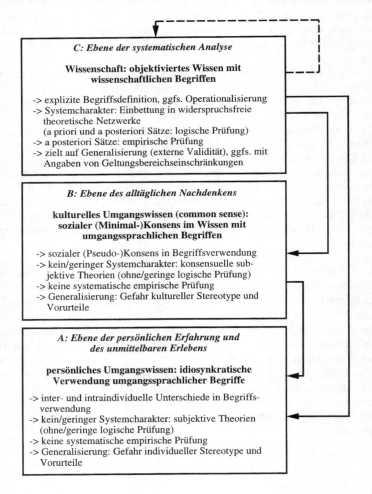

Abb. 1: Drei Arten menschlichen Wissens (nach BOULDING, *1968) und der Begriffsverwendung sowie ihre Interrelationen*

Ziel der Wissenschaften ist **objektiviertes Wissen** *(Ebene C), das durch wissenschaftliche Begriffe gekennzeichnet wird, die explizit definiert und - im Falle synthetischer (a posteriori) Sätze - mit Operationalisierungsinstruktionen verbunden sind. Das objektivierte Wissen weist Systemcharakter auf, nach dem die wissenschaftlichen Begriffe in logisch geprüfte, widerspruchsfreie theoretische Netzwerke integriert sind. Synthetische Sätze werden überdies der systematischen empirischen Prüfung unterworfen, wobei eine Zielsetzung in ihrer Generalisierung besteht, die ggf. um die Angabe von Geltungsbereichseinschränkungen spezifiziert wird.*

Sowohl das kulturelle **Umgangswissen (common sense)** *und die konsensuelle Verwendung umgangssprachlicher Begriffe (Ebene B) als auch das* **persönliche Umgangswissen** *und die idiosynkratische Verwendung umgangssprachlicher Begriffe (Ebene A) weisen diese Charakteristika objektivierten Wissens und wissenschaftlicher Begriffe nicht oder zumindest nur in einem geringen Ausmaß auf. Der oben genannte »Mehrwert« umgangssprachlicher Begriffe resultiert exakt aus dieser geringeren Präzision und Systematik des kulturellen und idiosynkratischen Wissens und der entsprechenden Begriffsverwendung. Werden nun in den Wissenschaften direkt umgangssprachliche Begriffe verwendet oder werden die für sie als Ersatz geschaffenen Fachtermini in die Umgangssprache zurückübersetzt, so hat das in der Regel sicherlich den Vorteil einer interessierten Öffentlichkeit und motivierter Untersuchungspersonen. Gleichzeitig besteht aber auch die Gefahr der Enttäuschung zu hoher Erwartungen, die auf dem Hintergrund der umgangssprachlich breiteren Verwendung (mit ihren Bedeutungsvariationen, ihrem begrifflichen Mehrwert, dem mangelnden Systemcharakter usw.) entstanden sind.*

Da die in Abb. 1 zusammengefaßten drei Arten menschlichen Wissens und der Begriffsverwendung nun aber nicht in isolierter Form nebeneinander stehen, sondern de facto alle drei dynamisch interagieren, kann dieses Dilemma - zumindest mittel- oder längerfristig - dadurch gelöst oder abgemildert werden, daß nicht allein das kulturelle Umgangswissen das persönliche beeinflußt, sondern daß auch das objektivierte Wissen aus den Wissenschaften und ihre Begriffsverwendung sowohl das kulturelle als auch das idiosynkratische Umgangswissen und die entsprechende Begriffsverwendung (mit-)beeinflussen.

Diese (ausgewählten) Interrelationen sind in Abb. 1 durch (durchgezogene) Pfeile markiert. Hinzu tritt ein weiterer, gestrichelt eingezeichneter Pfeil, der auf Ebene C (der der Wissenschaften) verhaftet bleibt und deren Bemühungen um progressive Problemverschiebungen und Erkenntnisgewinn vor allem im Sinne der Grundlagenforschung (ohne direkte Bezüge zum Umgangswissen und Anwendungsmöglichkeiten) beschreibt.

Je stärker dieser Kreislauf in einer Wissenschaft aktiv ist und je geringer ihre Auswirkungen auf die Ebenen B und C ausgeprägt sind, um so mehr haben wir es mit einer Grundlagendisziplin zu tun, die in Gefahr ist, zur »Elfenbeinturmwissenschaft« mit einer »reinen« Selbstzweckorientierung zu werden. Je geringer dieser (gestrichelt eingezeichnete) Kreislauf ausgeprägt ist und je stärker die Einflüsse der Wissenschaften auf das Umgangswissen sind, um so mehr haben wir es mit einer anwendungsorientierten Wissenschaft zu tun, die freilich auch in einer Gefahr steht, nämlich der, Anwendungen und Einflüsse auf die Umgangssprache sowie das Umgangswissen und -verhalten zu initiieren, die nur unzureichend wissenschaftlich abgesichert sind. Anzustreben ist somit ein ausgewogenes Verhältnis zwischen grundlagen- und anwendungsorientierter Forschung (s. hierzu u. a. KRAMPEN & WIESENHÜTTER, 1997).

Den Exkurs abschließend sei darauf verwiesen, daß in der Wissenschaft Psychologie interessanterweise alle drei Arten des Wissens explizit thematisiert werden. In der psychologischen Theorienbildung und Empirie vollzieht sich dies auf Ebene C, deren theoretische und methodische Ansätze aber auch auf Inhalte der Ebenen B (etwa in Analysen der subjektiven, »naiven« Theorien und Kausalattributionen von Gruppen; etwa HEIDER, 1944, 1958; LAUCKEN, 1974, 1982; WEINER, 1976) und A (etwa in idiographischen Analysen subjektiver Theorien und Attributionen; s. etwa GROEBEN & SCHEELE, 1977; KELLY, 1955) bezogen werden. Dabei sind auch Extrempositionen in der modernen Psychologie (und auch in ihrer Geschichte) anzutreffen, nach denen sich die Psychologie vollständig auf die Analyse des »common sense« und der Umgangssprache (Ebene B in Abb. 1; s. etwa die Psycho-Logik von SMEDSLUND, 1988, aber auch die eigentlich sprachanalytisch ausgerichteten frühen Beiträge zur Attributionstheorie von HEIDER, 1958) oder aber auf die Analyse einzelbiographischer und idiosynkratischer Merkmale beziehen sollte (Ebene A in Abb. 1; s. etwa die Psychologie des reflexiven Subjekts bei GROEBEN & SCHEELE, 1977, die Psychologie der persönlichen Konstrukte von KELLY, 1955, aber auch bereits Teile der verstehenden, intentionalen Psychologie nach HUSSERL, 1913, UND SPRANGER, 1930).

Festzuhalten bleibt somit: Während das Vertrauen bzw. Mißtrauen, das man anderen Menschen, Massenmedien, Institutionen, Organisationen usw. entgegenbringt, im alltäglichen Leben recht häufig bedacht und auch offen angesprochen wird (Ebenen A und B in Abb. 1), ist die psychologische Forschungslage zu dieser Thematik eher dürftig (Ebene C in Abb. 1). Recherchen in den entsprechenden Fachliteratur-Datenbanken führen nach wie vor zu bescheidenen Resultaten - dies sowohl in quantitativer als auch in qualitativer Hinsicht. Zu identifizieren sind einige wenige, im

Umfang und breiteren wissenschaftlichen Ertrag eher dünn bestellte Forschungsstränge, die sich vor allem auf (a) die entwicklungspsychologischen Determinanten des Vertrauens (etwa des »Ur-Vertrauens« bzw. »Ur-Mißtrauens« sensu E.H. ERIKSON, 1968) in der primären Sozialisation, (b) die Relevanz von Vertrauen und Mißtrauen für die politische Partizipation (etwa bei A. MARSH, 1977, und M. ROSENBERG, 1956) und (c) den persönlichkeitspsychologischen Stellenwert des interpersonalen Vertrauens in der Sozialen Lerntheorie der Persönlichkeit (sensu J.B. ROTTER, 1967) beziehen. In der Fachliteratur wird zwar an den benannten Stellen auf die hohe Bedeutung von Vertrauen für die Humanentwicklung (ab der frühesten Kindheit bis in das höchste Lebensalter), das soziale Interaktionsverhalten allgemein und speziell in therapeutischen und pädagogischen Kontexten (s. BECKER, 1994; PETERMANN, 1996; SCHWEER, 1996), die politische Partizipation usw. in stringenter Form verwiesen, an empirischen sozialwissenschaftlichen Beiträgen mangelt es jedoch bislang (zumal im deutschsprachigen Bereich) nicht zuletzt auch deswegen, weil bislang keine teststatistisch abgesicherten, normierten Erhebungsverfahren, sondern lediglich experimentelle Forschungsinstrumente für die Erfassung von Vertrauen vorliegen.

In der psychoanalytischen Forschungstradition (sensu ERIKSON, 1968) wird auf die Bedeutung von (Ur-)Vertrauen versus (Ur-)Mißtrauen, das sich bereits in früher Kindheit (im ersten Lebensjahr) entwickele, für die gesamte Lebensspanne verwiesen. In der sozialpsychologischen Literatur findet sich das Konstrukt des Vertrauens als ein zentraler Aspekt der »Alltagsphilosophien« von Menschen (WRIGHTSMAN, 1974) und im Konzept des »Glaubens an eine gerechte Welt« (LERNER, 1980). Ähnlich grundsätzlich wie bei ERIKSON, WRIGHTSMAN und LERNER und damit in Übereinstimmung mit der Ubiquität von Vertrauen resp. Mißtrauen im Lebensalltag argumentiert LUHMANN (1973), wenn er die herausragende Funktion von Vertrauen bei der Reduktion sozialer, gesellschaftlicher Komplexitäten (und die damit verbundenen Risiken) betont. In der politischen Partizipations- und Sozialisationsforschung, die für die (Fort-)Entwicklung demokratischer Systeme von besonderer Bedeutung ist, wird immer wieder auf die Relevanz von Vertrauen in das politische System, in die Politiker und in die Politik »als solche« für konventionelle und unkonventionelle politische Aktivität sowie deren Entwicklung verwiesen (MARSH, 1977; ROSENBERG, 1956). Breitere, stringente theoretische Konzeptionen waren damit bislang kaum verknüpft. Forschungsleitend waren und sind vielmehr vor allem Plausibilitätsüberlegungen gewesen. Eine Ausnahme dazu bildet die Soziale Lerntheorie der Persönlichkeit (SLT) von Julian B. Rotter (1955, 1967, 1982) und ihre systematische Weiterentwicklung zu einem handlungstheoretischen Partialmodell der Persönlichkeit (HPP; KRAMPEN, 1987a, 1988; s. hier Abschnitt 1).

Im Rahmen der Sozialen Lerntheorie kommt dem interpersonalen Vertrauen als einer über Lebensbereiche mehr oder weniger generalisierten Erwartungshaltung dann Relevanz für die Beschreibung, Erklärung und Vorhersage von Verhalten und Erleben zu, wenn sich die Person in einer subjektiv neuartigen, mehrdeutigen, kognitiv nicht gut strukturierten (»ill-defined«) Situation befindet. ROTTER (1967, S. 651; Übers. vom Verf.) definiert interpersonales Vertrauen als die »Erwartung eines Individuums oder einer Gruppe, daß man sich auf das Wort, die Versprechen, die verbalen oder geschriebenen Aussagen anderer Individuen oder Gruppen verlassen kann«. Um Vertrauen von Leichtgläubigkeit abzugrenzen, redefinierte ROTTER (1980, S. 4; Übers. vom Verf.) »Vertrauen (...) als das Glauben an Kommunikationen (...), wenn keine klaren oder starken Gründe für Nicht-Glauben (etwa in mehrdeutigen Situationen) vorliegen; Leichtgläubigkeit ist dagegen Glauben an Kommunikationen, den die meisten Personen der gleichen sozialen Gruppe als naiv und närrisch betrachten würden«.

Ohne hier auf die normative Problematik dieser Redefinition, die sich aus dem alleinigen Bezug auf soziale Normen ergibt, weiter einzugehen, sei darauf verwiesen, 1.) daß mit diesem Vorschlag ROTTERS zunächst einmal eine Arbeitsdefinition vorliegt, nach der 2.) dem Konzept der Situationswahrnehmung augenscheinlich ein zentraler Stellenwert für interpersonales Vertrauen zukommt. Situative Parameter sind danach für die begriffliche Unterscheidung von interpersonalem Vertrauen und Leichtgläubigkeit wesentlich. Die subjektive Situationswahrnehmung bestimmt somit darüber, wann Vertrauen in Leichtgläubigkeit »abrutscht«. Dies ist nach ROTTER dann der Fall, wenn wesentliche situative Hinweisreize übersehen werden, die auf mangelnde Vertrauenswürdigkeit deuten. In diese Richtung deuten auch die Befunde von GARSKE (1975, 1976), der für die von ROTTER (1967) vorgelegte »Interpersonal Trust Scale« (ITS) feststellte, daß Personen mit hohen Werten auf dieser Skala zugleich eine geringere kognitive Komplexität in Beurteilungen anderer Menschen (nach dem »Role Construct Repertory Test« von KELLY, 1955) und höhere Werte auf der 16PF-Skala »konkretes Denken« aufweisen (dies ist zugleich ein empirischer Beleg für die von LUHMANN, 1973, postulierte komplexitätsreduzierende Funktion von Vertrauen in sozialen Beziehungen auf der individuellen Ebene). Leichtgläubigkeit und interpersonales Vertrauen, erfaßt mit der ITS, schließen sich somit nicht aus, sondern können durchaus kovariieren. Zu ihrer Unterscheidung ist minimal der Einbezug subjektiver Situationswahrnehmungen notwendig.

Interpersonales Vertrauen resp. Mißtrauen kann handlungstheoretisch auch durch den Bezug auf die Handlungstendenzen von Menschen und ihre Bewertungen antizipierter Ereignisse und/oder Folgen spezifiziert werden (KRAMPEN, 1987a). Dies wird in Tab. 1 in einfacher schematischer Form aufgezeigt. Grundlegend für Vertrauen ist die Überzeugung, daß in vielen Lebenssituationen auch ohne eigenes Handeln subjektiv hoch bewertete, positive Ereignisse und/oder Folgen auftreten. Im Falle antizipierter Ereignisse, deren Eintritt negativ bewertet wird, ist diese Beziehung zwischen Vertrauen und eigenem Handeln invertiert: Die Überzeugung, daß in vielen Lebenssituationen ohne eigenes Zutun (Handeln) subjektiv unangenehme, negativ bewertete Ereignisse und/oder Folgen auftreten, kennzeichnet Mißtrauen. Zusätzlich ist dieser Gegenpol des »Mißtrauens« auch durch die Überzeugungen bestimmt, 1) daß in vielen Lebenssituationen gehandelt werden muß, damit etwas positiv Bewertetes auftritt, und 2) daß in vielen Situation gehandelt werden muß, um negativ bewertete Ereignisse und/oder Folgen zu verhindern. Auch in diesen beiden Fällen wird den »Situationskräften« allein nicht getraut.

Bezieht man sich also nur auf die beiden handlungstheoretischen Basisparameter der subjektiven Wertigkeit von antizipierten Ereignissen und/oder Folgen (Valenzen) und der individuellen Handlungstendenz, so gelangt man zu dem in Tab. 1 dargestellten einfachen Klassifikationsschema. Vertrauen versus Mißtrauen wird damit als eine Dimension zur Beschreibung von Personen definiert, deren einer Pol allein durch die generalisierte Erwartung positiver Ereignisse und/oder Folgen ohne eigenes Handeln bestimmt wird, wogegen der andere Pol durch die drei anderen möglichen Verknüpfungen von Wertigkeit und Handlungstendenz beschrieben wird. Diese beiden Parameter sind somit die zentralen Definitionsmerkmale von interpersonalem Vertrauen aus handlungstheoretischer Sicht (s.a. KRAMPEN, 1987a). Verwiesen sei darauf, daß nach dieser Arbeitsdefinition interpersonales Mißtrauen auf mehreren, unterschiedlichen Parameterkombinationen (nämlich drei Zellen von Tab. 1) basieren kann, während interpersonales Vertrauen nur durch eine Parameterkombination bestimmt wird (eine Zelle von Tab. 1). Betont sei zugleich, daß es sich um eine post-hoc Arbeitsdefinition handelt, da nicht nur die Valenzen antizipierter Ereignisse und/oder Folgen, sondern auch die individuellen Handlungstendenzen die definitorischen Bestimmungsstücke für Vertrauen versus Mißtrauen sind.

Auf dem Hintergrund dieser handlungs- und persönlichkeitstheoretischen Überlegungen wird im folgenden zunächst der konzeptuelle Rahmen zur Einordnung des so definierten Begriffs des interpersonalen (sozialen) Vertrauens dargestellt (Abschnitt 2). Seine Verankerung in einem handlungstheoretischen Partialmodell der Persönlichkeit (HPP) führt zur Einsicht, daß mit dem interpersonalen Vertrauen nur ein Aspekt des (auch umgangssprachlich) breiteren Vertrauensbegriffs spezifiziert ist. Die sich aus dem HPP ergebende (minimal) dreifache Bedeutung von Vertrauen

Handlungstendenz	Valenz/Wertigkeit antizipierter Ereignisse und/oder Folgen	
	positiv	negativ
Nicht-Handeln	Vertrauen	Mißtrauen
Handeln	Mißtrauen	Mißtrauen

Tab. 1: Einfaches Klassifikationsschema für Vertrauen versus Mißtrauen anhand der handlungstheoretischen Basisparameter »Handlungstendenz« und »Valenz entizipierter Ereignisse und/oder Folgen«

wird in Abschnitt 3 mit entwicklungs-, persönlichkeits- und gesundheitspsychologischen Schwerpunktsetzungen behandelt, wobei auch auf ausgewählte empirische Untersuchungsbefunde zur Vertrauenstrias eingegangen wird.

2. Der Rahmen für die handlungs- und persönlichkeitstheoretische Einordnung von »Vertrauen«: Das handlungstheoretische Partialmodell der Persönlichkeit (HPP)

2.1 Herkunft und Stellung des HPP in der psychologischen Theorienbildung

Als Strukturierungshilfe, durch welche die Stellung des HPP (s. KRAMPEN, 1987a, 1987b, 1988) in der psychologischen Theorienbildung deutlich wird, ist der von Herrmann (1976) für psychologische Forschungsprogramme entwickelte Systematisierungsvorschlag nützlich (s. Abb. 2). In der triadischen Relation von Problemstellung, Theorie und Empirie unterscheidet Herrmann idealtypisch zwischen zwei Typen von psychologischen Forschungsprogrammen.

Typ a-Forschungsprogramme sind solche, bei denen einem invarianten empirischen Tatbestand (einer Problemstellung) eine Reihe konkurrierender Theorien oder Hypothesen gegenübersteht. Es geht also um die Beantwortung einer Fragestellung, die im vorliegenden Zusammenhang durch die Aufgabenstellungen der Persönlichkeitspsychologie - die Beschreibung und Erklärung individueller Unterschiede sowie die Prognose und

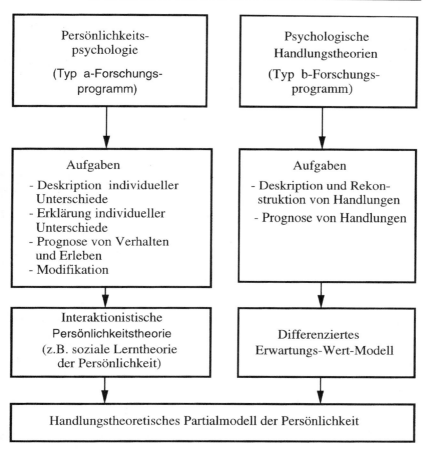

Abb. 2: Stellung des handlungstheoretischen Partialmodells der Persönlichkeit in der psychologischen Theorienbildung (nach KRAMPEN, 1991c, S. 10)

Modifikation von Erleben und Verhalten anhand von Persönlichkeitsmerkmalen (s. Abb. 2) - konkretisiert werden kann. In der Geschichte der Persönlichkeitspsychologie und auch heute konkurrieren alternative Theorien bei der Beantwortung dieser Fragestellungen, wobei sich aber ein interaktionistischer Ansatz weitgehend als konsensuelle Forderung herauskristallisiert hat (s.a. HERRMANN & LANTERMANN, 1985; KRAMPEN, 1987a, S. 80ff.; PERVIN, 1985).

Typ b-Forschungsprogramme betreffen dagegen quasi-paradigmatische Theoriekonzeptionen, die auf eine Vielzahl unterschiedlicher empirischer Tatbestände angewendet werden (können). Es handelt sich somit um die variable Anwendung eines mehr oder weniger fixierten Beantwortungsschemas auf eine Reihe unterschiedlicher Fragestellungen. Bei den psychologischen Handlungstheorien handelt es sich um ein solches Typ b-Programm, das sich in unterschiedlichsten Bereichen der Psychologie empirisch bewährt hat (s. im Überblick FEATHER, 1982; KRAMPEN, 1982, 1987a, S. 16ff.). Trotz der Heterogenität dieser psychologischen Handlungstheorien sind Gemeinsamkeiten festzustellen, die sich etwa darauf beziehen, daß beobachtbare Verhaltens- oder Unterlassungsereignisse als Handeln von Akteuren interpretiert werden, das mit Attributen wie zielgerichtet, erwartungsgesteuert, intentional, reflexiv usw. versehen wird. Es wird somit angenommen, daß der Handelnde Situationen interpretiert, Erfahrungen nutzt, Ereignisse und Zielzustände bewertet usw. Mit der Unterscheidung von Handlungsautomatismen und -autonomismen (s. HARRE, 1978; KRAMPEN, 1987a) wird dabei auch dem Einwand Rechnung getragen, daß in der konkreten Situation nicht jedes Verhalten (etwa Routinetätigkeiten oder Gewohnheiten) bewußt geplant und reflektiert wird, daß es aber anhand handlungstheoretischer Konzepte rekonstruiert, vorhergesagt und teleologisch erklärt werden kann. In motivationspsychologischen Handlungstheorien steht dabei zumeist die Antriebsregulation des Handelns im Vordergrund. Sie folgen in der Regel (in der Tradition von TOLMAN, ROTTER und EDWARDS; s. im Überblick KRAMPEN, 1982) dem sogenannten Erwartungs-Wert-Modell, nach dessen Grundansatz Handeln auf 1) subjektive Bewertungen von Handlungsergebnissen oder -zielen (Valenzen) und 2) subjektive Erwartungen darüber, daß einer bestimmten Handlung ein Ergebnis/Ereignis folgt oder nicht folgt, zurückgeführt wird. Solche Erwartungs-Wert-theoretischen Modelle ermöglichen Beschreibungen, Rekonstruktionen und Vorhersagen von Handlungsabsichten und Handlungen (s. Abb. 2) in definierten Situationen anhand situations- und handlungsspezifischer Valenz- und Erwartungsvariablen. Allerdings bleiben diese handlungstheoretischen Konzepte als differentialpsychologische Personvariablen situativ gebunden, verfügen damit über keinen persönlichkeitspsychologischen Status und führen zu einer situationsorientierten Psychodiagnostik, die mit ihrem Fokus auf eng umschriebenes Verhalten formale (nicht jedoch inhaltlich-konzeptuelle) Ähnlichkeiten zur Verhaltensanalyse in der klassischen Verhaltenstherapie aufweist.

Im handlungstheoretischen Partialmodell der Persönlichkeit werden diese beiden idealtypisch unterscheidbaren Forschungsprogramme in Form eines Flechtwerkes psychologischer Forschung und Anwendung, das persönlichkeitspsychologische Aspekte (Typ a-Programm) handlungstheoretischer Modelle vom Erwartungs-Wert-Typ (Typ b-Programm) umschließt, miteinander verknüpft (s. Abb. 2). Das HPP integriert somit Überlegungen zu einem differenzierten Erwartungs-Wert-Modell mit solchen aus der interaktionistischen sozial-kognitiven Persönlichkeitstheorie (primär aus der Sozialen Lerntheorie der Persönlichkeit von ROTTER, 1955, 1982).

2.2 Zielsetzungen und Axiome des HPP

Die *primäre Zielsetzung des HPP* (s. KRAMPEN, 1987a, 1987b, 1988) ist die systematische, theoretisch fundierte Integration allgemeinpsychologischer, handlungstheoretischer Modelle mit differentiellem Beschreibungswert und eines persönlichkeitspsychologischen Ansatzes. Realisiert wird dabei eine Möglichkeit, eine spezielle Variante der psychologischen Handlungstheorien um Persönlichkeitskonstrukte zu erweitern, die von der klassischen Persönlichkeitstheorie weitgehend übersehen worden sind, und die summarisch als generalisierte selbst- und umweltbezogene Kognitionen bezeichnet werden können. Angestrebt wird mit dem HPP also eine theoretisch fundierte Ausweitung der bislang in ihren Konstrukten situativ verankerten Handlungstheorie (situationsspezifische Personvariablen wie Erwartungen und Valenzen mit differentiellem Wert) auf zeitlich und situativ relativ stabile Charakteristika von Personen (Persönlichkeitsvariablen i. E. S.) oder - andersherum formuliert - die systematische Anbindung von Persönlichkeitsvariablen an einen Ansatz, der direkt der Beschreibung, Rekonstruktion und Vorhersage von Handeln dient.

Das HPP stellt dabei ein »*Partialmodell*« der Persönlichkeit dar, weil es den Bereich der mehr oder weniger generalisierten selbst- und umweltbezogenen Kognitionen fokussiert und dabei solche differentialpsychologischen Merkmale und Persönlichkeitseigenschaften (bislang) ausspart, die sich etwa auf Temperaments- und Leistungsmerkmale von Menschen beziehen. Die Hypothesen des HPP zur hierarchischen Strukturierung differentialpsychologischer Merkmale und von Persönlichkeitseigenschaften (s. Abschnitt 2.3) lassen dabei jedoch Raum für die Integration der handlungstheoretischen Persönlichkeitskonstrukte in ein umfassenderes Persönlichkeitsmodell, das auf Ebene IV (s. Abb. 4 in Abschnitt 2.3) etwa zusätzlich Temperamentsmerkmale und Leistungsmerkmale umfaßt. All diese auf der Strukturebene IV angesiedelten Persönlichkeitsbereiche (also handlungstheoretische Persönlichkeitsmerkmale, Temperamentsmerkmale, Leistungsmerkmale usw.) bilden dann zusammen auf Ebene V das molarste hypothetische Konstrukt der Persönlichkeitspsychologie, nämlich das der Persönlichkeit insgesamt.

Das HPP basiert auf der Sozialen Lerntheorie der Persönlichkeit (SLT) von ROTTER (1954, 1955, 1982), einer dynamisch-interaktionistischen Entwicklungstheorie der Persönlichkeit, die in ihren Kernannahmen Erwartungs-Wert-theoretischen Modellvorstellungen entspricht. Die *Axiome* der SLT (ROTTER, CHANCE & PHARES, 1972; s.a. KRAMPEN, 1982, 1987a) werden im HPP in leicht modifizierter Form übernommen und beziehen sich auf:

1. das Postulat, daß die Einheit der Persönlichkeitspsychologie die *dynamische Interaktion* des Individuums mit seiner bedeutungshaltigen Umwelt ist;

2. die *Ablehnung jedes Reduktionismus* für Persönlichkeitskonstrukte (d.h., daß Persönlichkeitskonstrukte nicht durch andere Konzepte - etwa physiologische oder neurologische - erklärt werden müssen und daß ihr Analysewert von solchen Konzepten auf anderen Ebenen prinzipiell unabhängig ist);

3. die *Ablehnung des Dualismus* für Persönlichkeitskonstrukte (d.h., daß die in Beschreibungen verwendeten Konstrukte zwar unterschiedlich sein können, daß die beschriebenen Sachverhalte jedoch eine Einheit aufweisen; so können etwa psychosomatische Phänomene zwar anhand ihrer somatischen und ihrer psychischen Symptomatik beschrieben werden, eine dieser beiden Beschreibungsebenen kann aber nicht - dualistisch - zur Erklärung der anderen herangezogen werden);

4. das Postulat, daß Persönlichkeitskonstrukte erst *ab einer bestimmten phylogenetischen und ontogenetischen Entwicklungsstufe* für Analysen und Vorhersagen von Verhalten und Erleben nützlich sind (nämlich da, wo es um Handeln geht);

5. das Postulat der (primären) *Erfahrungsabhängigkeit* handlungstheoretischer Persönlichkeitsmerkmale;

6. das Postulat von der *Zielgerichtetheit des Verhaltens*, das durch Persönlichkeitskonstrukte analysiert, beschrieben und rekonstruiert werden kann;

7. das Postulat von der *Abhängigkeit des Handelns und Erlebens von Valenzen* (subjektiven Ziel-, Ereignis- und Folgenbewertungen) *und subjektiven Erwartungen* des Individuums.

2.3 Die konzeptuellen, funktionalistischen und strukturalistischen Grundzüge des HPP

Realisiert wird im HPP, dessen Hauptkomponenten in Abb. 3 schematisch dargestellt sind, unter engem Bezug auf die Soziale Lerntheorie der Persönlichkeit ROTTERS (1954, 1982) und auf ein differenziertes Erwartungs-Wert-Modell (s. KRAMPEN, 1987a) ein integrativer Rahmen für selbst- und umweltbezogene Kognitionen. Das Modell umfaßt die folgenden Persönlichkeitsvariablen (im äußeren Bereich von Abb. 3), die mit definierten situations- und handlungsspezifischen Konzepten in Zusammenhang stehen (im inneren Bereich von Abb. 3 und im folgenden in Klammern aufgeführt):

1. *Selbstkonzept eigener Fähigkeiten* (situations- und handlungsspezifisch: Kompetenz oder Wirksamkeits- oder Situations-Handlungs-Erwartungen);

2. *Kontrollüberzeugungen* (situations- und handlungsspezifisch: Kontroll-, Kontingenz- oder Handlungs-Ergebnis-Erwartungen);

3. *Vertrauen* (situations- und handlungsspezifisch: Situations-Ereignis-Erwartungen, d.h. die Erwartung, daß bestimmte Ereignisse ohne eigenes Handeln auftreten);

4. *Wertorientierungen und Interessen* (situations- und handlungsspezifisch: Ereignis- und Folgevalenzen, Handlungsanreize);

5. das *Konzeptualisierungsniveau / subjektive Wissen* (situations- und handlungsspezifisch: Instrumentalitäts- oder Ereignis-Folge-Erwartungen).

Damit sind die grundlegenden Persönlichkeitskonstrukte des HPP unter engem Bezug auf die situations- und handlungsbezogenen Konstrukte eines differenzierten Erwartungs-Wert-Modells bestimmt. Neben diesen zentralen handlungstheoretischen Variablen können andere durch sie rekonstruiert und spezifiziert werden. Neben der Ängstlichkeit ist hier vor allem das Persönlichkeitsmerkmal der *Hoffnungslosigkeit* zu nennen. Hoffnungslosigkeit ist ein relativ summarisches handlungstheoretisches Persönlichkeitskonstrukt, das alle genannten handlungstheoretischen Variablen umfaßt.

In Übereinstimmung mit BECK (1970, 1972) und STOTLAND (1969) wird Hoffnungslosigkeit im Rahmen des HPP als negative Erwartungen einer Person in Bezug auf sich selbst, die personspezifische Umwelt und das künftige Leben definiert, die mit reduzierten Handlungs- und Lebenszielen verbunden sind. Basis ist ein ätiopathogenetisches Modell, das (ge-

29

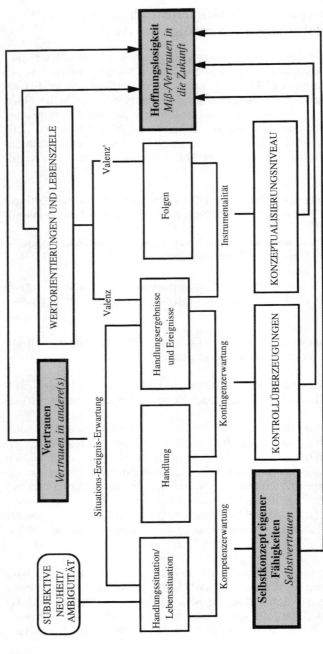

Abb. 3: Handlungstheoretisches Partialmodell der Persönlichkeit (HPP) nach KRAMPEN (1987a, S. 94) mit der (her-vorgehobenen) Vertrauenstrias

lernte) Hilflosigkeit - im Sinne negativ veränderter Erwartungen und Erwartungshaltungen - mit dem Konzept der Hoffnungslosigkeit - im Sinne negativ veränderter Erwartungen und Erwartungshaltungen sowie der Aufgabe bislang hoch bewerteter Ziele und Wertorientierungen - verbindet (s. hierzu KRAMPEN, 1979, 1987a, 1994). Im Falle hoher Hoffnungslosigkeit sind somit sowohl die situations- und handlungsspezifischen Valenzen und Erwartungen (aufgeführt im mittleren Bereich von Abb. 3) als auch die generalisierten handlungstheoretischen Persönlichkeitsvariablen (aufgeführt im Randbereich von Abb. 3) von negativen Veränderungen betroffen. Dies kann für alle Variablen gleichermaßen oder aber auch vor allem für einige ausgewählte gelten, was ggf. durch weitergehende differentialdiagnostische Untersuchungen zu klären ist. Zu berücksichtigen ist dabei, daß zwischen den situationsspezifischen und generalisierten Beschreibungsebenen für selbst- und umweltbezogene Kognitionen minimal eine weitere anzunehmen ist, die sich auf lebens- oder handlungsbereichsspezifische Ausprägungen der Variablen bezieht (s.a. KRAMPEN, 1987a).

Verwiesen sei darauf, daß diese HPP-Rekonstruktion von Hoffnungslosigkeit mit der Beschreibung der situations- und individuumsspezifischen Merkmale von Hoffnung durch PLATTNER (1988) konsistent ist, daß diese unter Bezug auf das HPP (s. Abb. 3) jedoch weiter ausdifferenziert werden können. Als situationsspezifische Merkmale der Hoffnung führt PLATTNER die subjektive Bedeutsamkeit einer Situation (in Abb. 3: Valenzen) sowie ihre zukunftsbezogene Unsicherheit und Veränderbarkeit (situationsspezifische Erwartungskonstrukte in Abb. 3) auf. Individuumsspezifische, auf den biographischen Erfahrungen basierende Voraussetzungen für das Bilden von Hoffnungen sind nach PLATTNER (1988) a) die Herausbildung von Interessen (Abb. 3: Wertorientierungen und Lebensziele), b) die Entwicklung von Identität (Selbstkonzept), c) die Entwicklung von Vertrauen zu sich selbst (Selbstkonzept eigener Fähigkeiten) und zu anderen (Vertrauen) sowie d) generalisierte (Kontroll-)Überzeugungen über die Veränderbarkeit und Beeinflußbarkeit von Situationen und Ereignissen (Kontrollüberzeugungen).

Neben der Systematisierung der oftmals fragmentarisch und isoliert untersuchten sozial-kognitiven Person- und Persönlichkeitsvariablen selbst- und umweltbezogener Kognitionen beinhaltet das HPP auf dem Hintergrund des dynamischen Interaktionismus von Situations- und Personfaktoren Aussagen über die (hierarchische) *Struktur der Persönlichkeit* und über den relativen deskriptiven und prognostischen (damit auch psychodiagnostischen) Wert situationsspezifischer, bereichsspezifischer und generalisierter Variablen für Handeln und Erleben, wobei auf die Hypothese ROTTERS (1954, 1982) zur Moderatorwirkung der Situationswahrnehmung

31

(bzw. Wahrnehmung eines Lebensbereichs) zurückgegriffen wird. In dem auf mehr oder weniger reflektiertes Handeln (im Sinne von Handlungsautonomismen und -automatismen) ausgerichteten Partialmodell wird davon ausgegangen, daß in wohlbekannten, subjektiv kognitiv gut strukturierbaren Situationen und Lebensbereichen das Handeln und Erleben auf die situations- und handlungsspezifischen Komponenten zurückzuführen ist. Ist die Lebenssituation oder der Lebensbereich dagegen subjektiv neuartig, ambiguid und damit kognitiv nicht oder weniger gut strukturierbar, so ist in Analysen interindividueller Unterschiede und intraindividueller Entwicklungsprozesse auf die bereichsspezifischen bzw. generalisierten Modellkomponenten (d. h. die Persönlichkeitsvariablen i. E. S.) zurückzugreifen.

Greift somit die inhaltlich-theoretische Struktur des HPP im wesentlichen auf die Arbeiten zur Sozialen Lerntheorie von ROTTER (1982) und zu Erwartungs-Wert-Modellen in der psychologischen Handlungstheorie zurück, so wird die hierarchische Struktur mehr oder weniger generalisierter Erwartungen und Bewertungen in Anlehnung an EYSENCKS (1953) hierarchisches Persönlichkeitsmodell konzipiert. Der heuristische Wert solcher hierarchischen Persönlichkeitskonzeptionen wird in jüngerer Zeit etwa auch von GUTJAHR (1978) für die Beschreibung und Diagnostik der Persönlichkeit von Schülern, von GROSCHECK (1980) für jene des Selbstkonzepts und von BECKER (1982) für die globaler und bereichsspezifischer Angstneigungen ausgenutzt. Vor allem wegen der empirisch gegebenen Interkorrelationen verschiedener Persönlichkeitsvariablen werden hierarchische Strukturmodelle gegenüber Gruppenstrukturmodellen in der modernen Persönlichkeitsforschung präferiert. In hierarchischen Konzeptionen können solche Interkorrelationen durch übergeordnete Konstrukte dargestellt werden. Bei den handlungstheoretischen Persönlichkeitskonstrukten treten als weiteres Argument (mit a priori-Charakter) die konzeptuellen Beziehungen zwischen den Konstrukten hinzu, die durch ihre gemeinsame Erwartungs-Wert-theoretische Grundlage und ihren Status als mehr oder weniger generalisierte Erwartungshaltungen bzw. Valenzen gegeben sind.

In Abb. 4 ist die hypothetische Konzeption der hierarchischen Struktur handlungstheoretischer Persönlichkeitsvariablen dargestellt. Ausgehend von *situations- und handlungsspezifischen Erwartungen und konkreten Zielen* (auf Ebene I) wird zunächst auf situationsübergreifende, auf einen Handlungs- oder Lebensbereich bezogene Aspekte des Selbstkonzepts, des Vertrauens, der Kontrollüberzeugungen usw. generalisiert (Ebene II). Diese situationsübergreifenden, jedoch auf bestimmte Handlungsklassen bezogenen *bereichsspezifischen Personvariablen* (auf Ebene II) finden eine weitere Verallgemeinerung in den molaren Konstrukten der genera-

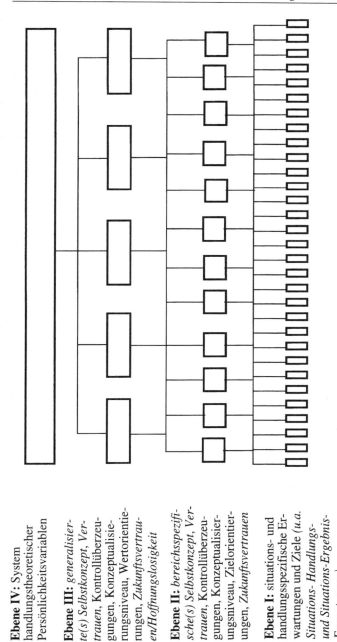

Ebene IV: System handlungstheoretischer Persönlichkeitsvariablen

Ebene III: *generalisierte(s) Selbstkonzept, Vertrauen,* Kontrollüberzeugungen, Konzeptualisierungsniveau, *Wertorientierungen, Zukunftsvertrauen/Hoffnungslosigkeit*

Ebene II: *bereichsspezifische(s) Selbstkonzept, Vertrauen,* Kontrollüberzeugungen, Konzeptualisierungsniveau, *Zielorientierungen, Zukunftsvertrauen*

Ebene I: situations- und handlungsspezifische Erwartungen und Ziele (*u.a. Situations- Handlungs- und Situations-Ergebnis-Erwartungen*)

Abb. 4: Hypothetische Konzeption der hierarchischen Struktur handlungstheoretischer persönlichkeitsvariablen (in Anlehnung an KRAMPEN, 1987a, S. 124) mit den (kursiv hervorgehobenen) Konstrukten der Vertraunstrias auf Ebene I, II und III

lisierten *handlungstheoretischen Persönlichkeitsmerkmale* auf Ebene III. Diese Generalisierungen beziehen sich nicht mehr allein auf verschiedene Situationen, sondern auch auf unterschiedliche Handlungsklassen und Lebensbereiche. Die Interdependenzen dieser molaren Konstrukte gehen auf ihre gemeinsame konzeptuelle Zugehörigkeit zum *System der handlungstheoretischen Persönlichkeitsmerkmale* (Ebene IV) zurück, das durch andere Persönlichkeitssysteme (etwa das der Temperamentsmerkmale und das der Leistungsmerkmale) ergänzt werden kann. Damit ist zugleich geklärt, daß das HPP als Partialmodell andere Persönlichkeitstheorien dort ergänzt, wo es um Analysen von Handlungen, Handlungsintentionen und auf Handlungen bzw. Handlungsintentionen bezogenes Erleben von Menschen geht.

Diese strukturelle Systematik handlungstheoretischer Persönlichkeitsvariablen steht in direkten Beziehungen zu den *funktionalistischen Aspekten des HPP*. Die zentrale diagnostische Leitlinie des HPP ist, daß dann, wenn eine Handlungs- oder Lebenssituation von einer Person subjektiv als neuartig, mehrdeutig und/oder kognitiv schlecht strukturierbar erlebt wird, die Psychodiagnostik (und auch die Forschung) auf der Ebene der generalisierten und/oder bereichsspezifischen Persönlichkeitsmerkmale anzusetzen hat, da eine Psychodiagnostik auf der Ebene der situations- und handlungsspezifischen Valenzen und Erwartungen quasi »ins Leere« geht und kaum reliable und valide diagnostische Informationen erbringen wird. Wird die Handlungs- oder Lebenssituation dagegen von der Person subjektiv als wohlbekannt, eindeutig und/oder kognitiv gut strukturierbar wahrgenommen, sind diagnostische Untersuchungen auf der situations- und handlungsspezifischen Ebene indiziert, und die Erhebung von generalisierten Persönlichkeitseigenschaften führt so lange zu diagnostischem Ballast, wie der Prämisse des diagnostischen Vorgehens (subjektiv gute Strukturierung der Situation) Gültigkeit zukommt (s. hierzu ausführlicher KRAMPEN, 1987a).

Eigene und über Modell-Lernen vermittelte Erfahrungen bilden die Basis für den Aufbau situations- und handlungsspezifischer Kognitionen sowie für die Verallgemeinerung dieser spezifischen Kognitionen zu bereichsspezifischen und generalisierten Persönlichkeitsmerkmalen. Dabei wird davon ausgegangen, daß ähnliche Prinzipien wie beim instrumentellen und operanten Konditionieren sowie beim sozialen Lernen (s. BOLLES, 1972) gelten, aber auch selbstregulative Systeme und Pläne relevant sind, die für die eigenständige Handlungssteuerung (etwa durch selbstgesetzte Ziele und Wertorientierungen; s. auch MISCHEL, 1973) verantwortlich sind. Unter Bezug auf PIAGET (1976) ist freilich zu bedenken, daß dieser Lern-, Generalisierungs- und Überformungsprozeß nicht kontinuierlich verlaufen wird (was etwa stärker behavioristisch orientierte Modelle wie die von BANDURA, 1976, und STAATS, 1975, für Lernen quasi-kumulativ unterstellen), sondern daß Diskontinuitäten (Übergeneralisierungen und -spezifizierungen) auftreten werden, was etwa eine Ursache für mangelnde Reliabilitäten bei der Erfassung handlungstheoretischer Persönlichkeitsmerkmale sein kann.

Aus dem HPP abgeleitete Hypothesen haben sich bislang etwa in Arbeiten zur indikativen Bedeutung handlungstheoretischer Persönlichkeitsvariablen (in Konkurrenz zu krankheitsbezogenen Variablen) für den (katamnestisch bestimmten) Therapieerfolg bei Alkoholikern (Krampen, 1986), zur politischen Sozialisation im Jugendalter (KRAMPEN, 1991a), zur politischen Partizipation von Erwachsenen (KRAMPEN, 1991b) sowie zum Lernerfolg bei Einführungskursen zur Grundstufe des Autogenen Trainings (KRAMPEN, 1991c) durch Rekurs auf bereichsspezifische bzw. generalisierte handlungstheoretische Persönlichkeitsmerkmale bewährt. Empirische Evidenz liegt ferner aus Studien vor, die sich - zumindest partiell - anhand des HPP theoretisch fundieren oder deren Befunde sich anhand des HPP interpretieren lassen (s. etwa Kuhl, 1977; ROSENBAUM & HADARI, 1985). Jenseits dieser empirischen Belege für das HPP im Bereich der Deskription, Rekonstruktion und Prognose interindividueller und intraindividueller Unterschiede ist darauf zu verweisen, daß bei seiner Entwicklung explizit sowohl im Bereich der handlungstheoretischen als auch der persönlichkeitspsychologischen Grundlagen von der Existenz a-priorischer Elemente ausgegangen wurde (s. KRAMPEN, 1987a). Damit wird u. a. der Bezug der Handlungstheorien und des dynamischen Interaktionismus´ zum Ansatz der teleologischen Erklärung (s. auch LANTERMANN, 1980; SLIFE, 1987) ernst genommen, ohne in das Extrem einer allein sprachanalytisch angelegten Psychologie (SMEDSLUND, 1988) zu verfallen. Vielmehr wird die Brücke zwischen empirischer (hier auf die Aufgaben der Deskription, Rekonstruktion und Prognose inter- und intraindividueller Unterschiede bezogen) und geisteswissenschaftlicher Psychologie (hier auf die Aufgabe der Erklärung inter- und intraindividueller Unterschiede im Handeln und Erleben bezogen) geschlagen (s.a. KRAMPEN, 1991d).

2.4   Die entwicklungspsychologische Anbindung des HPP

Über diese persönlichkeits- und differentialpsychologischen sowie psychodiagnostischen Aussagen hinausgehend kann das HPP durch seinen engen Bezug zur aktionalen, handlungstheoretisch fundierten Perspektive zur Entwicklungspsychologie des Jugend- und Erwachsenenalters (s. u. a. BRANDTSTÄDTER, 1986; BRANDTSTÄDTER, KRAMPEN & HEIL, 1986; LERNER & BUSCH-ROSSNAGEL, 1981) auch für entwicklungspsychologische Überlegungen und Analysen fruchtbar gemacht werden. In Abb. 5 findet

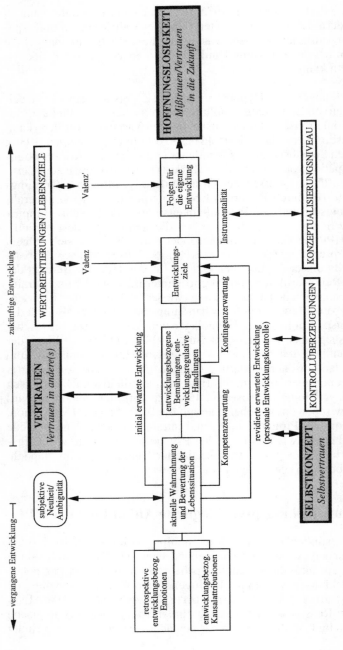

Abb. 5: Heuristik entwicklungsbezogener kognitiver, emotionaler und aktionaler Variablen mit zugeordneten HPP-Persönlichkeitskonstrukten und der (hervorgehobenen) HPP-Vertrauenstrias (modifiziert nach KRAMPENB, 1994, S. 19)

sich der Versuch, zentrale Konzepte aus der aktionalen Entwicklungspsychologie systematisch mit den Kernkonzepten des HPP zu verbinden. Es resultiert eine Heuristik entwicklungsbezogener Kognitionen, Emotionen und Handlungen, die (a) nach dem zeitlich-biographischen Kriterium der Retrospektion, der aktuellen Lebenssituation und der Prospektion sowie (b) den im HPP-Kernbereich unterschiedenen Erwartungs- und Valenzvariablen geordnet sind. Die sich daraus ergebenden Relationen zu den handlungstheoretischen Persönlichkeitsvariablen sind erneut im äußeren Bereich der Abbildung spezifiziert.

Ergänzend sei hier darauf verwiesen, daß bei der entwicklungspsychologischen Anbindung des HPP ein zwar im Vergleich zu traditionellen entwicklungspsychologischen Gegenstandsdefinitionen liberalisiertes Verständnis von entwicklungspsychologisch relevanten Veränderungen vertreten wird, daß dies aber nicht so inhaltsleer und unspezifisch bleibt wie vollkommen liberalisierte Vorschläge, welche den Gegenstand der Entwicklungspsychologie sprachlich und konzeptuell sehr »einfach«, jedoch methodisch sehr schwer umsetzbar auf solche Veränderungen beziehen wollen, die mit dem Lebensalter korreliert sind (s. hierzu im Überblick etwa Montada, 1995). Im Anschluß an SMEDSLUND (1988) sind logisch (analytisch) zwei Typen von Veränderungen zu unterscheiden: *Veränderungen erster Ordnung* werden dabei als »eine Veränderung in dem, was eine Person erkennt und/oder tut, ohne daß eine Veränderung irgendeiner Disposition einbezogen ist« (Smedslund, 1988, S. 69; diese Übersetzung und alle folgenden vom Verf.) definiert. *Veränderungen zweiter Ordnung* beziehen sich dagegen auf »eine Änderung in den Dispositionen der Person, zu erkennen und zu handeln« (SMEDSLUND, 1988, S. 70). Veränderungen erster Ordnung beziehen sich damit einfach auf den Handlungs- und/oder Lebenskontext; sie sind allein von äußeren Umständen abhängig, vollkommen reversibel und kein Hinweis auf eine (entwicklungspsychologisch relevante) Veränderung der Person, sondern nur ein Hinweis auf eine Veränderung in den äußeren Bedingungen. Veränderungen zweiter Ordnung beziehen sich dagegen auf Veränderungen persönlicher Dispositionen. Diese können reversibel sein (etwa bei sequentiellen Lern- und Entwicklungsprozessen), sie sind aber dann vollkommen irreversibel, wenn sie Diskriminierungen zwischen Situationen, Differenzierungen zwischen Handlungen und einen Übergang vom unreflektierten zum reflektierten Handlungsmodus involvieren. Das Axiom 6.1.7 von Smedslund (1988, S. 71) spezifiziert dabei, daß »das Zukunftsbewußtsein der Person aus Extrapolationen besteht, die auf dem Bewußtsein der Person über Trends in der Vergangenheit basieren«. Dies kann unter bestimmten Bedingungen in Form einer automatisierten Suche nach relevanten diskriminativen Hinweisreizen oder nach relevanten gemeinsamen Faktoren erfolgen:

»Veränderungen (zweiter Art) im Handeln hängen systematisch von Veränderungen im Können und Versuchen ab. Veränderungen im Können hängen von Veränderungen in der Fähigkeit der Person und der Aufgabenschwierigkeit ab, Veränderungen im Versuchen hängen von Veränderungen im Wünschen, der Wahrscheinlichkeit, ein Ergebnis zu erreichen, und der Wahrscheinlichkeit, die notwendige Handlung auszuführen, ab. Veränderungen in Gefühlen treten nur als Funktion der Veränderungen in den sie konstituierenden Wünschen und Überzeugungen auf. Schließlich kann die subjektive Identität sogar dann unverändert bleiben, wenn sich die aktuelle Handlungsausführung radikal verändert.« (SMEDSLUND, 1988, S. 84).

Die Bezüge dieser Überlegungen zum Gegenstandsverständnis von Veränderungsprozessen, die entwicklungspsychologisch relevant sind, zur entwicklungspsychologischen Anbindung des HPP werden im folgenden Abschnitt 3 vor allem für das Konzept der Hoffnungslosigkeit (Zukunftsvertrauen versus -mißtrauen) verdeutlicht.

3. Die dreifache Bedeutung von »Vertrauen« im HPP: Die Vertrauenstrias

3.1 Die Komponenten der Vertrauenstrias

In den Abb. 2, 3 und 4 zu den persönlichkeitsfunktionalistischen und -strukturalistischen sowie entwicklungspsychologischen Grundlagen des handlungstheoretischen Partialmodells der Persönlichkeit (HPP) sind bereits die Implikationen dieser theoretischen Perspektive für die Thematik des Vertrauens vermerkt. Vor allem aus den Abb. 3 und 5 wird deutlich, daß nach dem HPP drei Aspekte von Vertrauen zu differenzieren sind, für die BECKER (1991) den Terminus der »positiven Triade« verwendet und in einer späteren Arbeit (BECKER, 1994) den der *»Vertrauenstrias«* eingeführt hat. Die Elemente dieser Vertrauenstrias werden im folgenden unter Bezug auf das HPP (s. insbesondere Abb. 3 und 5) erläutert.

Das erste Element der Vertrauenstrias bezieht sich auf das *Vertrauen in andere(s)* und entspricht am ehesten dem in der Fachliteratur am häufigsten thematisierten und empirisch analysierten interpersonalen (sozialen) Vertrauen (s. Abschnitt 1). Als situationsspezifische, bereichsspezifische oder generalisierte Variable (s. Abb. 4) bezieht es sich jedoch nach dem HPP prinzipiell nicht allein auf soziale, sondern prinzipiell auch auf physikalische, chemische usw. Situations-Ereignis-Erwartungen. Gleichwohl werden soziale Bezüge dominieren, die sich als das Vertrauen versus Mißtrauen in primäre Bezugspersonen, weitere Bezugspersonen (wie Freunde, Bekannte, Nachbarn, Kollegen, Verkäufer usw.), fremde Menschen,

Politiker (und »die Politik«), die Massenmedien usw. spezifizieren lassen (s. a. die dem Vertrauen in andere zugeordneten primären Entwicklungskontexte und -bereiche in Abb. 6 in Abschnitt 3.2). Dies sind gleichzeitig wesentliche Facetten des interpersonalen Vertrauens, die sich etwa auch in Faktorenanalysen von Fragebogenitems zur Erfassung von Vertrauen als bedeutsame bereichsspezifische Vertrauensdimensionen identifizieren lassen (s. u. a. KRAMPEN, VIEBIG & WALTER, 1982; PETERMANN, 1996).

Die zweite Facette der Vertrauenstrias ist das *Selbstvertrauen* (Selbstkonzept eigener Fähigkeiten; Vertrauen in die eigenen Fähigkeiten und ggf. auch Einflußmöglichkeiten) als situationsspezifische, bereichsspezifische und generalisierte Variable der eigenen Selbstwirksamkeitseinschätzungen (Situations-Handlungs- oder Kompetenz-Erwartung und deren Generalisierung). Das Selbstvertrauen als ein bedeutsamer Aspekt des Selbstkonzepts wurde bislang vor allem - aber nicht nur - im Kontext der Leistungsmotivationsforschung untersucht. Im Vordergrund stand dabei nicht allein die Entwicklung von Selbstvertrauen in leistungsthematischen Situationen sowie die dabei relevanten Orientierungen an sozialen, intraindividuellen und kriterialen Vergleichen, sondern vor allem auch die Strukturierung des Vertrauens in die eigenen Fähigkeiten nach verschiedenen Handlungs- und Lebensbereichen (wie etwa verschiedenen Schulfächern bei Schulkindern; s. hierzu u. a. JOPT, 1978; KRAMPEN, 1980; s.a. die dem Selbstvertrauen zugeordneten primären Entwicklungskontexte und -bereiche in Abb. 6 in Abschnitt 3.2).

Die dritte Facette der Vertrauenstrias bezieht sich auf das *Zukunftsvertrauen* (Vertrauen versus Mißtrauen in die Zukunft) als ein molares handlungstheoretisches Persönlichkeitskonstrukt, das mit allen situationsspezifischen und generalisierten Variablen des HPP unmittelbar zusammenhängt (s. Abb. 3) sowie für die entwicklungspsychologischen Perspektiven des HPP von besonderer Relevanz ist (s. Abb. 5). Auch hier sind strukturell unterschiedliche Facetten zu unterscheiden, die sich etwa auf das Vertrauen in die persönliche Zukunft, in die Zukunft der Angehörigen und Freunde, in die Zukunft der Eigengruppe und Gesellschaft sowie in jene der Menschheit allgemein (etwa unter umwelt- und friedensthematischen Gesichtspunkten) beziehen können (s.a. die dem Zukunftsvertrauen zugeordneten primären Entwicklungskontexte und -bereiche in Abb. 6 in Abschnitt 3.2). Die bislang vorliegenden empirischen Analysen bleiben aber im wesentlichen auf den Teilaspekt des Vertrauens in die persönliche Zukunft begrenzt. Dies gilt auch für das von SCHEIER & CARVER (1985) in die Theorie der objektiven Selbstaufmerksamkeit eingeführte Persönlichkeitskonstrukt des Optimismus versus Pessimismus, das allerdings - ebenso wie jenes der gelernten Hilflosigkeit - auf den Erwartungsaspekt begrenzt bleibt und - in seiner negativen Ausprägung - nicht explizit die

Aufgabe bisheriger Zielsetzungen umfaßt (dies ist beim Konzept der Hoffnungslosigkeit der Fall). Aus der Entwicklungspsychologie seien die verwandten, von BRANDTSTÄDTER & RENNER (1990) beschriebenen Konzepte der Tenazität (hartnäckige Zielverfolgung) und Flexibilität (flexible Zielanpassung) genannt, die sich einerseits auf das rigide Festhalten an Zielen (auch bei Widerständen), andererseits auf die flexible Aufgabe bzw. Anpassung von Zielvorstellungen an veränderte Umweltanforderungen und/oder eigene Ressourcen beziehen.

Partiell damit überlappende Konstrukte finden sich in relativ großer Zahl (nicht zuletzt das klassische Konzept der behavioralen Rigidität; s. u. a. SCHAIE, 1960; im Überblick auch RENNER, 1990). Ihr Unterschied zum Konzept der Zukunftshoffnung (des Zukunftsvertrauens) versus der Hoffnungslosigkeit (des Zukunftsmißtrauens) läßt sich systemtheoretisch und unter Bezug auf die oben erläuterten entwicklungspsychologisch relevanten Veränderungen zweiter Ordnung recht gut beschreiben (s. KRAMPEN, 1987a, S. 120): Hoffnungslosigkeit entsteht dann, wenn eine Person im Falle einer positiven Rückkopplung Sollwerte (Ziele) aufgibt, ohne daß eine neue Stufe der Stabilität erreicht wird. Die Neukalibrierung des »Systems« gelingt nicht, was man im Anschluß an WATZLAWIK, WEAKLAND & FISCH (1974) als den negativen Fall eines Wandels der zweiten Ordnung bezeichnen kann, der zu pathologischen Phänomenen (etwa depressiven Störungen) führt. Es findet zwar auch eine qualitative Veränderung des Systems statt, die jedoch nicht als das Zurückgehen auf eine frühere Entwicklungsstufe und frühere Sollwerte (Ziele) beschrieben werden kann, sondern als die Entstehung einer instabilen Person-Umwelt-Beziehung charakterisiert werden muß. Ursache dafür ist zum einen die Aufgabe früher bestehender Zielsetzungen, zum anderen die Tatsache, daß sich keine neuen Zielvorstellungen in hinreichend stabilem Maße entwickeln konnten. Dies ist - neben den reduzierten Erwartungen - das wesentliche qualitative Kennzeichen des handlungstheoretischen Konstrukts der Hoffnungslosigkeit.

Abb. 3 verdeutlicht mit persönlichkeitspsychologischem Schwerpunkt, Abb. 5 mit entwicklungspsychologischem Schwerpunkt die Interrelationen dieser drei Facetten der Vertrauenstrias sowie ihre Bezüge zu den anderen handlungstheoretischen Persönlichkeitskonstrukten, differentialpsychologischen Variablen sowie entwicklungsbezogenen Emotionen und Kognitionen. In Abb. 4 sind die entsprechenden Überlegungen zur Einbettung der Vertrauenstrias in das hypothetische Strukturmodell der Persönlichkeit veranschaulicht, wobei erneut auf die zentrale Hypothese des HPP verwiesen sei, nach der den generalisierten handlungstheoretischen Persönlichkeitsvariablen (somit auch der auf Ebene III angesiedelten Vertrauenstrias) vor allem in subjektiv mehrdeutigen, neuartigen und kognitiv schlecht strukturierbaren Handlungs- und Lebenssituationen eine hohe prognostische Bedeutung für Verhalten und Erleben zukommt. In subjektiv eindeutigen, bekannten und gut strukturierbaren Handlungssituationen und Lebensbereichen ist dagegen der prognostische Wert der situations- und handlungsspezifischen bzw. bereichsspezifischen HPP-Variablen (und somit der auf Ebene I bzw. II angesiedelten Vertrauenstrias) für Verhalten und Erleben höher.

3.2 Ontogenetische Aspekte der Vertrauenstrias

Nicht allein unter Bezug auf die entwicklungspsychologische Anbindung des HPP (s. Abschnitt 2.4 und Abb. 5), sondern auch unter Bezug auf die vorliegende, allerdings verstreute Fachliteratur zur Identitäts- und Persönlichkeitsentwicklung sowie psychosozialen Entwicklung sei hier auf einige ontogenetische und - andeutungsweise in Abschnitt 3.3 - phylogenetische Aspekte der Vertrauenstrias verwiesen. Diese Überlegungen lassen sich in dem in Abb. 6 skizzierten »*Sanduhrmodell der Vertrauenstrias*« durch die Spezifikation der für die drei Vertrauensaspekte primär relevanten Entwicklungsphasen (Altersphasen), Entwicklungskontexte und -bereiche (soziale und physikalische Entwicklungsökologien), Entwicklungsmechanismen und -prozesse sowie Entwicklungsinhalte darstellen.

Gewählt wurde die Analogie zur Sanduhr,

1. weil deren Boden und unterer Teil breit ist (Analogie zur breiten Fundierung des Vertrauens in andere(s) in sozialen und physikalischen Erfahrungen des Kindes im Nahbereich und - mit zunehmendem Alter - auch in Distanzbereichen bis hin zu massenmedial vermittelten Erfahrungen bei vergleichsweise geringerer Selbstzentrierung zugunsten des Explorationsverhaltens),

2. weil sie sich im mittleren Bereich verjüngt (Analogie zur Zunahme der Selbstzentrierung bei der Entwicklung des Selbstvertrauens, die primär über intraindividuelle, soziale und kriteriale Vergleiche des Status Quo der eigenen Person und eigener Leistungen erfolgt),

3. weil sich die Sanduhr in ihrer oberen Hälfte wieder verbreitert (Analogie zur Ausweitung der selbst- und umweltbezogenen Perspektiven bei der Entwicklung des Zukunftsvertrauens sowie der persönlichen und sozialen Identität in der Adoleszenz bei Reduktion der Selbstzentrierung zugunsten breiterer sozialer und gesellschaftlicher Orientierungen).

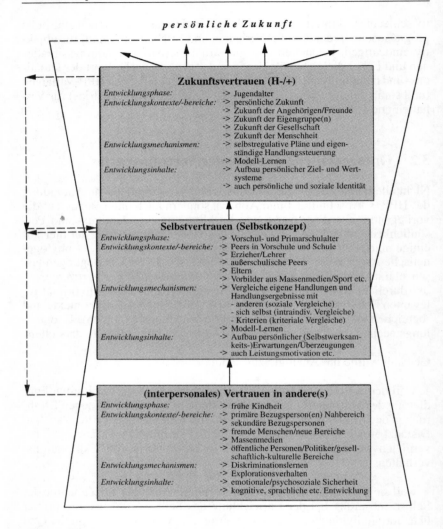

persönliche Zukunft

Zukunftsvertrauen (H-/+)

Entwicklungsphase: -> Jugendalter
Entwicklungskontexte/-bereiche: -> persönliche Zukunft
-> Zukunft der Angehörigen/Freunde
-> Zukunft der Eigengruppe(n)
-> Zukunft der Gesellschaft
-> Zukunft der Menschheit
Entwicklungsmechanismen: -> selbstregulative Pläne und eigenständige Handlungssteuerung
-> Modell-Lernen
Entwicklungsinhalte: -> Aufbau persönlicher Ziel- und Wertsysteme
-> auch persönliche und soziale Identität

Selbstvertrauen (Selbstkonzept)

Entwicklungsphase: -> Vorschul- und Primarschulalter
Entwicklungskontexte/-bereiche: -> Peers in Vorschule und Schule
-> Erzieher/Lehrer
-> außerschulische Peers
-> Eltern
-> Vorbilder aus Massenmedien/Sport etc.
Entwicklungsmechanismen: -> Vergleiche eigene Handlungen und Handlungsergebnisse mit
- anderen (soziale Vergleiche)
- sich selbst (intraindiv. Vergleiche)
- Kriterien (kriteriale Vergleiche)
-> Modell-Lernen
Entwicklungsinhalte: -> Aufbau persönlicher (Selbstwerksamkeits-)Erwartungen/Überzeugungen
-> auch Leistungsmotivation etc.

(interpersonales) Vertrauen in andere(s)

Entwicklungsphase: -> frühe Kindheit
Entwicklungskontexte/-bereiche: -> primäre Bezugsperson(en) Nahbereich
-> sekundäre Bezugspersonen
-> fremde Menschen/neue Bereiche
-> Massenmedien
-> öffentliche Personen/Politiker/gesellschaftlich-kulturelle Bereiche
Entwicklungsmechanismen: -> Diskriminationslernen
-> Explorationsverhalten
Entwicklungsinhalte: -> emotionale/psychosoziale Sicherheit
-> kognitive, sprachliche etc. Entwicklung

Abb. 6: Zur Ontogenese der Vertrauenstrias mit zugeordneten primären Entwicklungsphasen, -kontexten, -bereichen, -mechnismen und -inhalten

In Abweichung von dieser Sanduhranalogie wird unter ontogenetischen Aspekten davon ausgegangen, daß Zukunftsvertrauen ein Minimum an Selbstvertrauen und an Vertrauen in andere(s), Selbstvertrauen ein Minimum an Vertrauen in andere(s) im Sinne notwendiger, aber nicht hinreichender Entwicklungsbedingungen voraussetzt (s. a. Abschnitt 3.5).

Nicht nur in der psychoanalytischen Entwicklungstheorie von ERIKSON (1968), sondern auch in der inzwischen sehr umfangreichen Fachliteratur zur Entwicklung der sozialen Bindung (attachment) in der frühen Kindheit finden sich eindrucksvolle Belege für die Bedeutung der zweiten Hälfte des ersten Lebensjahrs für den Aufbau einer sicheren, stabilen sozialen Beziehung zu einer primären Bezugsperson (oder auch mehreren), die nicht nur für die Entwicklung des Sozialverhaltens, sondern auch für die emotionale Entwicklung und für das Explorationsverhalten von Kleinkindern wichtig ist (s. im Überblick u. a. BRETHERTON, 1985; SCHAFFER, 1989). Zudem werden von der Qualität der in der frühen Kindheit aufgebauten sozialen Bindung - ganz in Übereinstimmung mit Erikson - erhebliche Konsequenzen für das Sozial- und Bindungsverhalten sowie Vertrauen resp. Mißtrauen in andere Menschen im gesamten Lebenslauf erwartet (s. hierzu u. a. GROßMANN & GROßMANN, 1994, die diese These für eine Ätiologietheorie der klient-zentrierten Psychotherapie nutzbar machen). Dies deutet darauf, daß in der *frühesten Kindheit* (im ersten Lebensjahr) wesentliche Grundlagen für die Ausprägung des ersten Aspekts der Vertrauenstrias - das Vertrauen in andere(s) - gelegt werden.

Als relevante Entwicklungskontexte und -bereiche für den Primäraufbau des Vertrauens in andere(s) in der frühen Kindheit sind dabei zunächst vor allem die familiären (primären) Bezugspersonen und ökologischen Nahbereiche zu nennen, die sich bald auf sekundäre Bezugspersonen und neuartige Handlungsbereiche, die zunehmend exploriert werden, sowie mit zunehmendem Alter dann auch auf fremde Menschen und Handlungsbereiche, die Massenmedien, öffentliche Personen usw. beziehen (s. Abb. 6). Zur Erklärung der sozialen Bindungsentwicklung in der frühen Kindheit werden neben klassischen und operanten Lernprozessen vor allem auch Mechanismen des perzeptiven und kognitiven Diskriminationslernens sowie schema-orientierte Lernprozesse herangezogen (s. im Überblick u. a. BRETHERTON, 1985; RAUH, 1995; SCHAFFER, 1989). Die soziale Bindung stellt dabei die Gewähr für ein emotional abgesichertes Explorationsverhalten des Kleinkindes dar, wodurch die Entwicklung des Vertrauens in andere(s) nicht allein für die emotionale und psycho-soziale Entwicklung, sondern auch für andere Entwicklungsvariablen (wie etwa kognitive und sprachliche) von Bedeutung ist (s. Abb. 6).

Vor allem Forschungsarbeiten aus dem Kontext der Entwicklungspsychologie der Leistungsmotivation und ihrer Vorläufer weisen auf die hohe

Bedeutung des *Vor- und frühen Primarschulalters* für die Entwicklung des Selbstkonzepts eigener Fähigkeiten, somit dem zweiten Aspekt der Vertrauenstrias, dem Selbstvertrauen. OERTER (1995) hat die inzwischen reichhaltige Literatur dazu vor allem unter Rückgriff auf die wegweisenden Arbeiten von HECKHAUSEN (1972, 1974, 1989) unter der Überschrift »Etappen der Entwicklung (der Leistungsmotivation)« zusammengestellt. Er verweist einleitend darauf, daß die Leistungsmotivation (und so eventuell auch ihre ontogenetischen Vorläufer beim Menschen) in der Phylogenese erst beim Menschen aufzutreten scheint (dies ist beim Aufbau der sozialen Bindung anders, da entsprechende Prägungs- und/oder Lernprozesse auch bei in der Phylogenese höherstehenden Tieren zu beobachten sind; s. Abschnitt 3.3). Nach den Etappen der »Freude am Effekt« und des »Selbermachenwollens«, die bereits im ersten Lebensjahr von Menschen zu beobachten sind, »zeigen Kinder etwa ab dreieinhalb Jahren Freude und Stolz über ein gelungenes Werk und Enttäuschung über Mißerfolge. Sie führen also das Handlungsergebnis auf ihre eigene Tüchtigkeit zurück« (OERTER, 1995, S. 788). Wettbewerbssituationen werden ab diesem Alter eindeutig erkannt, und eigene Erfolge werden der eigenen Tüchtigkeit, Mißerfolge dem Mangel an Tüchtigkeit zugeschrieben. Hier sind somit soziale Vergleiche für die Selbstbeurteilung virulent, wenngleich in diesem Alter noch *individuell-autonome Gütemaßstäbe* als Beurteilungskriterien dominieren (die freilich von anderen - etwa den Eltern - übernommen sein können und erst später - wenn ein hinreichend stabiles Selbstkonzept eigener Fähigkeiten aufgebaut ist und zur Anspruchsniveau-Bildung herangezogen werden kann - als eigenständige Setzungen von Gütemaßstäben auftreten; s. hierzu HECKHAUSEN, 1972). Mit der attributiven Unterscheidung von Tüchtigkeit und Aufgaben-/Problemschwierigkeit - der nächsten Etappe in der Entwicklung der Leistungsmotivation, die frühestens am Ende des Vorschulalters zu beobachten ist - treten verstärkt *kriteriale Gütemaßstäbe* in den Vordergrund der Vergleichsprozesse, und nach dem Primarschuleintritt werden *sozial-normative Gütemaßstäbe* immer relevanter. Im integrierten Leistungsmotiv und auch im Konzept des Selbstvertrauens existieren alle drei Vergleichsprozesse ab dem Schulalter parallel, werden je nach Lebens- und Handlungsbereich unterschiedlich eingesetzt und ggf. dabei auch unterschiedlich gewichtet. Die Entwicklungskontexte und -bereiche weiten sich dabei vom Nahbereich sozialer Beziehungen (Eltern, außerschulische Gleichaltrige usw.) und Aufgabenstellungen (etwa im frei bestimmten Spiel) auf distantere Sozialbeziehungen (Erzieher, Lehrer, Gleichaltrige in Institutionen usw.) und Handlungsbereiche (etwa bei den Schulaufgaben) bis hin zu massenmedial vermittelten und virtuellen sozialen Beziehungen und Handlungsbereichen aus (s. a. Abb. 6). Im Vordergrund der Entwicklung steht dabei der Aufbau persönlicher (Selbstwirksamkeits-)Erwartungen sowie selbstbezogener Überzeugungssysteme, die nicht allein für die Leistungsmotivation, sondern für das Handeln allgemein sowie für das Selbsterleben in sozialen Kontexten und Aufgaben-/Problemkontexten relevant sind. Auf die allgemeinere, über den engeren Bereich der Leistungsmotivation hinausgehende Relevanz des Selbstvertrauens und seiner Entwicklung weist auch das neopsychoanalytische Stufenmodell zur Identitätsentwicklung von ERIKSON (1968): Die vierte Entwicklungsphase bzw. psychosoziale Krise des Menschen, die von ERIKSON weitgehend konsistent zu den hier dargestellten Überlegungen und Befunden im Primarschulalter angesiedelt wird, bezieht sich auf den Konflikt zwischen »Beherrschung (Kompetenzerleben) versus Unterlegenheit (Minderwertigkeitserleben)«. Die angemessene Lösung dieser psychosozialen Krisen resultiert nach Erikson in Vertrauen in die eigenen sozialen und intellektuellen Fähigkeiten, was für die Identitätsentwicklung förderlich ist; ihre unangemessene Lösung führt zu mangelndem Selbstvertrauen und zu Versagens- sowie Minderwertigkeitsgefühlen mit ihren die persönliche Identität destabilisierenden Effekten.

Empirische Analysen des Zukunftsvertrauens und der Hoffnungslosigkeit setzen in den einschlägigen Forschungstraditionen zur Entwicklung depressiver Störungen (s. u. a. BECK, 1970, 1972; KRAMPEN, 1994; STOTLAND, 1969) und zum Aufbau allgemeiner Lebensorientierungen (wie Optimismus versus Pessimismus; s. SCHEIER & CARVER, 1985) in der Regel im Erwachsenenalter, allenfalls im *Jugendalter* an. Dies steht in Einklang mit ERIKSONS (1968) Einordnung der psychosozialen Krise »Identität versus Rollendiffusion/-konfusion« in der Adoleszenz, deren entwicklungsangemessene, für die persönliche *und* soziale Identität günstige Lösung in der Entwicklung persönlicher, sozial verankerter Sicherheit besteht. Persönliche und soziale Sicherheit sind dabei nicht nur auf den Status Quo der Person ausgerichtet, sondern auch auf die persönliche und gesellschaftliche Zukunft. Dies wird auch dadurch verdeutlicht, daß sich die damit verbundenen Elemente der Sozialordnung nach Erikson auf den Aufbau »ideologischer Perspektiven« beziehen, womit - im positiven Fall - persönliche und soziale Zielorientierungen und auf sie bezogene Erwartungen gemeint sind, die für die »integrierte Identität« wesentlich sind. Die integrierte eigene Identität wird durch die Einnahme unterschiedlicher sozialer Rollen erreicht, in denen man sich jedoch - bei angemessener Krisenlösung - als verschieden von anderen und zugleich als kohärent sowie akzeptabel wahrnimmt. Im Falle der unangemessenen Lösung wird das Selbst als bruchstückhaft und diffundiert erlebt, und das Selbstbewußtsein und die Zukunftsorientierungen sind schwankend und unsicher.

Die Entwicklungskontexte und -bereiche des Zukunftsvertrauens beziehen sich nicht allein auf die persönliche (private, familiäre, berufliche, finanzielle usw.) Zukunft, sondern auch auf jene der Angehörigen und Freunde, der Eigengruppe(n), der Gesellschaft und der Menschheit allgemein (s. Abb. 6). Als Entwicklungsmechanismen sind im Falle der »erarbeiteten Identität« (nach MARCIA, 1966, 1980) selbstregulative Pläne und eigenständige Handlungssteuerungen, die in der Adoleszenz initiiert, erprobt, verworfen, revidiert und verifiziert werden, verantwortlich, im Fall der »übernommenen Identität« (nach MARCIA, 1966, 1980) sind dies vor allem Modell-Lernprozesse. Die Entwicklungsinhalte beziehen sich dabei gleichermaßen auf den Aufbau persönlicher Ziel- und Wertsysteme (als wesentliche Aspekte der persönlichen und sozialen Identität). Dieser Aufbauprozeß kann aufgrund der skizzierten Entwicklungsmechanismen sowohl im Fall der erarbeiteten als auch im Fall der übernommenen Identität freilich nicht nur kontinuierlich und linear, sondern durchaus auch diskontinuierlich und im Sinne eines Vor-und-Zurück sowie Hin-und-Her ablaufen.

3.3 Phylogenetische Aspekte der Vertrauenstrias

Partiell der Humanentwicklung ähnliche Überlegungen und empirische Untersuchungsbefunde zur Entwicklung der sozialen Bindung und ihren Konsequenzen finden sich auch für in der Phylogenese höherstehende Tiere. Die weithin bekannt gewordenen Beobachtungen und ethnologischen Experimente von LORENZ (1935) zur Prägung von Graugansküken auf Muttertiere versus Surrogate sind hier ebenso aufzuführen wie die tierexperimentellen Arbeiten von HARLOW (1958, 1962) zur Entwicklung der sozialen Bindung bei Rhesusäffchen (zum knappen Überblick s. u. a. RAUH, 1995). Hervorzuheben ist dabei, daß nicht nur kurzfristige (negative) Effekte der Prägung/Bindung der Tiere an Surrogate auf ihr Sozial- und Erkundungsverhalten, sondern auch langfristige beobachtet wurden, die sich etwa in markanten sozialen Inkompetenzen und Unfähigkeiten zur Paarbildung im Erwachsenenalter der Tiere bezogen (s. u. a. HARLOW, HARLOW, DODSWORTH & ARLING, 1966). Dies sind deutliche Hinweise darauf, daß einem dem Humanbereich zumindest ähnliches (Vorläufer-)Merkmal des sozialen Vertrauens auch in der frühen Entwicklung von in der Phylogenese höherstehenden Tieren Bedeutung zukommt. Die entsprechenden Entwicklungsmechanismen dürften dabei freilich erheblich stärker durch Instinkte und einfache Lernprozesse (wie etwa das klassische und operante Konditionieren) determiniert und auch auf zeitlich enger gesetzte sensible Entwicklungsperioden begrenzt sein als im Humanbereich, für den bei der Entwicklung der sozialen Bindung neben klassischen und operanten Lernprozessen vor allem auch Mechanismen des perzeptiven und kognitiven Diskriminationslernens sowie schema-orientierte Lernprozesse beschrieben werden (s. im Überblick u. a. BRETHERTON, 1985; RAUH, 1995; SCHAFFER, 1989).
In Abschnitt 3.2 wurde bereits darauf verwiesen, daß OERTER (1995) da-

von ausgeht, daß die Leistungsmotivation in der Phylogenese erst beim Menschen auftritt. Dies wird durch die Theorien und Überlegungen zur Anthropogenese von KLIX (1983) sowie die zu einer Allgemeinen Entwicklungspsychologie von Schmidt (1972) insofern gestützt, als beide Autoren das reflektierte Selbstbewußtsein und Symbolleistungen nicht allein mit dem Werkzeuggebrauch und spezifischen Formen der Arbeit in der Menschheits(vor)geschichte verknüpfen, sondern auch mit der Sprachfähigkeit. Da ein zumindest in minimaler Form ausgeprägtes reflektiertes Selbstbewußtsein eine notwendige Voraussetzung für die Entwicklung von Selbstvertrauen bzw. Selbstkonzepten eigener Fähigkeiten ist (weil der reflektierende Rückbezug, der durch Sprache erleichtert wird, aber auch ohne sie prinzipiell möglich ist, auf die eigene Person dafür konstitutiv ist), kann gefolgert werden, daß diese Personmerkmale in der Entwicklung der Arten dem Menschen vorbehalten bleiben. Ob dies auch für Vorläufer in der Ontogenese der Leistungsmotivation gilt, bleibt jedoch zweifelhaft. So kann etwa das (mimische und gestische) Phänomen der »Freude am Effekt«, das in der Humanentwicklung bereits im ersten Lebensjahr im Sinne einer ersten emotionalen »Etappe« der Leistungsmotivationsentwicklung beobachtet werden kann (s. o.), mit den auch bei Primaten beobachteten und auch bei anderen Säugetieren beobachtbaren mimischen »Aha-Phänomenen« bei scheinbar plötzlichen Problemlösungen (s. hierzu KÖHLER, 1917) in Analogie gebracht werden.

Für die Entwicklung antizipatorischer, auf die Zukunft gerichteter Orientierungen ist phylogenetisch ähnliches wie für das Selbstvertrauen anzunehmen. Antizipatorisches Verhalten von Tieren (etwa die Nahrungsvorsorge für den Winter o. ä.) ist weitgehend instinktbasiert und damit durch endogen fixierte, nicht-variable Sollwertsetzungen gekennzeichnet. Erst die Entwicklung eines reflektierten Selbstbewußtseins *und* eines reflektierten Umweltbewußtseins ermöglicht Zukunftsorientierungen (und damit Zukunftsvertrauen und -mißtrauen), die offene Regulationen (d. h. variable Sollwerte oder Ziel- und Wertsetzungen) mit inter- und intraindividueller Variabilität umfassen. Es handelt sich somit um »zielbewußte (teleologische) Systeme«, bei denen Zustände möglich (oder gar dominant) sind, in denen das Subjekt »etwas haben will, und ungleich effiziente Alternativen hat, zu versuchen, dasselbe zu bekommen« (ACKOFF & EMERY, 1975, S. 41). Von zentraler Bedeutung ist dabei, daß sowohl während der Entscheidungsphase als auch während der Volitionsphase die Ziele, Werte und relativen Ergebnisvalenzen vom Subjekt verändert werden können. Entsprechende zielbewußte Systemmerkmale bleiben in der Entwicklung der Arten dem Menschen vorbehalten, weswegen für individuell variable Zukunftsorientierungen Artspezifität anzunehmen ist. In diese Richtung zielt auch der auf den ersten Blick etwas spröde anmutende Vorschlag zur Definition des Gegenstands der Psychologie von SELG &

DÖRNER (1985, S. 17), nach dem die Psychologie die »Wissenschaft von den offenen oder variablen Regulationen« ist. Offene Steuerungsprozesse sind nicht exakt genetisch vorprogrammiert, weswegen für die Analyse, Erklärung und Vorhersage von Verhalten und Erleben psychologische Konstrukte notwendig werden, die sich etwa auf Handlungsziele und Wünsche, die Motivation, Lernprozesse usw. beziehen. Dies ist im übrigen auch konsistent mit dem in Abschnitt 2.2 aufgeführten Axiom (4) der Sozialen Lerntheorie der Persönlichkeit und des handlungstheoretischen Partialmodells der Persönlichkeit sowie den Überlegungen zur Anthropogenese und Allgemeinen Entwicklungstheorie von KLIX (1983) und SCHMIDT (1972). Betont sei - um Mißverständnisse zu vermeiden -, daß natürlich auch bei Tieren Zielantizipationen und zielgerichtetes Verhalten auftreten (wofür etwa HULL, 1932, aufgrund der Befunde aus Experimenten mit Ratten den Begriff des »Zielgradienten« in die Lerntheorie eingeführt hat), daß diese Ziele jedoch als Sollwerte genetisch fixiert sind und nur in Abhängigkeit vom Zustand des Organismus (etwa vom Ausmaß der Nahrungsdeprivation) variieren können. Variable, reflektierte Zielsetzungen, die nahezu jederzeit korrigiert, verändert, aufgegeben oder auch erhöht werden können, bleiben dagegen »zielbewußten Systemen« vorbehalten (s. hierzu auch KLIX, 1983; SCHMIDT, 1972), was im Humanbereich freilich die erheblichen Risiken der Hoffnungslosigkeit (bei Aufgabe bedeutsamer Zielsetzungen ohne Neukalibrierung des Systems; s. Abschnitt 3.1 und KRAMPEN, 1994) in sich birgt.

3.4 Die Vertrauenstrias und seelische Gesundheit

Die hohe Relevanz der Vertrauenstrias für das Verhalten und Erleben von Menschen wird nicht nur unter den bislang fokussierten entwicklungs- und persönlichkeitspsychologischen Perspektiven deutlich, sondern vor allem auch unter Bezug auf Ansätze aus der Gesundheitspsychologie und zur Salutogenese. Insbesondere BECKER (1991, 1994) hat auf den engen Zusammenhang zwischen dem Vertrauen und dem Wohlbefinden bzw. der seelischen Gesundheit sowie die damit verbundenen Implikationen für Interventionen bei eingeschränkter seelischer Gesundheit und bei psychischen Störungen verwiesen.

Anhand von mit dem Trierer Persönlichkeitsfragebogen (TPF; BECKER, 1989) gewonnenen Daten führt BECKER (1991, S. 27) zunächst das Konzept der »*positiven Triade*« ein, unter der »eine positive Einstellung zur eigenen Person (Selbstachtung, hohes Selbstwertgefühl), zur Umwelt (Bejahung der Umwelt, Liebensfähigkeit) sowie zur Zukunft (Optimismus; ...)« verstanden wird. Er fährt fort: »Festzuhalten ist, daß Personen mit ausgeprägter positiver Triade sich häufig wohlfühlen. Die emotionale

Qualität dieser Form des habituellen Wohlbefindens läßt sich am treffendsten als *Lebensfreude* charakterisieren« (BECKER, 1991, S. 27; Hervorhebung im Original). Zusammenfassend führt BECKER (1991, S. 43) nach seinem Überblick zu Theorien zum habituellen und aktuellen Wohlbefinden sowie auf das Wohlbefinden bezogenen Prozeß- und Funktionsanalysen abschließend aus: »... bedenkenswert erscheint das empirisch sehr gut abgesicherte Ergebnis der zentralen Bedeutung eines stabilen, positiven Selbstwertgefühls, das seinerseits eng an die Wertschätzung durch andere Menschen, das Erfüllen sinnvoller Aufgaben und die feste Verankerung in einem tragfähigen Wertsystem gebunden scheint. Das hohe Selbstwertgefühl bildet dabei den Kern einer 'positiven Triade'.« Sieht man von der des vorliegenden Beitrags etwas abweichenden Terminologie ab (die BECKER, 1994, weitgehend aufgibt), so sind die klaren Bezüge von 1) Selbstwertgefühl und positiver Einstellung zur eigenen Person zum Selbstvertrauen, 2) positiver Einstellung zur Umwelt und Wertschätzung durch andere zum Vertrauen in andere(s) sowie 3) positiver Einstellung zur Zukunft und der Verankerung in einem tragfähigen Wertsystem zum Zukunftsvertrauen doch hinreichend deutlich. Anzumerken bleibt allenfalls, daß die von BECKER (1991) bedauerte mangelnde Berücksichtigung der Freude vieler Menschen am ästhetischen Erleben und »geistigen Schauen« in den vorliegenden Theorien zum Wohlbefinden durchaus (zumindest vorläufig und lose) im Konzept der positiven Trias aufgefangen werden kann. Ästhetisches Erleben und geistiges Schauen erfordern Selbst- und Umweltreflektionen sowie Orientierungen in der Zeit. Beides ist am ehesten in den wertbasierten, antizipatorischen Orientierungen, welche die Komponente des Zukunftsvertrauens ausmachen, gewährleistet.

In seiner Folgearbeit mit dem Titel »Die Bedeutung von Vertrauen für die seelische und körperliche Gesundheit« verwendet BECKER (1994, S. 54) parallel zum Begriff der positiven Triade jenen der »Vertrauenstrias«, deren »drei Kernelemente« als »1) Vertrauen in andere Menschen (interpersonales Vertrauen), 2) Vertrauen in sich selbst bzw. die eigenen Problemlösefähigkeiten und Kontrollmöglichkeiten (Selbstvertrauen), 3) Vertrauen in die Zukunft (dispositioneller Optimismus)« bestimmt werden. Damit sind die zentralen, im HPP theoretisch integrierten Konzepte der vorliegenden Arbeit explizit benannt, wenngleich in ihren Begriffsbestimmungen durch den Bezug zum HPP leichte Unterschiede zu BECKER (1994) bestehen. So wird das Vertrauen in andere hier breiter als Vertrauen in andere und in anderes gefaßt (s. Abschnitt 3.1); für das Zukunftsvertrauen wird nach dem HPP nicht allein (wie beim dispositionellen Optimismus) die Bedeutung von Erwartungsorientierungen, sondern zusätzlich auch die von Ziel- und Wertorientierungen betont (s. Abschnitt 3.1), was ebenfalls einer breiteren Begriffsverwendung entspricht.
Die von BECKER (1994) zusammengestellten empirischen Untersuchungs-

befunde weisen nun auf ausgeprägte Zusammenhänge zwischen den drei Komponenten der Vertrauenstrias und der seelischen sowie körperlichen Gesundheit. Interessant ist dabei vor allem, daß je nach persönlicher Lebenssituation »eine oder mehrere Komponenten der Vertrauenstrias ihre herausragende Bedeutung« (für die Gesundheit) erhält:

»*1. In Situationen, in denen man auf die Informationen, die Wertschätzung und Hilfe anderer Menschen angewiesen ist, ist interpersonales Vertrauen im allgemeinen von Vorteil.*

2. Verlangt die Situation eigenes aktives Handeln, motiviert hohes Selbstvertrauen zu den erforderlichen Maßnahmen.

3. Läßt sich eine Situation weder durch eigenes Handeln noch durch andere Menschen positiv beeinflussen, fördert Vertrauen in die Zukunft innere Gelassenheit und hoffnungsvolle Geduld.« (BECKER, 1994, S. 57).

Die von BECKER (1994) im Anschluß daran diskutierten und anhand des Transskripts eines therapeutischen Gesprächs von A. Adler illustrierten Konsequenzen für die Psychotherapie weisen auf den Status des Vertrauens als ein »therapeutischer Schlüsselbegriff«, dem - so ist zu ergänzen - zudem der Status eines therapiemethoden-unspezifischen Wirkfaktors zukommt (s. u. a. GRAWE, DONATI & BERNAUER, 1994, die - etwas abstrakter - von der Beziehungsperspektive im therapeutischen Geschehen sprechen). Dies trifft nicht nur für die psychotherapeutische Behandlung, sondern auch für die medizinische Behandlung von Krankheiten zu. Überdies ist davon auszugehen, daß dem Vertrauen (in seinen drei Facetten) auch prognostische Relevanz für den Erfolg und die Effekte präventiver Interventionen zukommt.

3.5 Die Vertrauenstrias und die Indikation therapeutischer Maßnahmen

In zahlreichen Fällen einer gestörten seelischen Gesundheit und auch in einigen Fällen der gestörten körperlichen Gesundheit werden vor allem Einschränkungen im Zukunftsvertrauen (mit erheblicher interindividueller Variation) manifest. Dies wird durch die mit den »Skalen zur Hoffnungslosigkeit« bei Patienten mit psychischen, psychosomatischen und somatischen Störungen erzielten Befunde empirisch belegt (s. KRAMPEN, 1994). Da unmittelbar auf eine gegebene Hoffnungslosigkeit gerichtete psychotherapeutische oder beraterische Interventionen häufig nicht zu Erfolgen (zumindest kurzfristigen) führen, ist auf dem Hintergrund der in den Abschnitten 2.4 und 3.2 dargelegten entwicklungspsychologischen (hier: entwicklungspsychopathologisch oder ätiologisch spezifizierten) Überlegungen zu empfehlen, zunächst auf den ontogenetischen Basisebenen der Hoffnungslosigkeit therapeutisch anzusetzen.

Im Sanduhrmodell der Vertrauenstrias (s. Abb. 6) ist diese Strategie durch die äußeren, gestrichelt eingezeichneten Pfeile graphisch angedeutet. Mangelndes Vertrauen in die Zukunft kann auf einem mangelnden, eingeschränkten Selbstvertrauen und - einen ontogenetischen Schritt weiter zurück - zusätzlich oder allein auf einem mangelnden Vertrauen in andere und anderes basieren. Beide Variablenbereiche sind - etwa über die Methoden der klient-zentrierten Psychotherapie, jene der kognitiven (Verhaltens-)Therapie und auch jene der tiefenpsychologisch fundierten Therapie - zugänglicher und änderungssensitiver als die Hoffnungslosigkeit von Patienten. Über therapeutische Erfolge auf diesen Ebenen können dann - ggf. Schritt für Schritt - auch eher Erfolge auf den/der höheren Ebene(n) erreicht werden. Sind dagegen das Vertrauen in andere(s) und das Selbstvertrauen in hinreichendem Maße erhalten, so sind in der Regel auf der Ebene des Zukunftsvertrauens schneller therapeutische Erfolge zu erzielen.

Für eine differentielle Indikationsstellung gilt damit, daß bei Patienten nach einer differentialdiagnostischen Abklärung ihres Zukunftsvertrauens resp. -mißtrauens (etwa über die H-Skalen; KRAMPEN, 1994) das im Einzelfall vorhandene Selbstvertrauen (etwa über den Fragebogen zu Kompetenz- und Kontrollüberzeugungen; KRAMPEN, 1991c) und das Vertrauen in andere(s) zu diagnostizieren sind (s. a. die allgemeineren aus dem HPP abgeleiteten psychodiagnostischen Strategien bei KRAMPEN, 1995). Diese differentialdiagnostische Strategie zur Abklärung der spezifischen Indikation therapeutischer Maßnahmen steht überdies in Einklang mit den Überlegungen von GRAWE u. a. (1994) zum Konzept einer Allgemeinen Psychotherapie, deren allgemeine, stets dabei aber in unterschiedlichem Ausmaß virulente Wirkprinzipien 1) die aktive Hilfe zur Problembewältigung (Problembewältigungsperspektive), 2) die Werte und Ziele des Patienten explizierende motivationale Klärung (Klärungsperspektive) und 3) das Beziehungsgeschehen in der Therapie (Beziehungsperspektive) sind. Je nach differentieller und adaptiver Indikationsstellung sind in bestimmten Phasen der Behandlung Fokussierungen der Beziehungsperspektive (hier: Störungen im Bereich des Vertrauens in andere), Fokussierungen der Problembewältigungsperspektive (hier: Störungen des Selbstvertrauens) oder Fokussierungen der Klärungsperspektive (hier: Störungen des Zukunftsvertrauens) angebracht. Unter Bezug auf dieses Modell zu einer adaptiven Indikation spezifischer therapeutischer Maßnahmen wird aus dem Ansatz zu einer Allgemeinen Psychotherapie von GRAWE u. a. (1994), die allein therapiemethoden-unspezifische Wirkfaktoren in den Vordergrund stellt, der Ansatz einer *allgemeinen und differentiellen Psychotherapie*, durch den sowohl der therapeutische Eklektizismus als auch allein auf unspezifische Wirkfaktoren setzende, dabei in der Gefahr methodischer Beliebigkeiten stehende therapeutische Ansätze zugunsten eines methodenübergreifenden, integrativen Behandlungszugangs überwunden werden können (s. a. KRAMPEN, 1992, S. 58ff.).

3.6 Exemplarische empirische Befunde zur Vertrauenstrias

Abschließend sollen knapp einige exemplarische empirische Untersuchungsbefunde zur Vertrauenstrias dargestellt werden, die im Rahmen einer Diplomarbeit (THÜRINGER, 1996) bei 34 ambulanten Krebspatienten (heterogene Stichprobe nach Tumorart und Krankheitszustand), 55 erwachsenen Arbeitslosen, die sich in einer Umschulungsmaßnahme befanden, und 171 gesunden, nicht arbeitslosen Erwachsenen gewonnen wurden. Während die Vertrauenstrias in den empirischen Analysen von BECKER (1991) indirekt anhand von Daten analysiert wurde, die auf Erhebungen mit dem Trierer Persönlichkeitsfragebogen basieren, wurden in der vorliegenden Analyse die drei Facetten der Vertrauenstrias direkt erfaßt. Das Zukunfts(miß)trauen wurde mit der Form H-RA der Hoffnungslosigkeits-Skalen (H-Skalen; KRAMPEN, 1994), das Selbstvertrauen über die Primärskala»Selbstkonzept eigener Fähigkeiten« aus dem Fragebogen zu Kompetenz- und Kontrollüberzeugungen (FKK; KRAMPEN, 1991c) und das Vertrauen in andere(s) über eine aus 15 Items bestehende Variante der Skala zur Erfassung des sozialen Vertrauens (SV-Skala; KRAMPEN u. a., 1982) erhoben. Die internen Konsistenzen dieser Skalen und aller parallel eingesetzten Skalen (s. u.) liegen über $r_{tt} = .70$ und genügen damit in der vorliegenden Stichprobe den psychometrischen Anforderungen für Gruppenanalysen.

In Tab. 2 finden sich neben den *Interkorrelationen der drei Skalen zur Vertrauenstrias* in der Gesamtstichprobe auch die Befunde zu ausgewählten Korrelaten. Während das Zukunftsvertrauen mit dem Vertrauen in andere(s) sowie mit dem Selbstvertrauen nicht nur statistisch bedeutsam, sondern auch numerisch essentiell korreliert ist, fällt die Interkorrelation zwischen dem Vertrauen in andere(s) und dem Selbstvertrauen - bei erhaltener statistischer Signifikanz - numerisch ab. Die Einzelreliabilitäten der drei Skalen und ihr Interkorrelationsmuster führen zu einer Profilreliabilität von $_{prof}r_{tt} = .64$, was darauf verweist, daß es in der vorliegenden heterogenen Stichprobe gelungen ist, die drei Facetten der Vertrauenstrias mit einer hinreichenden Differenzenreliabilität zu erfassen.

Variable	Vertrauen in andere(s)	Selbstvertrauen	Zukunftsvertrauen
SV-15: Vertrauen in andere(s)	1.00	.18**	.59**
FKK-SK: Selbstvertrauen		1.00	.34**
H-RA(+): Zukunftsvertrauen			1.00
FKK-I: Internalität	.21**	.50**	.43**
FKK-P: soziale Externalität	-.17**	-.48**	-.45**
FKK-C: fatalist. Externalität	-.36**	-.42**	-.50**
KONZ-4: Konzept.-Niveau	-.09	.29**	.04
SE-P-1: psychisches Befinden	.12	.44**	.49**
SE-K-1: körperliches Befinden	.19**	.28**	.46**
EM-D: depressive Zukunftsem.	-.19**	-.55**	-.63**
EM-A: ängstliche Zukunftsem.	-.20**	-.55**	-.60**
EM-O: optimist. Zukunftsem.	.25**	.47**	.63**
Lebensalter	-.07	.00	-.22**
Schulbildung	.23**	.07	.28**

$**p < .01$, $*p < .05$

Tab. 2: Interkorrelationen und Korrelate der Skalen zur Vertrauenstrias in einer heterogenen Stichprobe (228<N<260)

Die ausreichende Differenzenreliabilität der Skalen zur Erfassung der Vertrauenstrias zeigt sich auch in ihren *Außenkorrelaten* (s. Tab. 2), die zwar in der Richtung der Zusammenhänge konvergieren (was auf dem Hintergrund der HPP-Strukturhypothese zu erwarten war; s. Abschnitt 2.3), sich jedoch partiell (sogar markant) in ihren statistischen und praktischen Signifikanzen unterscheiden. So weist das *Zukunftsvertrauen* sehr hohe Zusammenhänge mit prospektiven entwicklungsbezogenen Emotionen (EM-D, -A und -O) auf, die anhand von Adjektivskalen (KRAMPEN, 1991a) erhoben wurden, was ein Hinweis auf die konvergente Validität der Verfahren zur Erfassung von Zukunftsorientierungen ist. Bedeutsame Beziehungen des Zukunftsvertrauens bestehen ferner zu groben Indikatoren des psychischen und körperlichen Wohlbefindens (erfaßt über »single item measures« mit graphischen Schätzskalen; KRAMPEN 1991a), zur Internalität und den beiden Aspekten der Externalität (erfaßt mit dem FKK; KRAMPEN, 1991c) sowie zum Bildungsstand und zum Lebensalter (negativer Zusammenhang, der aufgrund der im höheren Alter begrenzteren Zukunftsperspektiven plausibel ist).

Die Beziehungen der psychologischen Referenzvariablen zum *Selbstvertrauen* sind ähnlich ausgeprägt wie die zum Zukunftsvertrauen (s. Tab. 2). Auffällig sind lediglich, 1) die etwas höhere Korrelation des Selbstvertrauens mit der Internalität (dies belegt die Sinnhaftigkeit der Sekundärskala zur Selbstwirksamkeit im FKK; KRAMPEN, 1991c), 2) die Unabhängigkeit des Selbstvertrauens vom Alter und - vor allem - vom Bildungsstand sowie 3) die statistisch bedeutsame Korrelation des Selbstvertrauens mit dem Konzeptualisierungsniveau. Der zuletzt genannte Ergebnisaspekt stimmt ebenso wie die Interrelationen der anderen handlungstheoretischen Persönlichkeitsmerkmale sehr gut mit den Annahmen des handlungstheoretischen Partialmodells der Persönlichkeit (HPP; s. Abschnitt 2) überein und weist dabei zugleich auf die Möglichkeit, nicht nur das Selbstkonzept eigener Fähigkeiten und die Internalität zum Konzept der Selbstwirksamkeit zu kombinieren, sondern ein um die zusätzliche Variable des Konzeptualisierungsniveaus gebildetes Konstrukt zu erwägen, das sich auf explizit prospektive und wissensbasierte Selbstwirksamkeitsüberzeugungen bezieht.

Im Vergleich zu den Außenkorrelaten des Selbst- und Zukunftsvertrauens bleiben die des *Vertrauens in andere* spärlicher. Es zeigen sich signifikante, jedoch numerisch vergleichsweise gering ausgeprägte korrelative Bezüge zu 1) dem Indikator des körperlichen Wohlbefindens, 2) den prospektiven entwicklungsbezogenen Emotionen, 3) der Internalität und (geringer) Externalität in generalisierten Kontrollüberzeugungen sowie 4) dem Bildungsstand. Auch hierbei ist jedoch zu betonen, daß diese Ergebnisse mit den Erwartungen nach dem HPP und mit den in der Fachliteratur vorliegenden (s. u. a. KRAMPEN, 1987a; KRAMPEN u. a., 1982; PETERMANN, 1996) konvergieren.

Über eine multivariate Varianzanalyse mit dem Gruppierungsfaktor »Gruppenzugehörigkeit« (Krebspatienten versus Arbeitslose versus eine nach dem Alter, Geschlecht und Bildungsstand parallelisierte Subgruppe von 50 gesunden, nicht arbeitslosen Erwachsenen) und dem Meßwiederholungsfaktor »Vertrauenstrias« (SV-15-, FKK-SK- und H-RA-Skala) durchgeführte Mittelwertsvergleiche weisen auf statistisch bedeutsame Haupteffekte beider Faktoren. Anschließend berechnete univariate Varianzanalysen und a-posteriori Einzelmittelwertsvergleiche (nach Duncan) belegen die folgenden signifikanten *Gruppenunterschiede* (p < .05):

1. Vertrauen in andere: Gesunde (M = 47.5, SD = 9.41) versus Krebspatienten (M = 41.8, SD = 9.07) und Arbeitslose (M = 40.9, SD = 9.98);

2. Selbstvertrauen: Gesunde (M = 32.5, SD = 6.54) und Arbeitslose (M = 31.5, SD = 5.88) versus Krebspatienten (M = 28.5, SD = 6.79);

3. Zukunftsmißtrauen/Hoffnungslosigkeit: Gesunde (M = 25.8, SD = 6.51) versus Arbeitslose (M = 29.9, SD = 7.99) versus Krebspatienten (M = 34.4, SD = 6.86).

Diese Ergebnisse zeigen, daß die drei Facetten der Vertrauenstrias teilweise differentiell mit der durch ein kritisches Lebensereignis ausgelösten Belastungsintensität kovariieren. Während das Zukunftsvertrauen bei den Krebspatienten am stärksten und bei den Arbeitslosen (in Umschulung!) ebenfalls, aber etwas weniger beeinträchtigt ist, ist dies für das Selbstvertrauen nur bei den stärker belasteten Krebspatienten und für das Vertrauen in andere gleichermaßen bei den Arbeitslosen und Krebspatienten zu konstatieren. Die höchsten Werte erreichen auf allen drei Skalen die gesunden, nicht arbeitslosen Erwachsenen, was ein Hinweis für die Bedeutung der Vertrauenstrias als Indikator von seelischer und körperlicher Gesundheit ist (s. Abschnitt 3.4).

Ergänzend wurde den Interkorrelationen der drei Facetten der Vertrauenstrias in den Substichproben nachgegangen, die in die Mittelwertsvergleiche eingegangen sind. Tab. 3 faßt die Befunde zu diesen *subgruppenspezifischen Interkorrelationen* der Komponenten der Vertrauenstrias zusammen. Für die Subgruppe der unbelasteten, gesunden und nicht arbeitslosen Erwachsenen (nach dem Alter, Geschlecht und Bildungsstand zu den belasteten Gruppen parallelisiert) zeigt sich ein Interkorrelationsmuster, das bei einigen (in zwei Fällen auch statistisch bedeutsamen; $p < .05$) Veränderungen den Befunden aus der Gesamtstichprobe (s. Tab. 2) weitgehend entspricht. Die Differenzenreliabilität der drei Skalen sinkt dabei zwar etwas ab, bleibt mit $_{prof}r_{tt} = .60$ jedoch im psychometrisch vertretbaren Bereich. Anders verhält es sich in den beiden durch ein kritisches Lebensereignis belasteten Subgruppen: Bei höherer Differenzenreliabilität (Krebspatienten: $_{prof}r_{tt} = .74$; Arbeitslose: $_{prof}r_{tt} = .78$) bleiben die Interkorrelationen des Selbst- und Zukunftsvertrauens sehr hoch, und die Korrelationen dieser beiden primär selbstbezogenen, persönlichen Vertrauensaspekte mit dem Vertrauen in andere sinken auf Koeffizientenwerte, die nicht mehr das übliche statistische Signifikanzkriterium erreichen (s. Tab. 3). Bei nachgewiesenen Reduktionen im Vertrauen in andere in den beiden belasteten Subgruppen (s. o.) deutet dies darauf, daß bei belasteten Personen im Vergleich zu nicht-belasteten eine erhöhte interindividuelle Variabilität in den Bezügen des umweltbezogenen Vertrauens in andere zu den eher selbstbezogenen Vertrauensaspekten besteht. Vermutet werden kann, daß das umweltbezogene (soziale, interpersonale) Vertrauen in persönlichen Krisensituationen durch eine Zunahme der privaten objektiven Selbstaufmerksamkeit und Selbstfokussierung zugunsten des primär auf die eigene Person gerichteten Selbst- und Zukunftsvertrauens an Salienz verliert.

Variable	Vertrauen in andere(s)	Selbstvertrauen	Zukunftsvertrauen
unbelastete Erwachsene (n = 50)			
SV-15: Vertrauen in andere(s)	1.00	.38**	.41**
FKK-SK: Selbstvertrauen		1.00	.64**
H-RA(+): Zukunftsvertrauen			1.00
ambulante Krebspatienten (n = 34)			
SV-15: Vertrauen in andere(s)	1.00	.18	.28
FKK-SK: Selbstvertrauen		1.00	.68**
H-RA(+): Zukunftsvertrauen			1.00
Arbeitslose in Umschulung (n = 55)			
SV-15: Vertrauen in andere(s)	1.00	.02	.19
FKK-SK: Selbstvertrauen		1.00	.56**
H-RA(+): Zukunftsvertrauen			1.00

$**p < .01$

Tab. 3: Interkorrelationen der Skalen zur Vertrauenstriasin Substichproben unbelasteter versus unterschiedlich belasteter Erwachsener (parallelisiert nach Alter, Geschlecht und Bildungsstand)

Zusammenfassend kann festgehalten werden, daß die skizzierten empirischen, in einer heterogenen Stichprobe belasteter versus nicht belasteter Erwachsener gewonnenen Untersuchungsbefunde die psychometrisch direkt faßbare Existenz des Phänomens einer Vertrauenstrias bestätigen. Ihre drei Komponenten können mit hinreichender Differenzenreliabilität erfaßt werden, die in den belasteten Subgruppen besonders hoch liegt. Die dazu verwendete »H-RA-Skala zur Hoffnungslosigkeit« (H-Skalen; KRAMPEN, 1994) und Primärskala »Selbstkonzept eigener Fähigkeiten« aus dem

»Fragebogen zu Kompetenz- und Kontrollüberzeugungen« (FKK; KRAM-PEN, 1991c) liegen in standardisierter und (in repräsentativen Stichproben deutscher Erwachsener) normierter Form vor. Sie sind auch für die Differentialdiagnostik im Einzelfall geeignet. Dies gilt (bislang) nicht für die »Skala zur Erfassung des sozialen Vertrauens« (SV-Skala; KRAMPEN u. a., 1982), deren aktueller psychometrischer Entwicklungsstatus dem eines nicht normierten Forschungsinstruments entspricht. Betont sei, daß die vorgelegten Befunde zu den Interkorrelationen und den Außenkorrelaten der Komponenten der Vertrauenstrias den aus dem HPP sowie seinen entwicklungspsychologischen und -psychopathologischen Anbindungen abgeleiteten Erwartungen entsprechen. Korrelationsstatistisch konnten somit exemplarisch der persönlichkeits- und entwicklungspsychologische Stellenwert der Vertrauenstrias sowie ihre Bezüge zu Indikatoren des Wohlbefindens belegt werden. Die Vergleiche der nicht-belasteten und belasteten Subgruppen verdeutlichen exemplarisch die Bedeutung der Vertrauenstrias für die Bereiche der psychosozialen Belastungs- und Krankheitsauswirkungen.

4. Literatur

ACKOFF, R. L. & EMERY, F. E. (1975). *Zielbewußte Systeme.* Frankfurt/M..

BANDURA, A. (1976). *Lernen am Modell.* Stuttgart.

BECK, A. T. (1970). *Depression.* Philadelphia.

- (1972). The core-problem in depression. In J. H. Masserman (Ed.), *Depression* (pp. 47-55). New York.

BECKER, P. (1982). *Interaktions-Angst-Fragebogen (IAF).* Weinheim.

- (1989). *Der Trierer Persönlichkeitsfragebogen (TPF).* Göttingen.

- (1991). Theoretische Grundlagen. In A. ABELE & P. BECKER (Hrsg.), *Wohlbefinden* (S. 13-49). Weinheim.

- (1994). Die Bedeutung von Vertrauen für die seelische und körperliche Gesundheit. *Logotherapie und Existenzanalyse* (Sonderheft 1994), 52-64.

BOLLES, R. C. (1972). Reinforcement, expectancy, and learning. *Psychological Review*, 79, 394-409.

BOULDING, K. E. (1968). General system theory: The skeleton of science. In W. BUCKLEY (Ed.), *Modern systems research for the behavioral sciences* (pp. 3-10). Chicago.

BRANDTSTÄDTER, J. (1986). Personale Entwicklungskontrolle und entwicklungsregulatives Handeln. *Zeitschrift für Entwicklungspsychologie und Pädagogische Psychologie*, 18, 316-334.

BRANDTSTÄDTER, J. & RENNER, G. (1990). Tenacious goal pursuit and flexible goal adjustment: Explication and agerelated analysis of assimilative and accomodative strategies of coping. *Psychology and Aging*, 5, 558-567.

BRANDTSTÄDTER, J., KRAMPEN, G. & HEIL, F. E. (1986). Personal control and emotional evaluation of development in partnership relations during adulthood. In M. M. BALTES & P. B. BALTES (Eds.), *The psychology of aging and control* (pp. 265-296). Hillsdale.

BRETHERTON, I. (1985). Attachment theory. *Monographs of the Society for Research in Child Development*, Serial No. 209, 50 (1-2), 3-35.

ERIKSON, E. H. (1968). *Identity: Youth and crisis*. New York.

EYSENCK, H. J. (1953). *The structure of human personality*. London.

FEATHER, N. T. (Ed.). (1982). *Expectations and actions*. Hillsdale.

GARSKE, J. P. (1975). Interpersonal trust and construct complexity for positively and negatively evaluated persons. *Personality & Social Psychology Bulletin*, 1, 616-619.

- (1976). Personality and generalized expectancies for interpersonal trust. *Psychological Reports*, 39, 649-650.

GRAWE, K., DONATI, R. & BERNAUER, F. (1994). *Psychotherapie im Wandel*. Göttingen.

GROEBEN, N. & SCHEELE, B. (1977). *Argumente für eine Psychologie des reflexiven Subjekts*. Darmstadt.

GROSCHECK, W. (1980). Dimensionierung des Selbstkonzepts. *Probleme und Ergebnisse der Psychologie*, 75, 39-57.

GROSSMANN, K. E. & GROSSMANN, K. (1994). Bindungstheoretische Grundlagen psychologisch sicherer und unsicherer Entwicklung. *GwG-Zeitschrift*, 96, 26-41.

GUTJAHR, W. (1978). Methodologische und praktische Fragen der klinisch-psychologischen Entwicklungsdiagnostik. *Probleme und Ergebnisse der Psychologie*, 64, 43-54.

HARLOW, H. F. (1958). The nature of love. *American Psychologist*, 13, 673-685.

- (1962). The heterosexual affectional system in monkeys. *American Psychologist*, 17, 1-9.

HARLOW, H. F., HARLOW, M. K., DODSWORTH, R. O. & ARLING, G. L. (1966). Maternal behavior in Rhesus monkeys deprived of mothering and peer associations in infancy. *Proceedings of the American Philosophical Society*, 40, 58-66.

HARRE, R. (1978). Toward a cognitive psychology of social action. *The Monist*, 61, 548-572.

HECKHAUSEN, H. (1972). Die Interaktion der Sozialisationsvariablen in der Genese des Leistungsmotivs. In C. F. GRAUMANN (Hg.), *Handbuch der Psychologie* (Bd. 7/2, S. 955-1019). Göttingen.

- (1974). *Motivationsanalysen*. Berlin.

- (1989). *Motivation und Handeln* (2. Aufl.). Berlin.

HEIDER, F. (1944). Social perception and the phenomenal causality. *Psy-

chological Review, 51, 358-374.

- (1958). *The psychology of interpersonal relations.* New York.

HERRMANN, T. (1976). *Die Psychologie und ihre Forschungsprogramme.* Göttingen.

HERRMANN, T. & LANTERMANN, E.-D. (1985). Einleitung: Psychologie der Persönlichkeit, Status und Perspektiven. In T. HERRMANN & E.-D. LANTERMANN (Hrsg.), *Persönlichkeitspsychologie* (S. VII-XVII). München.

HULL, C. L. (1932). The goal-gradient hypothesis and maze learning. *Psychological Review*, 39, 25-43.

HUSSERL, E. (1913). *Ideen zu einer reinen Phänomenologie und phänomenologischen Philosophie.* Halle.

JOPT, U.-J. (1978). *Selbstkonzept und Ursachenerklärung in der Schule.* Bochum.

KELLY, G. A. (1955). *The psychology of personal constructs* (2 Vol.). New York.

KLIX, F. (1983). *Erwachendes Denken. Eine Entwicklungsgeschichte der menschlichen Intelligenz* (2. Aufl.). Berlin.

KÖHLER, W. (1917). *Intelligenzprüfungen an Menschenaffen.* Berlin.

KRAMPEN, G. (1979). Hoffnungslosigkeit bei stationären Patienten. *Medizinische Psychologie*, 5, 39-49.

- (1980). Entwicklung eines Fragebogens zur Erfassung des Selbstkonzepts eigener Fähigkeiten in Deutsch bei Hauptschülern. *Psychologie in Erziehung und Unterricht*, 27, 212-218.

- (1982). *Differentialpsychologie der Kontrollüberzeugungen.* Göttingen.

- (1986). Zum indikativen Wert handlungstheoretischer Persönlichkeitsvariablen für die Alkoholismusbehandlung. In D. LADEWIG (Hg.), *Drogen und Alkohol* (S. 114-132). Lausanne.

- (1987a). *Handlungstheoretische Persönlichkeitspsychologie.* Göttingen.

- (1987b). Ein handlungstheoretisches Partialmodell der Persönlichkeit. In M. AMELANG (Hg.), *Bericht über den 35. Kongreß der DGfPs in Heidelberg 1986* (Bd. 2, S. 345-355). Göttingen.

- (1988). Toward an action-theoretical model of personality. *European Journal of Personality*, 2, 39-55.

- (1991a). *Entwicklung politischer Handlungsorientierungen im Jugendalter.* Göttingen.

- (1991b). Political participation in an action-theory model of personality: Theory and empirical evidence. *Political Psychology*, 12, 1-25.

- (1991c). *Fragebogen zu Kompetenz- und Kontrollüberzeugungen.* Göttingen.

- (1991d). *Diagnostisches und Evaluatives Instrumentarium zum Autogenen Training (AT-EVA).* Göttingen.

- (1992). *Einführungskurse zum Autogenen Training.* Göttingen.

- (1994). *Skalen zur Erfassung von Hoffnungslosigkeit.* Göttingen.

- (1995). Handlungstheoretische Persönlichkeitsdiagnostik. In K. PAWLIK

(Hg.), *Bericht über den 39. Kongreß der DGPs in Hamburg 1994* (S. 639-645). Göttingen.

KRAMPEN, G., VIEBIG, J., & WALTER, W. (1982). Entwicklung einer Skala zur Erfassung dreier Aspekte von sozialem Vertrauen. *Diagnostica*, 28, 242-247.

KRAMPEN, G. & WIESENHÜTTER, J. (1997). Gesellschaft im Wandel - Psychologie im Wandel: Bibliometrische Untersuchungsbefunde zur Entwicklung der Psychologie im Spannungsfeld von Grundlagendisziplin und Anwendungsfach. In *Bericht zum 4. Deutschen Psychologentag in Würzburg*, 2.-5.10.1997. Bonn.

KUHL, J. (1977). *Meß- und prozeßtheoretische Analysen einiger Person- und Situationsparameter der Leistungsmotivation*. Bonn.

LANTERMANN, E. D. (1980). *Interaktionen*. München.

LAUCKEN, U. (1974). *Naive Verhaltenstheorie*. Stuttgart.

- (1982). Aspekte der Auffassung und Untersuchung von Umgangswissen. *Schweizerische Zeitschrift für Psychologie und ihre Anwendungen*, 41, 87-113.

LERNER, M. J. (1980). *Belief in a just world*. New York.

LERNER, R. M. & BUSCH-ROSSNAGEL, N. A. (Eds.). (1981). *Individuals as producers of their development*. New York.

LORENZ, K. (1935). Die Prägung des Objekts arteigener Triebhandlungen. *Journal für Ornithologie*, 83, 137-213 und 289-413.

LUHMANN, N. (1973). *Vertrauen: Ein Mechanismus der Reduktion sozialer Komplexität* (2. Aufl.). Stuttgart.

MARCIA, J. E. (1966). Development and validation of ego-identity status. *Journal of Personality and Social Psychology*, 3, 551-558.

- (1980). Identity in adolescence. In J. ADELSON (Ed.), *Handbook of adolescent psychology* (pp. 159-187). New York.

MARSH, A. (1977). *Protest and political consciousness*. Beverley Hills.

MISCHEL, W. (1973). Toward a cognitive social learning reconceptualization of personality. *Psychological Review*, 80, 252-283.

MONTADA, L. (1995). Fragen, Konzepte, Perspektiven. In R. OERTER & L. MONTADA (Hrsg.), *Entwicklungspsychologie* (S. 1-83). Weinheim.

OERTER, R. (1995). Motivation und Handlungssteuerung. In R. OERTER & L. MONTADA (Hrsg.), *Entwicklungspsychologie* (S. 758-822). Weinheim.

PERVIN, L. A. (1985). Personality: Current controversies, issues, and directions. *Annual Review of Psychology*, 36, 83-114.

PETERMANN, F. (1996). *Psychologie des Vertrauens* (3. Aufl.). Göttingen.

PIAGET, J. (1976). *Die Äquilibration der kognitiven Strukturen*. Stuttgart.

PLATTNER, I. E. (1988). Hoffnung: Ein pädagogisch und psychologisch relevantes Phänomen? *Pädagogische Rundschau*, 42, 443-475.

RAUH, H. (1995). Frühe Kindheit. In R. OERTER & L. MONTADA (Hrsg.), *Entwicklungspsychologie* (S. 167-248). Weinheim.

RENNER, G. (1990). *Flexible Zielanpassung und hartnäckige Zielverfol-*

gung: Zur Aufrechterhaltung der subjektiven Lebensqualität in Entwicklungskrisen (unveröff. Dissertation). Trier.

ROSENBAUM, M. & HADARI, D. (1985). Personal efficacy, external locus of control, and perceived contingency of parental reinforcement among depressed, paranoid, and normal subjects. *Journal of Personality and Social Psychology*, 49, 539-547.

ROSENBERG, M. (1956). Misanthropy and political ideology. *American Sociological Review*, 21, 690-695.

ROTTER, J. B. (1954). *Social learning and clinical psychology.* New York.

- (1955). The role of the psychological situation in determining the direction of human behavior. *Nebraska Symposion on Motivation*, 3, 245-268.

- (1967). A new scale for the measurement of interpersonal trust. *Journal of Personality*, 35, 651-665.

- (1980). Interpersonal trust, trustworthiness, and gullibility. *American Psychologist*, 35, 1-7.

- (1982). *The development and application of social learning theory.* New York.

ROTTER, J. B., CHANCE, J. E. & PHARES, E. J. (Eds.). (1972). *Applications of a social learning theory of personality.* New York.

SCHAFFER, R. (1989). Early social development. In A. SLATER & G. BREMNER (Eds.), *Infant development* (pp. 189-210). Hillsdale.

SCHAIE, K. W. (1960). *Test for Behavioral Rigidity (TBR).* Palo Alto.

SCHEIER, M. F. & Carver, C. S. (1985). Optimism, coping and health: Assessment and implications of generalized outcome expectancies. *Health Psychology*, 4, 219-247.

SCHMIDT, H.-D. (1972). *Allgemeine Entwicklungspsychologie.* Berlin.

SCHWEER, M. K. W. (1996). *Vertrauen in der pädagogischen Beziehung.* Bern.

SELG, H. & Dörner, D. (1985). Psychologie als Wissenschaft - ihre Aufgaben und Ziele. In D. DÖRNER & H. SELG (Hrsg.), *Psychologie* (S. 15-29). Stuttgart.

SLIFE, B. D. (1987). Telic and mechanistic explanations of mind and meaningfulness. *Journal of Personality*, 55, 445-466.

SMEDSLUND, J. (1988). *Psycho-Logic.* Berlin.

SPRANGER, E. (1930). *Lebensformen* (7. Aufl.). Halle.

STAATS, A. W. (1975). *Social behaviorism.* Homewood.

STOTLAND, E. (1969). *The psychology of hope.* San Francisco.

THÜRINGER, A. (1996). *Strukturanalyse generalisierter selbst- und umweltbezogener Kognitionen und Emotionen* (unveröff. Diplomarbeit). Trier.

WATZLAWIK, P., WEAKLAND, J. H. & FISCH, R. (1974). *Lösungen: Zur Theorie und Praxis menschlichen Wandels.* Bern.

WEINER, B. (1976). *Theorien der Motivation.* Stuttgart.

WRIGHTSMAN, L. S. (1974). *Assumptions about human nature.* Monterey.

Vertrauen als affektive Handlungsdimension: Ein emotionssoziologischer Bericht

Andrea Maria Dederichs

1. Einleitung

Manche Phänomene tauchen in der Soziologie erst auf, wenn sie zu verschwinden scheinen. So verhält es sich auch mit dem Vertrauen: Es zieht in die soziologische Analyse ein, weil es aus der Gesellschaft auszieht. Die Gazetten beklagen das Vertrauen schon länger als schwindend: Immer weniger Menschen vertrauen dem politischen System und seinen Akteuren; Nachbarn, die einst voller Vertrauen aufeinander zählen konnten, finden sich heute in vielen Fällen vor dem Zivilgericht wieder; die Angst vor Diebstahl verstärkt das Mißtrauen vieler Menschen.

Auch von einigen Soziologen (u. a. MAHNKOPF, 1994) werden die Beziehungen zwischen den Menschen als zunehmend »instrumentelle und entemotionalisierte« dargestellt. Ist die moderne Gesellschaft eine mißtrauische geworden? Und was hieße das für die Aufrechterhaltung moderner Beziehungen, denen Anthony GIDDENS (1996) eine fundamentale Abhängigkeit von Vertrauen zuschreibt?

Wenn Vertrauen die Basis jeder (kooperativen) Beziehung ist, wäre der Verlust von Vertrauen eine bestandsentscheidende Frage der Gesellschaft - genügend Grund für die Soziologie, sich dem Vertrauen analytisch zu nähern. Vertrauen ist dann nicht mehr ausreichend definiert über die von Morton Deutsch formulierten drei Elemente des vertrauensvollen Verhaltens in Interaktionen, nämlich 1. die Risikobereitschaft Ego's im Sinne einer gesteigerten Verwundbarkeit, 2. die gleichberechtigte und reziproke Struktur der Interaktion sowie 3. die situationsspezifische Nutzung bei erwartbarem Schaden.

Die soziologische Analyse fragt zusätzlich nach den sozialen Funktionen des Vertrauens und den situativen, strukturellen, kulturellen und normativen Abhängigkeiten vertrauensvollen Handelns. Sie erweitert und hinterfragt die Annahme, daß Vertrauensbereitschaft und Vertrauenswürdigkeit nur auf personale Attribute zurückzuführen seien.

Die kleinste Einheit der sozialen Beziehung ist wohl das interpersonelle

Vertrauen, das zwischen mindestens zwei Individuen besteht. Diese Beschreibung kann um psychologische - z. B. intrapersonales Vertrauen beim Aufbau des Selbst - und soziologische Vertrauensformen ergänzt werden. Die soziologischen Dimensionen des Vertrauens sollen im folgenden erarbeitet werden (II.), ausgehend von der These, daß das Vertrauen als spezifischer Modus der Handlungskontrolle in jeweilige Systemlogiken eingebunden ist und Transformationsprozessen - hervorgerufen durch sozialen Wandel und systemische Differenzierungen - unterliegt. Vertrauen hätte dann handlungs- *und* systemstrukturierende Funktionen, die theoretisch mit Hilfe der strukturfunktionalistischen Handlungstheorie Talcott Parsons' erschlossen werden können (III.). Erst nach dieser Klärung können Vertrauensbeziehungen beschrieben werden. Darüberhinaus legen die vertrauensfördernden oder -hemmenden Handlungsbedingungen situative Parameter fest, die in Form von kulturellen Codes, normativen Tradierungen und sozialen Strukturen auf die jeweilige Vertrauensentscheidung einwirken. Vertrauen kann eine emotionale »Festlegung« in Entscheidungssituationen sein, wodurch Hinweise auf eine mögliche Auflösung bislang dichotomer Traditionen gegeben werden, nämlich Emotionalität versus Rationalität resp. Vertrauen versus Kontrolle (IV.). Im Schlußteil soll dann die Hypothese entwickelt werden, daß der »homo aestheticus« (s. Staubman, 1995a, b) durch seine Fähigkeiten, emotionale, normative und rationale Elemente zu verbinden, die gegensätzlichen Entwürfe des »homo oeconomicus« und des »homo sociologicus« ablösen können (VI.).

2. Soziologische Dimensionen des Vertrauens

Es war bereits die Rede von zwei Formen des Vertrauens, dem intrapersonalen und dem interpersonellen Vertrauen, wobei letzteres unterteilt werden kann in interpersonelle Kommunikationssurrogate und interpersonelle Kredite. Interpersonelles Vertrauen ist dyadisch strukturiert und steuert »binäre Ego-Alter-Beziehungen« (ANTFANG & URBAN, 1994, S. 1). Ein klassisches Beispiel für eine Kooperationsbeziehung zwischen Akteuren, die sich nicht aufgrund von Primärbeziehungen vertrauen, ist das Arzt-Patienten-Verhältnis (s. u. a. BARBER, 1983). Akteursbeziehungen finden aber nicht immer zwischen den Vertrauenden statt, es kann sich auch um »korporative Akteure« (COLEMAN, 1991, S. 225ff.) handeln, z. B. Unternehmen, Parteien, öffentliche Träger usw. Der Austausch findet aber stets interpersonell statt, im zweiten Fall mit einem Stellvertreter der Korporative. Beispielsweise vertraut Ego Alter in seiner Funktion als Bankangestellter, findet dessen persönliche Ausstrahlung aber vertrauensunwürdig.

Systemvertrauen bedeutet für den Akteur, in ein entpersonalisiertes System zu vertrauen, das unabhängig von ihm funktioniert, z. B. das Wirtschaftssystem, das ärztliche Versorgungssystem, das Schulsystem usw. LUHMANN (1989, S 23f.) weist darauf hin, daß Systemvertrauen den funktional notwendigen Aspekt des freiwilligen »Kontroll- und Wissensverzichts« umschreibt. Dieser Verzicht ist die Vorleistung des Akteurs, die er aufgrund der Informationsunsicherheit leistet, um die Unsicherheit zu reduzieren.

Die systemtheoretische Perspektive Luhmanns funktionalisiert Mißtrauen als funktionales Äquivalent zu Vertrauen, denn beide Modi reduzieren Komplexität. Vertrauen und Mißtrauen stehen in einem linguistisch engen Zusammenhang: das eine kodiert binär das andere. Empirisch lassen sich aber fundamentale Unterschiede beobachten. Während Vertrauen einen Beziehungsbeginn bzw. eine besonders positive Beziehungsqualität markiert, ist Mißtrauen negativ konnotiert und kann Beziehungen auch beenden. Mißtrauen verweist auf andere konstitutive Elemente als Vertrauen (s. GIDDENS, 1996).

Eine spezielle Vertrauensform liegt zwischen interpersonellem Vertrauen und systemischen Kooperativen: das Vertrauen in ein metaphysisches Objekt, z. B. Gottvertrauen. Einerseits kann ein binärer Austausch stattfinden, indem das metaphysische Objekt von Ego als Alter personalisiert wird, z. B. im Gebet, das eine dialogische Form erhalten kann. Gleichzeitig ist es möglich, dem subjektivierten Objekt eine höhere systemische Funktion zuzuschreiben: Gott kann auch als weltstabilisierende göttliche Kraft wahrgenommen werden.

Eine andere Vertrauensform - das Vertrauen in nicht-soziale Objekte - weist einige strukturell ähnliche Merkmale auf, z. B. das Vertrauen in technische Geräte. Diese können auch subjektiviert werden - der PC, der mit einem Namen angesprochen wird -, gleichzeitig aber bleibt die Funktionsweise für den Laien unerschließbar, wodurch der systemische Charakter der Technik - die Differenz zwischen Sachbeherrschung und Unwissen - deutlich wird (s.a. BÖHLE, 1994; WAGNER, 1994). Diese Differenz hebt sich bei Anthony GIDDENS (1996) im Wechselspiel von Vertrauen und Glauben (im Sinne eines vermuteten richtigen Handelns) pragmatisch als das »*richtige* Funktionieren« (S. 49) einer Sache auf. Vertrauen kann dann als spezifische Form von »(...) Zutrauen zur Zuverlässigkeit einer Person oder eines Systems im Hinblick auf eine gegebene Menge von Ergebnissen oder Ereignissen, (...)« definiert werden (S. 90).

Die Vertrauensformen lassen sich nach Mikro- und Makroebene differenzieren. Luhmann nimmt für moderne Gesellschaften eine Loslösung der Vertrauensbasis vom (inter-)personalen Vertrauen und eine zunehmende Generalisierung des Systemvertrauens an, da dieses erst die zu reduzierende Komplexität *und* die Selektionsleistungen erzeuge. Aus seinen Aussagen läßt sich die Schlußfolgerung einer notwendigen Unterscheidung des Vertrauens nach makroskopischen und mikroskopischen Rahmungen ziehen, also einer konzeptionellen Trennung der interpersonellen von den abstrakt systemischen Vertrauensformen. Diese Differenzierung ist aber problematisch, betrachtet man die Mechanismen und Prinzipien, die in *allen* Vertrauensbeziehungen funktionieren. Trotz der unterscheidbaren Vertrauensformen lassen sich nämlich formale Aspekte des Vertrauens nennen, die als Merkmale aller Vertrauensbeziehungen gelten dürften.

Vertrauen ist ein Modus, der »das Ungleichgewicht von Verstehen und Akzeptanz sozialer Ordnungen« (WAGNER, 1994, S. 146) im Phänomen der Vertrauensbeziehung auflöst. Diese Asymmetrie ist sozio-evolutionär angelegt durch die Ausdifferenzierung der Gesellschaft in eigengesetzliche Sphären, die eine Rationalisierung der Bedingungen des gesamten Lebens bewirkten. Aus dem universellen Gültigkeitsanspruch des okzidentalen Rationalismus ergibt sich - so Max WEBER (1988, S. 471) - das »Einverständnis« in die rationale Ordnung, das aber nicht gleichbedeutend mit »Verständnis« ist, da es nicht »auf besonderer rationaler Vereinbarung mit allen Einzelnen« beruht. Der Einzelne ist also auf das Vertrauen angewiesen, oder wie WAGNER es präzise formuliert (1994, S. 148): »... die Nicht-Universalisierung des Wissens (und damit des Verstehens) muß durch die Universalisierung des Vertrauens kompensiert werden.« Vertrauen enthält demzufolge immer den Aspekt der Reduzierung von Komplexität, d.h. die Verringerung von Unsicherheit. Als spezifische Selektionsleistung des Akteurs gegenüber systemischer und personaler Komplexität steht der Grad an Vertrauen in direktem Zusammenhang zum Auftreten von Risiko durch unbekannte Rahmenbedingungen und unberechenbare Erfolgswahrscheinlichkeiten. Risiko kann definiert werden als Wahrscheinlichkeit, das situative Ziel aufgrund unbekannter oder nicht antizipierter Einflüsse zu verfehlen.

GIDDENS (1996) macht auf die Normalität des Zweifels und der Undurchsichtigkeit aufmerksam, die in der Moderne durch die Unberechenbarkeit und Ungewißheit des Wissens institutionalisiert seien. Vertrauen ist also auch eine Bewältigungsstrategie für Risiken, indem es Zweifel bei der Entscheidungsfindung reduziert und Wissen substituiert.

Vertrauen ist das Produkt einer Beziehungsarbeit zwischen dem Akteur und seiner Umwelt, welches den Akteur vor sozialer und psychischer Verausgabung schützt. Die eingesparten Ressourcen lassen sich mit *Zeit*, *Informationen*, *Kosten* und *Aufwand* benennen.
    Die *Zeiteinsparung* ergibt sich durch den freiwilligen Verzicht auf die Überprüfung der vertrauensschaffenden Maßnahmen.
    Informationen werden redundant durch zugelassene, nicht-rationale In-

formationsträger, vor allem die Erfahrungen des Akteurs aus vorangegangenen Interaktionen, seinen Emotionen (als generelle Erlebnisfähigkeit und als aktuelle Befindlichkeit), der Emotionalität des Interaktionspartners (vor allem Charme und Charisma) sowie dessen Reputation und Status.

Aufwand wird minimiert durch die Auswahl komplexer Strategien, die nicht nach selektiven Kriterien kontrolliert werden müssen.
Damit eng verbunden ist eine *Kostensenkung,* die durch die Schonung psychosozialer Ressourcen erreicht wird.

Neben den genannten funktionalen Einsparungsmöglichkeiten kann als universale Funktion des Vertrauens die *Komplexitäts-* resp. *Unsicherheitsreduktion* genannt werden.

Es reicht aber nicht aus, die Dimensionen von Vertrauen aufzuzeigen (s. ANTFANG & URBAN, 1994), vielmehr muß zwischen funktionalen und strukturellen Merkmalen unterschieden werden, um der Komplexität des Phänomens Vertrauen gerechter zu werden. Vertrauen kann nicht nur funktional beschrieben werden, sondern basiert auf Normen und Emotionen, die Vertrauensbeziehungen ermöglichen und strukturieren. Vertrauensvolles Handeln ist immer auch riskantes Handeln, das Risikopotential in Beziehungen entscheidet über die Wahrscheinlichkeit des Vertrauens mit.

Eine Theorie, die Vertrauen als strukturierte und strukturierende Komponente sozialen Handelns begreift, muß Mikro- und Makroebene sowie funktionale und beschreibende Aspekte aufnehmen bzw. integrieren. Dieser »Mammutaufgabe« sind nicht viele Konzepte gewachsen und *das* Vertrauenskonzept ist noch ungeschrieben. *Eine* Schwierigkeit bei der Konzipierung einer umfassenden Theorie des Vertrauens besteht in unterschiedlichen Annahmen der Wissenschaftler bezüglich des Risikos als dem Hauptmovens des Vertrauens. Es lassen sich zwei gegensätzliche Thesen zum Risikoauftreten ableiten (s. KOLLER, 1990).
Erstens: Je geringer das Risiko, desto größer das Vertrauen. Zweitens: Je höher das Risiko, desto größer das Vertrauen. Die erste Aussage steht in der Tradition der Entscheidungstheorien, wie sie vor allem von James COLEMAN vertreten wird; die zweite Aussage entstammt einer funktionalistischen Perspektive, wie sie von Talcott PARSONS und Niklas LUHMANN entwickelt worden ist.

COLEMAN (1991) beschreibt Vertrauen als Egos prospektive Übertragung von Kontrollrechten an Alter in entscheidungsnotwendigen Situationen. Der rationale, risikobereite Akteur geht eine Vertrauensbeziehung in ökonomischer Absicht ein, wenn »... das Verhältnis der Gewinnchance zur Verlustchance größer ist als das Verhältnis des Ausmaßes des möglichen

Verlustes zum Ausmaß des möglichen Gewinns« (S. 126). Die Menge der Informationen in Situationen gleicht der Minimierung von Risiko und rechtfertigt Vertrauen in der Balancierung von möglichen Gewinnen und möglichen Verlusten. COLEMANS Modell beschreibt die Parameter für Vertrauensbeziehungen, seine mikrotheoretische Perspektive stellt Vertrauen als Austausch in einer dyadischen Ego-Alter Beziehung dar. COLEMAN erkennt in Gemeinschaften auch Systeme gegenseitigen Vertrauens durch die Generalisierung von Vertrauensbeziehungen. Diese sind strukturell den Mikrobeziehungen gleich, werden aber zusätzlich verstärkt durch »beratende Intermediäre« (S. 244) sowie den Informationsquellen der Makroebene (z. B. Normen).

Das Paradigma des rationalen Akteurs geht auf das spieltheoretische »Gefangenen-Dilemma« zurück und thematisiert Kooperationsstrategien einzelner Akteure in Entscheidungssituationen. Das »Vertrauensspiel« modelliert Situationen, in denen ein emotionsloser Akteur nach Abschätzung der Nutzenwerte Vertrauen oder Mißtrauen setzt (s. u. a. BRAUN, 1991; COLEMAN, 1991; DASGUPTA, 1988; RAUB, 1992). Die spieltheoretische Modellierung ist so explizit auf Entscheidungssituationen ausgerichtet, das sich eine Gruppen- oder Gesellschaftsperspektive trotz Colemans makroskopischen Überlegungen nahezu ausschließt. Außerdem werden Situationen konstruiert, die im realen Alltagsleben nicht vorkommen, wie vor allem WILLIAMS (1988) betont. Vertrauen ist *auch* rationales Handeln in Form subtiler und diffuser Strategien, aber es setzt eine Sozialstruktur voraus, die Vertrauen als soziales Phänomen konstruierbar und kulturell kodierbar macht. Gerade die Einschätzung der Vertrauenswürdigkeit einer Person ist, wie PREISENDÖRFER (1995) an mehreren Beispielen demonstriert, nicht ausschließlich von situativen Parametern abhängig, sondern ebenso wie die Vertrauensbereitschaft strukturell und personell typisiert und von der emotionalen Befindlichkeit und Erfahrung der Person abhängig.

Vertrauen - so meine These - ist *immer* eingebunden in eine normative Handlungsstruktur und »Normen sind auf die Rationalität bestimmter objektiver Interaktionszusammenhänge bezogen« (ANTFANG & URBAN, 1994, S. 17). Diese Verflechtung von normativen Handlungen und sozialen Strukturen verweist auf die Notwendigkeit eines Mehrebenenmodells in der Analyse, das in der Lage ist, Mikro- und Makroelemente zu verknüpfen. Vertrauen ist danach die subjektive Bestätigung einer objektiven Rationalität, die über eine gesellschaftliche Symbolisierung in Form von Normen vermittelt und auf emotionaler Basis erzeugt wird. Vertrauen wäre dann als wissenschaftliche Kategorie in der Lage, Vermittlungsfunktionen zwischen »rationalem Verhalten einerseits und erwartungs- bzw. normgesteuertem Verhalten andererseits« (PREISENDÖRFER, 1995, S. 269)

67

zu übernehmen, und den Emotionen die Funktion der eigentlichen Festlegung bei Verhaltensentscheidungen zuzuschreiben. Rationale und normative Handlungsmuster sind äußerliche, in gewisser Weise objektive Haltungen, während emotionale Handlungen spezifisch subjektiv sind. Der rationale Einsatz von Vertrauen in Entscheidungssituationen soll den Akteuren Vergünstigungen verschaffen, wohingegen das systemische Vertrauen als Anpassung an zunehmende Kontingenz erscheint, indem systemisch produzierte Komplexität reduziert wird.

LUHMANN nimmt einen makroskopischen Blickwinkel ein, wenn er von Vertrauen als systemischer und systemisch erzeugter Leistung spricht. Die hier vertretene These, daß Vertrauen ein interaktions- *und* systemstrukturierender Modus ist, der normativ und emotiv reguliert wird, verlangt eine theoretische Rahmung, die a) situationsspezifische Konstitutiva generalisiert, b) Struktur- und Handlungsebene verbindet und c) eine Emotionssoziologie integriert.

Der hier vorgestellte Ansatz betont weder einseitig die Vertrauensbeziehungen zwischen Akteuren noch die systemische Komplexität. Im Vordergrund stehen die funktionalen Bedingungen und strukturellen Elemente von Handlungen.

3. Handlungsorientierte Systemtheorie: Vertrauen als affektive Handlungsdimension

Talcott PARSONS knüpft an Webers These des universalen Gültigkeitsanspruchs des okzidentalen Rationalismus an und stellt als Folge der funktionalen Ausdifferenzierung in Teilsysteme eine strukturelle Desintegration und Entkoppelung der Handlungsbereiche fest. Tradierungen verlieren an Eindeutigkeit und Kohärenz, wodurch nicht nur die normative Integration der Gesellschaftsmitglieder, sondern auch die strukturelle Stabilität gefährdet ist. Fraglich bleibt, welche Instanzen die gesellschaftliche Ordnung ermöglichen. PARSONS Annahme ist die einer normativ integrierten, auf stabile Werte rekurrierenden Gemeinschaft, deren emotionale Kohärenz von den Mitgliedern als gesellschaftliche Harmonie erfahren wird. Diese entnimmt er den Tönniesschen Unterscheidungskriterien von Gemeinschaft und Gesellschaft. Bereits WEBER hatte diese Sozialformen handlungstheoretisch als Vergemeinschaftung und Vergesellschaftung konzipiert, und Parsons erweitert dieses Modell um eine voluntaristische Handlungsperspektive. Seine Konzeption von gesellschaftlicher Ordnung formuliert Handlung als durch normative Muster vermittelte Orientierung des Aktors an einer Situation. Jedes Handeln findet in einer Situation statt, ist dementsprechend abhängig von der »Beziehung zwischen dem Aktor, seiner Situation und den relevanten normativen Mustern« (PARSONS, 1994, S. 69). PARSONS' universales Analysekonzept ist das »allgemeine Handlungssystem«, das strukturell vor allem aus Institutionen und institutionellen Mustern besteht. Die institutionelle Struktur ist »ein verhältnismäßig stabiler Modus der Organisation des menschlichen Handelns« (PARSONS, 1973b, S. 143f.), die Institutionen schaffen Kohärenz in einem System komplexer Handlungsmöglichkeiten. Als besondere normative Muster definieren sie in der Sozialstruktur neben anderen Normen die angemessenen Formen des Handelns und die Legitimität sozialer Beziehungen.

Die klassische Handlungstheorie nach Max WEBER bietet ein idealtypisches Raster für alle Handlungen, indem sie diese durch die Zweck-Mittel-Orientierung bestimmt: Es gibt dementsprechend zweckrationales, wertrationales, traditionales und affektives Handeln, das sich entweder an einer instrumentellen oder einer evaluativen Perspektive orientiert. Diese Orientierungen werden benötigt als Ausgleich der mangelhaften biologischen Ausstattung, denn der Aktor (als handelnde Einheit) steht einer Umwelt gegenüber, die er »bewältigen« muß mit Hilfe der handlungsspezifischen Orientierungen, die »Orientierungssysteme konstituieren« (STAUBMANN, 1995a, S. 53). Die Umwelt stellt sich für den Aktor in einer Situation dar, die aus sozialen und nicht-sozialen Objekten sowie den Normen gebildet wird. PARSONS bestimmt jede Handlung nach folgenden strukturellen, nicht weiter reduzierbaren Elementen: Ziele, Mittel, Bedingungen und Normen. Die handlungsunabhängigen Normen werden von dem Handelnden mit situativen Faktoren - Ziele, Mittel und Bedingungen - verknüpft. Der Aktor ist aber keineswegs passiv oder gar fremdbestimmt, sondern steht in einer Beziehung zur Situation, die durch die unterschiedliche Orientierungsweisen verschiedene Handlungen ermöglicht.

3.1 Kognitiver, teleologischer und affektueller Orientierungsmodus

Handeln als Orientierung umfaßt eine kognitive, eine teleologische und eine affektuelle Dimension, die Parsons die grundlegenden Relationsmodi nennt (s. PARSONS, 1986, S. 69ff.). Diese Orientierungsmodi erleichtern eine Analyse des Handelns durch die Unterscheidung verschiedener Aspekte einer Situation, die funktional für den Aktor bedeutsam sind. Der kognitive Modus des Aktors zur Situation ist die perspektivische Bezugnahme auf ein Objekt oder einen situativen Aspekt.

Selbstverständlich kann jedes Element einer Handlung in Begriffen kognitiver Orientierung beschrieben werden; gerade die Sozialwissenschaften haben das »Paradigma des rationalen Akteurs«, der kognitiv ausgerichtet handelt, in die Theoriebildung aufgenommen. In analytischer Hinsicht lohnt die Kategorisierung der teleologischen und der affektuellen Dimension, außerdem gibt es Phänomene, die durch eine kognitiv-instrumentelle Orientierung mit klaren Zwecken nicht grundlegend erklärbar sind. Viele Situationen sind durch Mittel und Bedingungen gekennzeichnet, die den Zielen der Akteure eben nicht entsprechen, d.h. nicht durch eine Zweck-Mittel-Relation erklärbar werden. Die teleologische Orientierung ist dann auf normative Muster angewiesen, die übernommen oder zurückgewiesen werden können. Normen erscheinen dem Aktor einerseits als äußerlich bzw. gesellschaftlich, werden aber andererseits als nicht gesellschaftlich bedingt, subjektiv oder ästhetisch wahrgenommen. Dabei sind normative Muster nicht spezifisch subjektiv und in ihrer Struktur auch nicht affektiv.

Darüber hinaus gibt es Handlungen, die weder in kognitiv-instrumenteller noch in teleologisch-normativer Orientierungsweise verstehbar sind. Woran orientiert sich der Aktor, wenn er z. B. über den Grad der Ausschmückung einer Meßfeier entscheidet oder die Auswahl der Farben für ein Gemälde vornimmt?

Gerade die expressiv-ästhetische Sphäre ist nicht als teleologisch-normative subsummierbar, denn im Bereich der Kunst und der Emotionen können die Handlungsentscheidungen nicht ausschließlich über normative Ziele formuliert werden, sondern über Codes, Symbole und Medien. Beispielhaft stellt LUHMANN am Phänomen der Liebe dar, daß diese erst durch eine konstruierte symbolische Überhöhung in Form einer Liebessemantik erfahrbar wird, d.h. erst ins Handeln der Menschen eindringen kann aufgrund institutionalisierter Muster (s. LUHMANN, 1994, S. 21ff.).

Es muß - so PARSONS - eine emotionale Dimension geben, die ebenfalls die Funktion einer handlungsspezifischen Orientierungsweise besitzt: die *affektiv-kathektische Dimension*, »die Verknüpfung von Gefühl und Objekt durch einen Handelnden« (STAUBMANN, 1995a, S. 52). Der Begriff der Kathexis ist eine Analogie zur Freudschen »Besetzung« und beschreibt die affektive Beziehung zwischen Aktor und Situation.

Die Orientierungsmodi können eine Situation erst definieren durch die Beziehungen zwischen Aktor und den situativen Bestandteilen. Affekte sind nicht nur ein Motiv des Handelns, vor allem in Gestalt von Erregung und Lust, sondern die Handlung selbst ist ein symbolisch überlagerter Verweis auf das kathektische Objekt (s. WETZEL, 1986). Neben positiven, negativen und neutralen Besetzungen beinhaltet die affektive Orientierung moralische Gefühle, die auch normative Anteile haben (Werte-Komplex). Außerdem die Dichotomien von Liebe und Haß sowie Lust und Schmerz, die »... auf nichts außerhalb des Aktors und seines Körpers verweisen« (PARSONS, 1986, S. 83).

Die affektiv-kathektische Dimension ist vor allem wichtig hinsichtlich der Beziehung zu sozialen Objekten, d.h. in Situationen, in denen andere Individuen auftreten. In kognitiver Hinsicht werden andere Menschen als empirische Objekte erkannt, in einer teleologischen Perspektive benötigt der Aktor Wissen über die Absichten der Interaktionspartner, um diese den eigenen Zwecken anzupassen oder sich selbst anzupassen. Gerade Erwägungen der Zweckmäßigkeit können durch die Unterstützung bestimmter Gefühle beim Interaktionspartner effizienter umgesetzt werden. Die Werbung beispielsweise arbeitet mit solchen affektiven Beziehungen zwischen Aktor und situationalen Aspekten: Der Kunde soll eine positive Haltung gegenüber dem Objekt - dem Konsumartikel - aufbauen, daher bringt der Anbieter diesen in Beziehung zu etwas bereits positiv besetztem: Z. B. die Zahnbürste, die von einem Arzt empfohlen wird. In diesem Fall sind die Affekte und die symbolischen affektiven Referenzen bedeutsamer als rein kognitive Verknüpfungen. Kognition ist dem affektiven Orientierungsmodus in Interaktionssituationen oft untergeordnet, ebenso die teleologische Orientierung. Wenn Menschen sich begegnen, gehören positive und negative Haltungen, Liebe oder Haß, zu den wichtigsten Orientierungsmodi, die eine »Besetzung« der Objekte ermöglichen. Solcherart Besetzungen sind so bedeutsam, da sie die Reziprozität einer Beziehung erst ermöglichen.

3.2 Vertrauen als affektive Haltung

Vertrauen ist unter dieser Perspektive dem dritten Modus, dem affektiv-kathektischen zuzuordnen, denn der Aktor ist mit einem Situationselement - z. B. einem sozialen Objekt, also einer anderen Person - in einer Art und Weise konfrontiert, die weder kognitive noch teleologische Gewißheiten vermittelt, sondern als Handlung über eine affektuell positive, negative oder neutrale Haltung organisierbar ist mit Hilfe symbolischer Referenzen. Beispielsweise kann für Attraktivität weder Ziel noch ein klarer Zweck formuliert werden, diese sind nur über die symbolische Erhöhung - die Semantik der Schönheit - erschließbar, was eine ästhetisch-emotive Dimension in affektiv-kathektischer Relation umschreibt. Diese setzt vor allem dort ein, wo klare systemische Handlungsvorgaben fehlen, aber sie ist eben *kein* normativer Sondertyp, der emotionalen resp. ästhetischen Ausdruck findet, sondern eine *affektive Wahrnehmungsweise*, die Situationen regulieren kann und den Aktor zu einer Handlung befähigt.

Vertrauen beschreibt ein emotionales Verhältnis zwischen Ego und seiner Umwelt, die aus sozialen, kulturellen, physikalischen und Persönlichkeitssystemen besteht. Diese Subsysteme des allgemeinen Handlungssystems weisen den Emotionen sowohl auf der Mikro- als auch auf der Makroebene die verschiedenen Symbolismen der affektuellen Besetzung zu. Die

Kultur definiert die Situation emotional, indem sie die kulturellen Symbole und Bedeutungen bereitstellt. Das soziale System, bestehend aus Interaktionen, stellt Kommunikationen, die emotionale Expressivität, zur Verfügung. Das Persönlichkeitssystem verleiht dem Aktor die affektive Handlungskompetenz und -organisation, die mit der Körperlichkeit des Aktors abgestimmt werden muß (z. B. Gesichtsausdruck).

Über die jeweiligen Systeme werden die vertrauensfördernden oder -hemmenden Handlungsbedingungen als situative Konditionen festgelegt, die dann als Mittel, Ziele, Bedingungen und Normen die Vertrauensentscheidung beeinflussen.

Unter dieser Perspektive erscheint Vertrauen als Resultat einer emotionalen Handlungsentscheidung, die eine »Reziprozitätsoption« beinhaltet; das Band der Emotionalität flicht eine Art Loyalitätsband, wodurch Vertrauensentscheidungen handlungstheoretisch ähnlich stabil sind wie Handlungen, die auf dem kognitiv-instrumentellen Modus basieren.

4. Emotionale Festlegungen in Vertrauensbeziehungen

Vertrauensbeziehungen sind nicht, wie bei COLEMAN formuliert, ausschließlich auf den rationalen Akteur, sondern auf den emotionalen Orientierungsmodus zurückzuführen. Die analytische Trennung der Relationsmodi ist in empirischer Analogie aber nicht rationales Handeln versus emotionales Handeln. Vertrauen ist nämlich längst nicht mehr die schlechtere Alternative zu Kontrolle, sondern eine auf Reziprozität basierende Form von Kontrolle (s. GONDEK u. a., 1992), wodurch ein besonders effizienter Austausch möglich wird.

In nachindustriellen Gesellschaften ist gerade »... die Begegnung und die Reaktion des Ich auf den Anderen« (BELL, 1979, S. 164) charakteristisch für veränderte Beziehungen, wie sie in den personenorientierten Dienstleistungen zum Ausdruck kommen. An die Stelle eines isolierten ökonomischen Austauschs treten Vertrauensbeziehungen, die auf Beziehungs- und Gefühlsarbeit basieren. Dieser »beziehungsarbeitende« Markt setzt »... emotionale Ressourcen profitrelevant« (DUNKEL, 1988, S. 73) ein: Rationale und emotionale Anteile werden durch den professionellen Einsatz von Gefühlen synthetisiert; die Gefühlsarbeit wird zum methodischen Konzept erhoben, wie HOCHSCHILD (1992) in ihrer Studie über den kommerziellen Einsatz von Emotionen amerikanischer Stewardessen belegt.

Vertrauen ist als affektive Handlungsdimension nicht irrational, sondern kann als nicht-rationales Handeln eigennützig sein, indem es Verhalten als spezifisches festlegt. Zu oft wird emotionales Handeln mit Irrationalität gleichgesetzt, obwohl es sich als effizientes Handeln herausstellt. Vertrauen ist als soziales Handeln eine »Festlegungsstrategie« in Situationen, die unzureichende Informationen für eine rationale Entscheidung beinhalten. Das Informationsdefizit kann durch eine enorme Situationskomplexität oder durch eine Entscheidungsnotwendigkeit entstehen, z. B. beim Autokauf, der eine Vertrauensbeziehung zwischen Kunde und Autohändler aufgrund der Unwissenheit des Kunden darstellt, darüberhinaus dem Kunden komplexe Entscheidungen abverlangt, die oft zwischen rationalen Erwägungen und emotionalen Präferenzen liegen, wie beispielsweise bei der Wahl der Autofarbe. Der Vertrauensgeber kann in einer komplexen Entscheidungssituation ebenfalls ein Informationsträger nicht-rationaler Art sein. Neben Sympathie und Antipathie, Lust und Unlust, Wohlbefinden und Unwohlsein sind es auch differenziertere Gefühle wie Scham, Neid, Inferiorität usw., die Auswirkungen auf die Vertrauensbeziehungen haben.

Es sind also zwei Prozesse zu unterscheiden: Einmal kann der Aktor in seiner Beziehung zum Objekt eine emotionale Präferenz der rationalen Entscheidung vorziehen. Bei der Wahl der Autofarbe könnte das die Entscheidung für ein schwarzes Auto sein, obwohl ein helles Fahrzeug aufgrund der besseren Sichtbarkeit sicherer wäre. Zum zweiten kann der Aktor eine emotionale Vertrauensbeziehung zum Interaktionspartner aufbauen, der für ihn ein soziales Objekt darstellt. Dann können nicht nur die affektiven Orientierungen Aktors handlungsentscheidend sein, sondern auch die des Interaktionspartners, der das Handeln mit reguliert, z. B. durch eine charismatische Ausstrahlung, die im Beispiel des Autokaufs den Kunden trotz der emotionalen Präferenz vom Kauf eines weißen Fahrzeugs überzeugen könnte. Schon Max WEBER erkannte die Bedeutung des Charismas als motivationalem Interaktionselement und Ursprung von Legitimität schlechthin. Charisma ist auch eine vertrauenskonstituierende Beziehungskategorie.

Robert FRANK (1992) überprüft in seinem Werk »Die Strategie der Emotionen« die These, daß uneigennützige Emotionen in rational unlösbaren Situationen der Festlegung einer Entscheidungsstrategie dienen und dadurch effizient und eigennützig werden. Robert SOLOMON (1980, S. 264) bestätigt: »Emotions are rational responses to unusual situations.«

Die emotionale Festlegung ist in Interaktionen durch die Vertrauensbeziehung charakterisiert. Die Emotionen der Interaktionspartner können Vertrauenskredite anregen, die dann als Festlegungen in weiteren Entscheidungssituationen dienen. Ein Beispiel ist die Trinkgeldvergabe aufgrund der Freundlichkeit der Bedienung. Wird das Trinkgeld beim Verlassen des Restaurants überreicht, vertraut der Aktor in die Kontinuität der freundlichen, zuvorkommenden Bedienung und räumt den »Vorschuß« ein.

Ist eine Vertrauensbeziehung zwischen Interaktionspartnern etabliert, entscheiden emotionale Dispositionen und Präferenzen über den weiteren Verlauf. Die Verfolgung des Eigennutzes muß dann aufgrund der Gefahr einer unauthentischen und scheinvertrauenden Wirkung durch das alternative Modell der emotionalen Festlegung ersetzt werden, wodurch das Risiko des Scheinvertrauens und dementsprechend des Mißtrauens wächst, da die emotionalen Ausdrücke oft diffuse Expressionen sind, die von den Interaktionspartnern interpretiert werden müssen. GIDDENS (1996, S. 115) nennt dieses diffuse Wissen »praktisches Bewußtsein«, ein auf Verstehen und Glaube angelegtes Wissen.

Die Vertrauensbeziehung ist durch die reziproke Struktur und die Einbettung in ein emotional gefärbtes Beziehungsgeflecht gekennzeichnet. Ist sie aufgebaut und durch die wechselseitige Abstimmung von Erfahrung, Bedürfnissen und kulturellem Wissen etabliert, agiert sie unter einem zusätzlichen strukturellen Aspekt: als soziales Kapital.

Auch COLEMAN (1991) beschreibt diesen Aspekt als Ressource des Individuums und nimmt einen Einfluß des sozialen Kapitals auf den ökonomischen Austausch an, den er als sog. F-Verbindungen (Familie - Freunde - Firma) zitiert (S. 389ff.). Vertrauensbeziehungen sind eine Möglichkeit, Erwartungen zu erzeugen, die eine solche »Beziehung« zur Realisierung der Interessen benötigt.

Colemans Vertrauensbegriff zielt auf die Rahmenbedingungen zur Gewährung von Vertrauen ab: Die Entscheidung - Vertrauen oder Mißtrauen - ist abhängig vom erwartbaren Erfolg bei möglichst niedrigem Risiko. Seine Vertrauenskonzeption erklärt die »Vertrauenswürdigkeit« einer Person, als Voraussetzung einer Kooperationsbeziehung.

Vertrauensbeziehungen sind aber - wie bereits erwähnt - eingebunden in eine normative und kulturelle Struktur. Sie sind veränderbar, wie beispielsweise GIDDENS (1996, S. 102ff.) mit der Unterscheidung von gesichtsabhängigen und gesichtsunabhängigen Vertrauensbindungen und der Rückbettung der Vertrauensbeziehung durch legitimierende und Kontinuität schaffende Maßnahmen ausführt. Jeder Vertrauende benötigt die Vetrauenserfahrung, um eine emotionale Disposition und Präferenz auszubilden. Die Vertrauenserfahrungen des Menschen unterliegen, so LUHMANN, PARSONS, und auch GIDDENS, einer Transformation: Während LUHMANN eine Generalisierung des Systemvertrauens aufgrund erhöhter Komplexität annimmt, sieht Giddens geradezu eine Notwendigkeit, die Mechanismen des Vertrauens in abstrakte Systeme durch interpersonelle Bindungen rückzubetten, welche das Vertrauen legitimieren und für die Zukunft bestätigen.

Erst eine Konzeption von Vertrauen als einem handlungsstrukturierenden Element beinhaltet die grundlegende Bedeutung von Vertrauensbeziehun-

gen in der Moderne und erhellt deren effiziente Nutzung als Festlegungs-
modell und alternativer Handlungsdimension zu rationalen Strategien.

5. Ausblick: Der »homo aestheticus« als soziologische Neukonzeption

Wie aufgezeigt wurde, ist das Modell des rationalen Akteurs - der »homo
oeconomicus« - nicht auf alle Entscheidungssituationen anwendbar. Viele Handlungen sind gerade durch diffuse Bedingungen, Mittel und Ziele
und informative Unsicherheiten gekennzeichnet. PARSONS stellt mit dem
affektiv-kathektischen Modus zur Vermittlung zwischen Aktor und Situation eine Dimension des Handelns vor, in der Situationen emotional definiert werden und den Emotionen die Bedeutung eines wirklichkeitskon-
struierenden Elements zufällt.

Emotionales Handeln wird inhaltlich durch die aktuellen und kulturellen
Handlungsbedingungen kontextualisiert, ist also in den sozialen Raum
eingebettet. Die Emotionen selbst sind Codes, die Handlungen strukturieren und vertrauenskonstituierende Elemente besitzen. Emotionen und
emotionsauslösende Attribute fungieren auf der Handlungsebene als Ver-
stärker und Dynamisierer sozialer Beziehungen und können in Vertrauensbeziehungen besondere Leistungen unterstützen, z. B. in Versorgungs-
netzwerken. Die emotionale Verbindlichkeit ist für den Aufbau einer in-
teraktiven Vertrauensbeziehung unumgänglich und kann durch die Reduzierung auf ökonomische Parameter nicht erklärt werden. Der Austausch
von Vertrauen bestätigt die emotionale Bindung vielmehr. Weist die soziale Beziehung eine zeitliche Kontinuität und emotionale Stabilität auf,
kann eine dauerhafte Vertrauensbeziehung entstehen.
   Neben den belastungs- und komplexitätsreduzierenden Funktionen dient
das Vertrauen in Entscheidungssituationen als emotionale Festlegungsstrategie. Handlungen mit diffusen Parametern werden dann durch den
affektuellen Orientierungsmodus regulierbar und kontrollierbar. Neben
den Relationsmodi kognitiv-instrumenteller und teleologisch-normativer
Art vermittelt der affektiv-kathektische Modus zwischen Aktor und Situation als handlungsauslösende Definition. Die drei Modi fungieren jeweils wieder in den Subsystemen des Handelns, in denen die situativen
Konditionen erzeugt und Normen institutionalisiert und symbolisiert werden. Emotionen selbst sind auch symbolische Codes, die Situationen strukturieren.

Neben dem »homo oeconomicus« und dem »homo sociologicus«, die als
kontroverse Entwürfe die soziologische Debatte bereichern, scheint sich

Andrea Maria Dederichs

ein Modell des »homo aestheticus« zu etablieren, welches die gegensätzlichen Konzeptionen ablöst und zu synthetisieren scheint.
Diese soziologische Neukonzeption befindet sich aber noch im Anfangsstadium. Die Vertrauensforschung liefert wichtige Beiträge zur Annäherung an die These des emotionalen Menschen, der nur langsam in die Soziologie »zurückkehrt«.

6. Literatur

ANTFANG, P. & URBAN, D. (1994): »Vertrauen« - soziologisch betrachtet. Ein Beitrag zur Analyse binärer Interaktionssysteme. *Schriftenreihe des Instituts für Sozialforschung der Universität Stuttgart*, 1, 1-24.
BARBER, B. (1983). *The logic and limits of trust*. New Brunswick.
BELL, D. (1979). *Die nachindustrielle Gesellschaft*. Frankfurt/M..
BRAUN, N. (1992). Altruismus, Moralität und Vertrauen. *Analyse & Kritik*, 14, 177-186.
COLEMAN, J. S. (1982). Vertrauen als Eigenschaft von Interaktionssystemen. *Angewandte Sozialforschung*, 10 (3), 301-307.
- (1991). *Grundlagen der Sozialtheorie. Bd.1: Handlungstheorien*. München.
DAMASIO, A. R. (1995). *Descartes' Irrtum. Fühlen, Denken und das menschliche Gehirn*. München, Leipzig.
DEUTSCH, M. (1976). Vertrauen und Argwohn. Theoretische Bemerkungen. In M. DEUTSCH (Hg.), *Konfliktregelung* (S. 130-162). München, Basel.
DUNKEL, W. (1988). Wenn Gefühle zum Arbeitsgegenstand werden. Gefühlsarbeit im Rahmen personenbezogener Dienstleistungstätigkeiten. *Soziale Welt*, 1 (39), 66-85.
FRANK, R. H. (1987). If homo oeconomicus could choose his own utility function, would he want one with a conscience? *American Economic Review*, 77, 593-604.
- (1992). *Die Strategie der Emotionen*. München.
GAMBETTA, D. (Hg.) (1988). *Trust: Making and breaking cooperative relations*. New York.
GIDDENS, A. (1996). *Die Konsequenzen der Moderne*. Frankfurt/M..
GONDEK, H.-D., HEISIG, U. & LITTEK, W. (1992). Vertrauen als Organisationsprinzip. In W. LITTEK, U. HEISIG & H.-D. GONDEK (Hrsg.), *Organisation von Dienstleistungsarbeit. Sozialbeziehungen und Rationalisierung im Angestelltenbereich* (S. 33-55). Berlin.
KAASE, M. (1979). Legitimitätskrise in westlichen demokratischen Industriegesellschaften: Mythos oder Realität? In H. KLAGES & P. KMIECIAK (Hrsg.), *Wertwandel und gesellschaftlicher Wandel* (S. 328-350). Frankfurt/M..

KOLLER, M. (1990). Sozialpsychologie des Vertrauens. Ein Überblick über theoretische Ansätze. *Bielefelder Arbeiten zur Sozialpsychologie*, 153, 1-12.

LUHMANN, N. (1989). *Vertrauen. Ein Mechanismus der Reduktion sozialer Komplexität* (3. Aufl.). Stuttgart.

- (1994). *Liebe als Passion. Zur Codierung von Intimität.* Frankfurt/M..

MAHNKOPF, B. (1994). Markt, Hierarchie und soziale Beziehungen. Zur Bedeutung reziproker Beziehungsnetzwerke in modernen Marktgesellschaften. In N. BECKENBACH & W. V. TREECK (Hrsg.), *Umbrüche gesellschaftlicher Arbeit* (Soziale Welt, Sonderband 9, S. 65-84). Göttingen.

NASSEHI, A. (1995). Der Fremde als Vertrauter. *Kölner Zeitschrift für Soziologie und Sozialpsychologie*, 47 (3), 443-463.

NÖTZOLDT-LINDEN, U. (1994). *Freundschaft. Zur Thematisierung einer vernachlässigten soziologischen Kategorie.* Opladen.

PARSONS, T. (1972). *Das System moderner Gesellschaften.* Darmstadt.

- (1973a). *Beiträge zur soziologischen Theorie.* Darmstadt.

- (1973b). Das Inzesttabu in seiner Beziehung zur Sozialstruktur und zur Sozialisierung des Kindes. In: T. PARSONS, *Beiträge zur soziologischen Theorie* (S. 109-135). Darmstadt.

- (1973c). Die Motivierung des wirtschaftlichen Handelns. In: T. PARSONS, *Beiträge zur soziologischen Theorie* (S. 136-159). Darmstadt.

- (1986). *Aktor, Situation und normative Muster. Ein Essay zur Theorie sozialen Handelns.* Frankfurt/M..

PREISENDÖRFER, P. (1995). Vertrauen als soziologische Kategorie. *Zeitschrift für Soziologie*, 24 (4), 263-272.

ROTTER, J. B. (1981). Vertrauen. Das kleinere Risiko. *Psychologie heute*, 8, 23-29.

SIMMEL, G. (1968). *Soziologie. Untersuchungen über die Formen der Vergesellschaftung* (5. Aufl.). Berlin.

SOLOMON, R. C. (1980). Emotions and choice. In A. O. RORTY (Ed.), *Explaining emotions* (pp. 251-281). Berkeley.

STAUBMANN, H. (1995a). *Die Kommunikation von Gefühlen. Ein Beitrag zur Soziologie der Ästhetik auf der Grundlage von Talcott Parsons' Allgemeiner Theorie des Handelns.* Berlin.

- (1995b). Handlung und Ästhetik. *Zeitschrift für Soziologie*, 2 (24), 95-114.

WAGNER, G. (1994). Vertrauen in Technik. *Zeitschrift für Soziologie*, 23 (2), 145-157.

WEBER, M. (1980). *Wirtschaft und Gesellschaft.* Tübingen.

- (1988). Über einige Kategorien der verstehenden Soziologie. In: M. WEBER, *Gesammelte Aufsätze zu Wissenschaftslehre* (S. 427-474). Tübingen.

Bedingungen des Vertrauens in sozialen Situationen[*]

Margit E. Oswald

1. Fragestellung

Die Aussage, daß man einer anderen Person vertraut, kann mel
deutungen haben. Das Vertrauen könnte sich beispielsweise auf die kognitiven oder motorischen Fähigkeiten der Person beziehen, eine bestimmte
Aufgabe bewältigen zu können, oder aber darauf, daß die Person »wohlmeinende« Absichten gegenüber dem Vertrauenden hegt und das in sie
gesetzte Vertrauen auch dann nicht missbrauchen wird, wenn dies mit
Vorteilen für sie verbunden wäre (s. OSWALD, 1994). Vertrauen bezieht
sich insbesondere im letztgenannten Fall auf bestehende oder antizipierbare Risiken, auf solche sozialen Situationen also, in denen ein Mißbrauch
des entgegengebrachten Vertrauens möglich wäre, wie z. B. Weitergabe
intimer Informationen oder Ausbeutung erbrachter (materieller und immaterieller) Investitionen. Vertrauen impliziert in diesem Sinne eine positive Risikoprognose, zu der wir uns aufgrund eigener Erfahrungen mit
dieser Person, unserer impliziten Persönlichkeitstheorie (s. KELLY, 1955)
oder aber durch Extrapolationen des Verhaltens berechtigt sehen, das die
Person anderen gegenüber zeigt.

Warum aber sollten Personen überhaupt ein Risiko eingehen, indem sie
anderen Vertrauen entgegenbringen? Hierauf gibt es sicher sehr verschiedene Antworten. Eine Antwort könnte lauten, daß gegenseitiges Vertrauen eine Lebensqualität sicherstellt, die auf andere Weise nicht zu erreichen ist (s. REMPEL, HOLMES & ZANNA, 1985). Sie könnte aber auch lauten,
daß Personen in vielen Situationen »genötigt« sind, Vertrauen in andere
vorauszusetzen, da sie sonst nicht miteinander kooperieren könnten (s.
DEUTSCH, 1958), oder aber nicht in der Lage sein würden, mit der Kom

[*] Diese Arbeit wurde von der Deutschen Forschungsgemeinschaft (DFG) unterstützt. Besonderer Dank gilt der Mitarbeiterin Frau Tanja FUCHS und Herrn Tilo BEYER, der uns bei allen
betriebswirtschaftlichen Fragen mit Sachverstand beraten hat. Weiterhin danken wir Jörg HUP
FELD, Volker GADENNE, Dirk WENDT und Christiane BARTHEL.

plexität und den Anforderungen des Alltags zurecht zu kommen (s. LUH-MANN, 1973). Zur Veranschaulichung muß man sich hierzu lediglich vorstellen, in welchem Ausmass Personen Kontroll- und Sicherheitsmaßnahmen vornehmen müssten, wenn sie ihren Mitmenschen ständig mißtrauen würden. Vertrauen kann also eine positive Lebensqualität vermitteln und ungemein hilfreich sein, die Komplexität des Alltagslebens zu reduzieren. Vertrauen hätte andererseits aber auch fatale Konsequenzen, wenn es allzu leichtfertig vergeben würde (s. COSMIDES, 1989; GIGERENZER & HUG, 1992). Täuscht man sich beispielsweise im Vertrauen, das man in die Kooperationsbereitschaft des Partners gesetzt hat, so kann dies die angestrebte Position im Betrieb kosten oder gar das Leben, z. B. dann, wenn man sich im Vertrauen auf seine Mitmenschen bei einem Hausbrand umsichtig verhält, die anderen hingegen durch ihren Egoismus eine Panik auslösen. Damit stellt sich das zentrale Problem, wie es Personen schaffen, das »richtige« Maß von Vertrauen und Mißtrauen im Alltag zu finden? Betrachten wir in diesem Zusammenhang folgende zwei Fragestellungen:

1. In zunehmendem Ausmaß stehen Personen vor komplexen Entscheidungssituationen, die sie zu überfordern scheinen. Wächst mit steigender Komplexität die Neigung, selbst inadäquat vereinfachte Entscheidungshilfen zu akzeptieren und der Person, welche die Hilfe anbietet, zu vertrauen? Zwischen der Akzeptanz einer angebotenen Hilfe und dem Vertrauen in diejenige Person, die diese Hilfe anbietet, ist dabei zu unterscheiden (s. KEE & KNOX, 1970). Denn Personen könnten in komplexer werdenden Entscheidungssituationen zunehmend bereit sein, auch einfache Lösungsangebote (Hilfen) zu akzeptieren, z. B. weil ihre verbleibende Energie gerade noch ausreicht, um diese zu verstehen, ohne dabei jedoch ein mögliches Misstrauen gegenüber der entsprechenden Person aufzugeben. Es gilt also zu überprüfen, ob mit steigender Komplexität einer Entscheidungssituation, der man nicht einfach ausweichen kann, nicht nur die Akzeptanz angebotener Lösungen, sondern auch die Vertrauenseinstellung gegenüber der lösungsanbietenden Person zunimmt. Darüber hinaus wäre zu überprüfen, ob Akzeptanz und Vertrauen bei steigender Komplexität um so mehr zunehmen, je einfacher sich die angebotene Lösung gestaltet.

2. Andererseits mag es eine Reihe von Situationen geben, in denen sich Personen nicht sicher sind, ob die Absichten ihres Gegenübers wirklich wohlwollend sind. Sofern sie sich nun in einer mehr oder weniger grossen Abhängigkeit von diesem Gegenüber befinden, d.h. ein fälschlich bestehendes Vertrauen mit negativen Konsequenzen verbunden ist, sollte das Bedürfnis bestehen, den möglichen Mißbrauch von Vertrauen rechtzeitig zu erkennen. Ein entsprechendes Bedürfnis entspricht dem, was KRUGLAN-

SKI (1990) mit »need for validity« oder CACIOPPO & PETTY (1982) mit »need for cognition« bezeichnen und dürfte mit der erhöhten Motivation einhergehen, Informationen nicht nur systematisch und auf intensive Weise zu verarbeiten, d.h. weniger auf die Oberflächenmerkmale der Informationsmitteilung als vielmehr auf deren Inhalte zu achten, sondern auch zusätzliche Informationen über die Absichten des betreffenden Partners zu erhalten (s. OSWALD & FUCHS, 1995). Es ist also zu untersuchen, welches die spezifischen Auswirkungen von Vertrauen und Mißtrauen auf einzelne Prozesse der Informationsverarbeitung sind. Kann man im allgemeinen davon ausgehen, daß wir Informationen intensiver verarbeiten, mehr nach alternativen Verhaltenserklärungen suchen und uns besser an Hinweise auf Täuschungsabsichten erinnern, wenn es deutliche Hinweise gibt, daß wir Anlass zum Mißtrauen haben?

2. Experimentelles Paradigma der Untersuchungen

Den durchgeführten Experimenten liegt ein gemeinsames Paradigma zugrunde: Die Versuchspersonen erhalten die Aufgabe, die Rolle eines Bürgermeisters in einer kleinen, strukturschwachen Gemeinde zu übernehmen, die im Südosten der neuen Bundesländer von Deutschland liegt. Diese Gemeinde »Helmersgrün« hat ein Gewerbegebiet erschlossen. Ein Investor namens OSTERFELD bekundet schriftlich sein Interesse an diesem Gewerbegebiet, und es liegt nun am Bürgermeister, dem Gemeinderat zu empfehlen, ob das Gewerbegebiet an den Investor verkauft werden soll oder nicht. Der Investor ist Textilhersteller, dessen Stammhaus sich in den alten Bundesländern befindet. Er plant eine Erweiterung seiner bisherigen Produktpalette durch die Herstellung exklusiver Oberbekleidung in Übergrößen. Für die Gründung einer Tochterfirma als eigenständige GmbH sucht er ein neues Grundstück. Durch die Lage der Gemeinde kann der Investor davon ausgehen, daß ihm Fördermittel bewilligt werden. Für die Gemeinde ist es von Interesse, daß sich der Investor nicht nur erfolgreich, sondern auch längerfristig in der Gemeinde ansiedelt, da eine Nachfolgeansiedlung wegen der dann entfallenden Fördergelder weniger wahrscheinlich wäre. Die Einführung der Versuchsperson in das experimentelle Paradigma erfolgt jeweils per Video.

3. Experiment 1: Komplexität und Vertrauen

In der ersten Untersuchung soll der Einfluß der Komplexität einer Entscheidungssituation auf die Akzeptanz eines Beraterkonzepts und das Vertrauen gegenüber derjenigen Person untersucht werden, die dieses mehr oder weniger einfache Konzept anbietet.

3.1 Methodisches Vorgehen

An dem Experiment nahmen 93 Studierende der TU Chemnitz-Zwickau teil. Es handelte sich um Studierende verschiedener Magisterstudiengänge mit Nebenfach Psychologie. Es wurden unterschiedlich komplexe Situationen (geringe, mittlere und hohe Komplexität) hergestellt und die Einfachheit des angebotenen Beraterkonzepts variiert (inadäquate versus adäquate Einfachheit), so daß dem Experiment ein 3 x 2 Design ohne Meßwiederholung zugrundelag. Das Experiment wurde in kleineren Gruppen durchgeführt und dauerte ca. 45 Minuten. Nach der allgemeinen Einführung in das experimentelle Paradigma (s. o.) erhalten die Teilnehmer ein Anschreiben des Investors Osterfeld, eine Firmenbroschüre und eine kurze Beschreibung des geplanten Investitionsvorhabens.

Komplexität der Situation (UV 1): Im Vorfeld ihrer eigentlichen Aufgabe, eine Beurteilung des Investors OSTERFELD vorzunehmen, werden die Personen darüber informiert, daß es bei der Vergabe von Gewerbegebieten auch allgemeine Aspekte zu beachten gilt. Auf der Stufe mit der niedrigsten Komplexität (Stufe 1) wird erklärt, daß der Verkauf des Gewerbegebiets nicht nur den Vorteil haben kann, Arbeitsplätze zu schaffen und die Gemeindesteuern zu erhöhen, sondern auch den Effekt hat, daß die Gemeinde ihre Rechte auf das Gewerbegebiet verliert und bei einem Wiederverkauf des Grundstücks kein Mitspracherecht mehr besitzt. Diese Information wurde anhand eines übersichtlichen Flußdiagramms (4 Variablen) dargestellt. Auf der nächsthöheren Komplexitätsstufe (Stufe 2) wird den Teilnehmern ein Flußdiagramm mit insgesamt 23, vielfach untereinander vernetzten Variablen gezeigt, das jetzt nicht nur auf direkte, sondern auch indirekte Aspekte des Grundstücksverkaufs hinweist, wie z. B. Nachschulung von Näherinnen, Ansiedlung von Zuliefererbetrieben, Umweltbelastung oder Attraktivität der Gemeinde. Auf höchster Komplexitätsstufe (Stufe 3) erhielten die Teilnehmer nicht nur die anhand des umfangreichen Flussdiagramms dargebotenen Informationen der mittleren Komplexitätsstufe, sondern wurden zusätzlich darüber informiert, daß sich in Abhängigkeit von bestimmten Merkmalen ein Gewerbegebiet oft nur für spezifische Betriebstypen eignet. Solche Merkmale sind beispielsweise Bodenneigung, Bodenbeschaffenheit, Entfernung von der nächsten Autobahn oder Entfernung zur nächsten Mülldeponie. Die Teilnehmer sollen anhand eines Kriterienkatalogs feststellen, welche Betriebstypen sich für das Gewerbegebiet Helmersgrün eignen und werden aufgefordert, solche Kriterien bei ihrer Entscheidung ebenfalls zu berücksichtigen.

Im Anschluss an die Komplexitätsmanipulation werden die Teilnehmer daran erinnert, daß sie als Bürgermeister nun die Aufgabe haben, Herrn OSTERFELD zu beurteilen. Um die Seriosität des Investors und den Erfolg

81

des Vorhabens abschätzen zu können, werden sie die Gelegenheit erhalten, eigenständig bei verschiedenen Informationsquellen, wie z. B. Industrie- und Handelskammer (IHK), Wirtschaftsprüfer, Handelsregister oder Gewerbliche Auskunftei, Erkundigungen über den Investor und sein Investitionsvorhaben einzuholen. Um ihnen die Aufgabe der Investorbeurteilung jedoch zu erleichtern, wird die Möglichkeit eröffnet, einen Berater hinzuzuziehen.

Einfachheit des Beraterkonzepts (UV 2): Der Berater stellt sich dem Bürgermeister schriftlich vor, indem er in einem »Leitfaden für den Praktiker« kurz umreißt, worauf es bei der Entscheidung für einen konkreten Investor ankommt. Das Beraterkonzept ist in einer Bedingung (Stufe 1) von inadäquater Einfachheit. Hier wird geraten, die Entscheidung nahezu ausschließlich an der Absatzprognose zu orientieren, da alle anderen Probleme zu lösen seien, wenn denn die Absatzprognose positiv ausfällt. In einem zweiten, gleichlang gehaltenen Beraterkonzept (Stufe 2) wird in adäquater Einfachheit darauf hingewiesen, daß mehrere Variablen, wie die Absatzprognose, die Finanzsituation und die Organisationsstruktur des Unternehmens wichtige Entscheidungskriterien seien, die sich gegenseitig nur bedingt kompensieren können. Die vorgenommene Klassifikation der Beraterkonzepte (inadäquate versus adäquate Einfachheit) wurde in einem Vortest von 5 Experten validiert.

Zentrale abhängige Variablen waren 1. die Akzeptanz des Beraterkonzepts und 2. die Vertrauenseinstellung gegenüber dem Berater. Die Akzeptanz des Beraterkonzepts wurde anhand einer Skala mit acht bipolaren Items erfaßt, die sich auf verschiedene Qualitätsaspekte des Konzepts beziehen, wie »nützlich / nutzlos« oder »erleichternd / erschwerend« (s. Tab. 1).

Item	Corrected Item-Total Correlation
Nützlichkeit	.69
Erleichterung	.69
Erfolg	.65
Angemessenheit	.80
Ueberzeugngskraft	.67
Nachvollziebarkeit	.53
positive Bewertung	.79
Konkretheit	.56
Cronbach Alpha = 0.89	

Tab. 1: Skala »Akzeptanz des Beraterkonzepts«

Zur Erfassung der Vertrauenseinstellung gegenüber dem Berater war es ebenfalls notwendig, eine eigene Skala zu entwickeln. Die meisten Skalen, wie beispielsweise die bekannte Vertrauensskala von ROTTER (1967), beziehen sich auf »Vertrauen« als Persönlichkeitsmerkmal (s. KRAMPEN, 1987). Die wenigen Skalen, die sich auf das spezifische Vertrauen gegenüber einer Person beziehen (u. a. BUCK & BIERHOFF, 1986), waren für unseren Fall nicht anwendbar. Die erstellte Skala soll das erfassen, was ERIKSON (1950) als »reliance on another's integrity« beschrieben hat, wiewohl bei ihm das überdauernde und nicht, wie in dieser Untersuchung, das situative Vertrauen gegenüber einer spezifischen Person im Vordergrund stand. Die Skala erfaßt zentrale Merkmale und Verhaltensweisen, die einer integren Person zugeschrieben werden, wie »Zuverlässigkeit«, »Verantwortungsbereitschaft« oder »Bereitschaft, auch bei Schwierigkeiten zu seiner Aufgabe zu stehen« (s. Tab. 2).

Item	Corrected Item-Total Correlation
Persönliches Engagement für Gelingen	.59
Nicht nur finanzielles Interesses	.61
Aufrichtigkeit	.70
Einhalten von Versprechen	.64
Verantwortungsbewusstsein	.62
Zuverlässigkeit	.69
Glaubwürdigkeit	.81
Bleiben auch bei unvorhergesehenen Problemen	.65
Seriosität	.72
Offenheit	.60
Cronbach Alpha =.90	

Tab. 2: Skala »Vertrauenseinstellung gegenüber dem Berater«

Wie in Tab. 1 und 2 zu erkennen ist, sind beide Skalen unter testtheoretischen Gesichtspunkten (Itemtrennschärfe und Reliabilität; Cronbach alpha) sehr positiv zu beurteilen. Weitere abhängige Variablen waren: 3. die Bereitschaft, den betreffenden Berater zu engagieren, 4. die Kompetenz des Beraters, 5. die Sympathie des Beraters und 6. der vorläufige Rat des Bürgermeisters an die Gemeinde, ob das Gewerbegebiet an den Investor Osterfeld verkauft werden soll oder nicht. Die letztgenannten drei Variablen wurden jeweils anhand einer einzelnen Likertskala erhoben.

3.2 Ergebnisse

Betrachten wir zunächst den Einfluß, welchen die unabhängigen Variablen *Komplexität der Situation* und *Einfachheit des Beraterkonzepts* auf die *Akzeptanz* des Beraterkonzepts haben. Es zeigte sich deutlich, daß die Akzeptanz zunimmt, wenn die Komplexität der Situation steigt (s. Abb. 1). Dies zeigte sich sowohl für die Durchschnittswerte auf der Akzeptanzskala ($F = 3.918$; $df = 2$; $p = .023$) als auch für die meisten Einzelitems dieser Skala; d.h. mit steigender Komplexität wird das Beraterkonzept als hilfreicher, erfolgversprechender, überzeugender, adäquater und positiver bezeichnet. Mit steigender Komplexität nimmt auch die Bereitschaft der Teilnehmer zu, den konkreten Berater zu engagieren ($F = 3.417$; $df = 2$; $p = .037$).

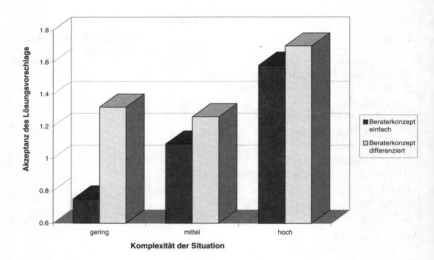

Abb. 1: Akzeptanz der Beraterkonzepte in unterschiedlich komplexen Situationen

Die Variation der Variable *Einfachheit des Beraterkonzepts* zeigte hingegen keinen Haupteffekt bei den Durchschnittswerten der Akzeptanzskala ($F = 2.444$; $df = 1$; $p = .122$). Dieses Ergebnis ist mit unserer Annahme vereinbar, daß sich die *Unterschiede hinsichtlich der Akzeptanz* der beiden Beraterkonzepte mit steigender Komplexität verringern. Ein entsprechender Interaktionseffekt, der belegen würde, daß die Akzeptanz des inadäquat einfachen Konzepts mit steigender Komplexität schneller zunimmt als die Akzeptanz des adäquaten Konzepts, konnte für die durchschnittlichen Werte der Akzeptanzskala jedoch nur tendenziell nachgewiesen werden. (In einer post hoc Analyse zeigte sich, daß ein signifikanter Interaktionseffekt insbesondere bei solchen Einzelitems gegeben ist, die sich auf den Nützlichkeitsaspekt des Beraterkonzepts beziehen, wie z. B. »erleichternd / erschwerend«.) Interessant ist in diesem Zusammenhang, daß das inadäquat einfache Beraterkonzept bei hoher Komplexität doch immerhin in einem Ausmaß akzeptiert wird, wie dies beim adäquat einfachen Beraterkonzept unter der Bedingung »niedrige Komplexität« der Fall ist.

Betrachten wir nun die Ergebnisse hinsichtlich des Vertrauens in die Person des Beraters bzw. in dessen Integrität (s. Abb. 2). Auch hier finden wir einen klaren Haupteffekt der Komplexitätssteigerung (F = 3.44; df = 2; p = .036). Interessant ist in diesem Zusammenhang das Ergebnis, daß mit steigender Komplexität *nicht* die Sympathie des Beraters (F = 1.050; df = 2; p = .354), wohl aber dessen wahrgenommene Kompetenz steigt.

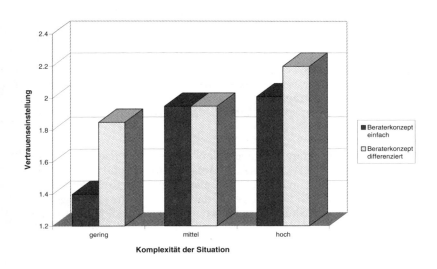

Abb. 2: Vertrauen in den Berater in Abhängigkeit von Beraterkonzept und Komplexität der Situation

Wie erwartet, wirken sich die Unterschiede in der Einfachheit des Beraterkonzepts nicht auf das Vertrauen aus. Auch ein Interaktionseffekt, der beispielsweise auftreten würde, wenn mit steigender Komplexität das

Vertrauen in denjenigen Berater stärker zunähme, welcher das vereinfachte Konzept anbietet, konnte nur auf der Ebene von Einzelitems, nicht aber für die durchschnittlichen Werte der Gesamtskala gefunden werden. Interessant ist abschließend der Umstand, daß die Teilnehmer um so eher der Gemeinde empfehlen, den Investor OSTERFELD zu akzeptieren, je komplexer die Entscheidungssituation war. Dies ist überraschend, weil weder die Komplexitätsmanipulation noch die Vorstellung des Beraters durch seinen »Leitfaden für den Praktiker« irgendeine verwertbare Angabe über die Eignung des konkreten Investors enthält.

3.3 Diskussion

Mit steigender Komplexität der Entscheidungssituation nimmt nicht nur die Akzeptanz des Beratungskonzepts, sondern auch das Vertrauen in die Person des Beraters zu. Dabei muß man allerdings sagen, daß sich die Komplexitätssteigerung nicht in dem Umfang auswirkt, daß Personen das stark vereinfachte dem adäquaten Beraterkonzept sogar vorziehen. Immerhin ist jedoch festzustellen, daß mit steigender Komplexität die Akzeptanz des inadäquat einfachen Beraterkonzepts bis auf ein Niveau ansteigt, das dem adäquat einfachen Konzept bei geringer Komplexität zugeschrieben wird. Die Ergebnisse hinsichtlich des Vertrauens sind weitgehend analog. Dies weist darauf hin, daß Personen in komplexen Situationen nicht nur eine Entlastung suchen, indem sie Lösungsangebote zunehmend eher zu akzeptieren bereit sind, sondern daß sie darüber hinaus auch bereit sind, der lösungsanbietenden Person Vertrauen entgegenzubringen.

Natürlich wäre es interessant, mehr über die psychologischen Prozesse zu erfahren, welche die Akzeptanz des Beraterkonzepts und das Vertrauen in den Berater vermitteln und sich systematisch mit der Komplexität der Situation verändern. So wäre denkbar, daß Personen um so weniger davon überzeugt sind, die Situation unter Kontrolle zu haben, je komplexer sie ihnen erscheint und daß in Folge dieser abnehmenden Selbstkontrolle nicht nur andere Personen kompetenter erscheinen, sondern die vorliegenden Informationen auch oberflächlicher verarbeitet werden (s. BOHNER, RANK, REINHARD, EINWILLER & ERB, 1996). Einen Schönheitsfehler hat dieser Erklärungsansatz allerdings: Er kann nicht zwingend erklären, warum auch die Vertrauensbereitschaft zunimmt. Natürlich könnte man einwenden, daß infolge der Akzeptanzerhöhung eine Art Halo-Effekt auftritt, der auch die Einschätzungen auf den anderen Skalen positiver macht. Dies wiederum würde jedoch nicht erklären, warum sich die Sympathieeinschätzung *nicht ebenfalls* positiv verändert. Überhaupt ist fraglich, ob die Akzeptanzveränderung hierarchisch vorgeordnet ist, sozusagen die dominante

Veränderung darstellt. Mit gleicher Plausibilität kann davon ausgegangen werden, daß sich zunächst das Vertrauensbedürfnis erhöht hat, und es sich die Person als Folge des gesetzten Vertrauens »erlauben« kann, die Informationen oberflächlicher zu verarbeiten, so daß die inadäquate Vereinfachung, die in dem Beraterkonzept vorgenommen wurde, nun nicht weiter auffällt. Der stattgefundene Vertrauenszuwachs hätte unter dieser Voraussetzung tatsächlich die Funktion, die in der Entscheidungssituation wahrgenommene Komplexität zu reduzieren. Es wäre interessant, die hier vorgenommenen post hoc Erklärungen durch nachfolgende Untersuchungen zu überprüfen.

4. Experiment 2: Einfluß des Mißtrauens auf die Informationsverarbeitung

Zur Erinnerung sei darauf hingewiesen, daß es in dieser Untersuchung um die Fragestellung geht, inwieweit mißtrauende Personen bei ihrer Informationssuche und -verarbeitung nicht nur mehr Zeit investieren und auf die Inhalte der von der mißtrauten Person vorgebrachten Argumente achten, sondern auch motivierter sind, aktiv nach Hinweisen auf mögliche Täuschungsabsichten zu fahnden.

4.1 Methodisches Vorgehen

An dem Experiment nahmen 58 Studierende der TU Chemnitz-Zwickau teil. Es handelte sich um Studierende der Wirtschaftswissenschaften im Grundstudium. Es wurde das *Vertrauen in den Investor* variiert (Vertrauen versus Mißtrauen) und die *Form der Fragestellung* unterschieden, die an den Investor und dessen Investitionsvorhaben gestellt werden konnten (selbstformulierte versus vorformulierte Fragen), so daß dem Experiment ein 2 x 2 Design ohne Messwiederholung zugrundelag. Das Experiment dauerte zwischen 60 bis 90 Minuten und wurde in Einzelsitzungen durchgeführt. Nach der Einführung in das experimentelle Paradigma per Video (s. o.) erhielten die Teilnehmer das Anschreiben des Investors an den Bürgermeister, die Beschreibung des Investitionsvorhabens und eine Firmenbroschüre, in der dieses Mal jedoch auch ein *Foto des Investors* abgebildet ist.

Manipulation des Vertrauens in den Investor (UV 1): Die Variation von Vertrauen bzw. Misstrauen wurde sowohl durch verbale als auch bildliche Informationen hergestellt. In der Vertrauensbedingung wurde am Ende der per Video gegebenen Einführung darauf hingewiesen, daß es sich vor allem für mittelständische Investoren nicht auszahlt, wenn sie das wichtigste Geschäftskapital, das sie besitzen, nämlich ihren Ruf, durch unseriöse Geschäftsgebahren verlieren. In der Mißtrauensbedingung wurde hingegen die Gefahr verdeutlicht, daß viele Investoren die Gemeinden »über den Tisch zu ziehen versuchen« und mit ihrer Investition gänzlich andere Absichten als die vorgegebenen verfolgen. Weiterhin wurden auf den Porträtfotos der Firmenbroschüre zwei verschiedene, unterschiedlich vertrauenswürdig erscheinende Investoren präsentiert.

Die Auswahl der Fotos erfolgte anhand einer Voruntersuchung, die an 29 Studenten der Betriebswirtschaft der Universität Dresden durchgeführt wurde. Es war das Ziel, unter verschiedenen männlichen Personen, die jeweils auf Fotos abgebildet waren, zwei herauszufinden, die deutliche Unterschiede in der ihnen zugeschriebenen Vertrauenswürdigkeit, nicht jedoch in der Beurteilung ihres geschäftlichen Erfolges aufweisen. Die Vertrauenswürdigkeit wurde anhand von sechs bipolaren Merkmalen, wie »Aufrichtigkeit« oder »Verantwortungsbewußtsein«, auf jeweils siebenstufigen Ratingskalen (-3 bis +3) erfaßt. Das für die Vertrauensbedingung ausgewählte Porträt zeigte auf den genannten Merkmalen jeweils eine positive und das für die Mißtrauensbedingung ausgewählte eine negative Ausprägung. Die Mittelwertunterschiede waren signifikant (Wilcoxon für abhängige Stichproben; $3.014 < z < 4.403$; $p < .002$). Die ausgewählten Fotos erfüllten weiterhin die Bedingung, daß die auf ihnen abgebildeten Personen nicht als unterschiedlich erfolgreich eingeschätzt wurden ($z = -1.478$; $p = .139$).

Nach der Einführung in das experimentelle Paradigma und der Vertrauens- bzw. Mißtrauensmanipulation konnte der Bürgermeister bei den verschiedensten Informationsquellen, wie z. B. der Industrie- und Handelskammer (IHK) oder ehemaligen Angestellten der Stammhausfirma von OSTERFELD, Fragen zum Investor und dessen Vorhaben stellen.

Form der Fragestellung (UV 2): Zur Überprüfung der Fragestellung war es erforderlich, daß der Versuchsteilnehmer in seiner Rolle als Bürgermeister selbst Fragen zum Projekt und zur Person des Investors stellte. Dabei bestanden die Möglichkeiten, die Teilnehmer entweder selbstformulierte Fragen stellen zu lassen, oder aber sie aus einem Pool von vorformulierten Fragen die sie jeweils interessierenden auswählen zu lassen. Im letztgenannten Fall kann zwar ein höheres Maß an Standardisierung erreicht werden, jedoch ist nicht auszuschließen, daß bereits durch den Inhalt der vorformulierten Fragen, insbesondere der Fragen, die sich auf mögliche Täuschungsabsichten des Investors beziehen, das Vertrauen bzw. Mißtrauen beeinflußt wird. Um diesen möglichen Effekt (als Störvariable) zu kontrollieren, wurde die Form der Fragestellung als zweite unabhängige Variable aufgenommen: In einer Bedingung konnten die Teilnehmer nur selbstformulierte Fragen stellen, in der anderen Bedingung sollten sie vorformulierte Fragen aus einem umfassenden Pool von 30 Fragen auswählen, die im Bedarfsfall durch eigene Fragen ergänzt werden konnten.

Nachdem die Fragen gestellt bzw. ausgewählt waren, erhielt der Bürgermeister das Ergebnis einer umfangreichen Recherche. Dieser Recherchetext war zwar standardisiert, jedoch so verfaßt, daß er Antworten auf die wesentlichsten Fragen geben konnte, die zuvor gestellt worden waren. Er enthielt zahlreiche wichtige Informationen wie Angaben zur Absatzlage, zur Bilanz des Stammhauses im vergangenen Jahr und zur Finanzierungslage des neuen Projekts nach Auslaufen der Fördermittel. Unter anderem waren aber auch sechs Informationen enthalten, die Hinweise darauf gaben, daß der Investor entgegen seiner erklärten Absicht daran denkt, mit Hilfe der geplanten Tochterfirma, die eine eigenständige GmbH sein soll, das eigene *Stammhaus zu sanieren*. Dies wäre mit Hilfe von dubiosen, jedoch nicht als illegal zu bezeichnenden Transaktionen zwischen Tochter- und Stammhausfirma möglich (z. B. Verkauf von alten Maschinen an die Tochterfirma, Barüberweisungen in Form von Beraterhonoraren an das Stammhaus usw.).

Abhängige Variablen: Nach dem Durchlesen des Recherchetextes wurden dem Bürgermeister noch einige Fragen gestellt. Er sollte sich a) an wichtige Informationen erinnern, die im Recherchetext enthalten waren, b) Vermutungen darüber anstellen, welche Entwicklung Helmersgrün und das Stammhaus im Jahre 2000 genommen haben werden, c) Investitionsempfehlung an den Gemeinderat abgeben und d) die Vertrauenswürdigkeit des Investors OSTERFELD beurteilen. Die Güte der Erinnerung an zentrale Rechercheinformationen wurde anhand eines standardisierten Fragebogens erhoben, der multiple Antworten zur Auswahl vorgab. Das Zukunftsszenario für das Jahr 2000 umfaßt einen Fließtext, der bei den zentralen Variablen jeweils offenläßt, welche von mehreren Ausprägungsmöglichkeiten prognostiziert werden (s. Abb. 3). Die Empfehlung an den Gemeinderat wurde auf einer fünfstufigen Skala erfaßt.

Während der Versuchsdurchführung waren außerdem noch folgende abhängige Variablen erfasst worden: e) Dauer der Zeit, die aufgewendet wurde, um Fragen an den Investor und sein Investitionsvorhaben zu stellen, f) Anzahl der gestellten Fragen, g) Häufigkeit, mit der sich die Fragen auf bestimmte Inhaltskategorien beziehen und h) Dauer der Zeit, die für die Bearbeitung der Rechercheinformationen verwendet wurde.

Peter Osterfeld zeigt sich als ein	❑ sehr ❑ mittelmässig ❑ wenig	vertrauenswürdiger
Geschäftsmann, der mit	❑ geringer ❑ mittelmässiger ❑ grösser	Kompetenz seine Geschäfte führt.
Die Mitarbeiter sind	❑ sehr ❑ ziemlich ❑ wenig	zufrieden mit ihm.
Es haben sich	❑ viele ❑ wenig ❑ mehr	Zulieferbetriebe in Helmersgrün angesiedelt.
Osterfeld ist in Helmersgrün	❑ weniger ❑ genauso ❑ mehr	angesehen wie in Freistadt.

Die Tochterfirma Osterfeld-Sachsen GmbH schreibt ❑ rote   ❑ schwarze   Zahlen.   ❑ weder rote noch schwarze

In Helmersgrün sieht es mit dem Gewinn ❑ ähnlich   ❑ schlechter   aus wie in Freistadt.   ❑ besser

Diese Entwicklung wurde vor allem erreicht, weil Osterfeld die für Helmersgrün beantragten

Kredite	❑ gut ❑ schlecht ❑ gar nicht	investiert hat.
Die Uebergrössenproduktion läuft	❑ gut ❑ mittelmässig in ❑ schlecht	❑ Freistadt. ❑ Helmersgrün. ❑ beiden Standorten. ❑ einem anderen Standort.
Die Standardkollektion	❑ wird in Freistadt produziert. ❑ ist ausgelaufen. ❑ wird in Helmersgrün produziert.	

Abb. 3: Zukunftsszenario für das Jahr 2000

4.2 Ergebnisse

Die Manipulation von Vertrauen resp. Mißtrauen in den Investor OSTER-FELD erwies sich auch in der Hauptuntersuchung als erfolgreich (Manipulationscheck): Beide Gruppen unterschieden sich in ihrer durchschnittlichen Bereitschaft, den Investor bereits nach Durchsicht seines Anschreibens zu akzeptieren (U = 296.0; z = -2.028; p <.025). Dennoch wurden für die folgenden Auswertungen diejenigen Personen ausgeschlossen, die beim Manipulationscheck entweder in der Vertrauensbedingung keine Bereitschaft (N = 3) oder in der Mißtrauensbedingung unbedingte Bereitschaft zur Akzeptanz äußerten (N = 8). In diesen Einzelfällen konnte kaum mehr von einer erfolgreichen Manipulation ausgegangen werden. Unsere Vermutung, daß allein die Vorgabe vorformulierter Recherchefragen das Mißtrauen in den Investor positiv beeinflußt, konnte nicht bestätigt werden. Die Variable »Form der Fragestellung« (UV 2) hat weder einen Effekt auf die am Ende der Untersuchung erfaßte Einschätzung der Vertrauenswürdigkeit des Investors (6-stufige Likertskala; U = 231.0; z = -1.0635; p = .2875) noch auf die abgegebene Empfehlung an den Gemeinderat (U = 249.0; z = -0.6267; p = .5308).

Betrachten wir zunächst das Frageverhalten: Versuchspersonen, welche dem Investor mißtrauen, zeigten ein deutlich anderes Frageverhalten als die, welche den Investor für vertrauenswürdig halten. Zum einen wird in der Mißtrauensbedingung *mehr Zeit* für die Fragestellung verwendet und zwar unabhängig davon, ob die Fragen selbst formuliert oder bereits vorformulierte Fragen ausgewählt werden. In der Mißtrauensbedingung wurden durchschnittlich 30,5 Minuten und in der Vertrauensbedingung 23,3 Minuten benötigt (U = 179.5; z = -2.0196; p < .025). Zum anderen sind die *Inhalte der gestellten Fragen* verschieden. Abweichend von unserer Vermutung wirkt sich die Mißtrauensbedingung jedoch nicht auf die Menge der gestellten Fragen aus (U = 245.0; z = -.6020; p = .5472).

Kommen wir auf die Inhalte der gestellten Fragen zurück. Ausgehend vom vorformulierten Fragenpool wurden die einzelnen Fragen verschiedenen Inhaltskategorien zugeordnet, die sich in Ober- und Unterkategorien unterteilen lassen:
1. Finanz- und Absatzlage des Stammhauses (a) und der geplanten Zweigniederlassung (b);
2. Fragen zur moralischen Integrität des Investors hinsichtlich Ausbeutungs- bzw. Täuschungsabsichten (a), allgemeiner Reputation (b) und Zuverlässigkeit (c);
3. Fragen zur Kompetenz von Herrn OSTERFELD;
4. Fragen zu allgemeinen Konsequenzen der Ansiedlung für die Gemeinde;
5. sonstige Fragen.

Auf der Grundlage dieses Kategoriensystems wurde versucht, auch die selbstformulierten Fragen zu kategorisieren, die erwartungsgemäß eine sehr viel größere Heterogenität und Mehrdeutigkeit aufwiesen. Sofern die Zuordnung jedoch nicht zweifelsfrei vorgenommen werden konnte, wurden sie in die Kategorie *Sonstige Fragen* eingeordnet. Dies ist auch der Grund dafür, daß der Kategorie *Sonstige Fragen* unter der Bedingung vorformulierte Fragen nur 2%, unter der Bedingung selbstformulierte Fragen jedoch 15% der Fragen zugeordnet wurden.

Unter der Bedingung *selbstformulierte Fragen* wurden auch insgesamt mehr Fragen gestellt als unter der Bedingung *vorformulierte Fragen*. Dies scheint jedoch ein Effekt des geringeren Abstraktionsgrades zu sein, welchen die Fragen erreichen, wenn sie von den Versuchspersonen selbst formuliert werden. Aufgrund der unterschiedlichen Fragenmengen wurden zur besseren Vergleichbarkeit die relativen Anteile bestimmt, mit denen Fragen aus den einzelnen Kategorien gestellt wurden.

Unabhängig von der Art der Fragestellung zeigte sich, daß unter der Mißtrauensbedingung der Anteil von Fragen, die sich auf die moralische Integrität der Person des Herrn OSTERFELD beziehen, deutlich höher ist als unter der Vertrauensbedingung (30,4% gegenüber 24,1%; $U = 192.5$; $z = -1.7263$; $p <= .05$). Dies erfolgt scheinbar auf Kosten der Fragen, die sich auf die Finanz- und Absatzlage des Unternehmens (45,8% gegenüber 48,9%) und die Fragenkategorie »Sonstige Fragen« (7,3% gegenüber 10,2%) beziehen (s. Abb. 4). Entsprechend unserer Vorgabe werden unter der Mißtrauensbedingung nicht mehr Fragen zur unternehmerischen Kompetenz des Herrn OSTERFELD gestellt als unter der Vertrauensbedingung ($U = 262.5$; $z = -.3432$; $p = .7315$).

Betrachten wir im einzelnen, welche der Fragen, die zur moralischen Integrität des Investors gestellt werden, den größten Beitrag am Zustandekommen des Mißtrauenseffekts leisten, so wird deutlich, daß der Effekt ausschließlich durch die Fragen zu »Ausbeutungs- und Täuschungsabsichten« zustandekommt ($U = 182.0$; $z = -1.9562$; $p = .025+$). Die Fragen zur allgemeinen Reputation und zur Zuverlässigkeit des Investors werden unter der Vertrauens- wie unter der Mißtrauensbedingung gleichhäufig gestellt (s. Abb. 5). Somit kann davon ausgegangen werden, daß mißtrauende Personen vor allem ein stärkeres Bedürfnis zu haben scheinen, Recherchen über mögliche Ausbeutungs- oder Täuschungsabsichten des Investors anzustellen.

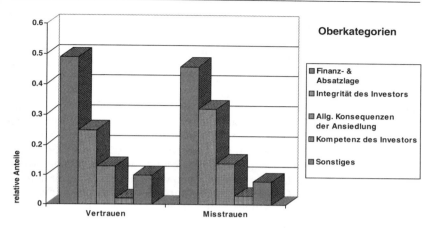

Abb. 4: Relative Anteile einzelner Kategorien gestellter Fragen

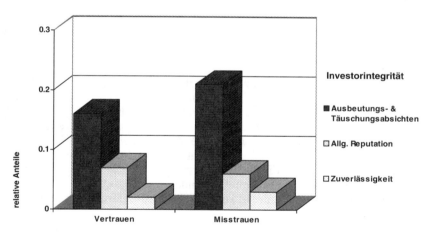

Abb. 5: Relative Anteile von Antwortkategorien der Oberkategorie »Integrität des Investors«

Eine inhaltliche Analyse der einzelnen Fragen dieser Unterkategorie macht aber bereits deutlich, daß praktisch kaum eine Person die mögliche Absicht des Investors in Erwägung zu ziehen scheint, sein Stammhaus auf Kosten der Zweigniederlassung sanieren zu wollen (s. o.). In Erwägung wird vielmehr gezogen, daß OSTERFELD die auf Gemeindekosten nachgeschulten Näherinnen nicht einstellen wird, sondern z. B. auf Arbeitskräfte aus Billiglohnländern zurückgreift oder eine nur kurzfristige Ansiedlung plant und dann seinen Betrieb nach Polen oder Tschechien verlagert. Es ist davon auszugehen, daß diese Vermutungen über mögliche Ausbeutungs- und Täuschungsabsichten des Investors für Studierende der neuen Bundesländer sehr viel naheliegender und auch wahrscheinlicher sind. Sie äußern sich beispielsweise durch Fragen wie »Hat der Investor bereits Verhandlungen in den Grenzgebieten geführt?« oder »Wie kann man garantieren, daß tatsächlich Arbeitskräfte aus unserer Gemeinde eingestellt werden?«.

Für den Recherchetext, der im Anschluss an die Fragen durchzuarbeiten war, benötigten die Versuchspersonen unter der Mißtrauensbedingung nicht mehr Zeit ($U = 245,5$; $z = -.6285$; $p = .53$). Auch zeigten sich keine Unterschiede in der Erinnerungsleistung: Weder gab es bei der Erinnerung einzelner Fakten, die in der Recherche erwähnt waren, signifikante Ergebnisse, noch beim durchschnittlichen Gesamtwert der Erinnerungen ($U = 204$; $z = -1.4848$; $p = .1376$). Von den insgesamt 34 erreichbaren Punktzahlen wurden im Durchschnitt 13,5 Punkte erreicht ($s = 3.56$), so daß ein »ceiling«-Effekt ausgeschlossen werden kann. Einzelne Fakten der Recherche waren z. B. Angaben zur Absatzlage, zur Bilanz des Stammhauses im vergangenen Jahr, zum Verhältnis des Investors zu seinen Mitarbeitern oder Angaben zur Finanzierungssituation nach Auslaufen der Fördermittel. Der Recherchetext schien die Versuchspersonen weitgehend zufrieden zu stellen, denn die überwiegende Mehrheit gibt am Ende eine positive Empfehlung an den Gemeinderat (87,2%). Dies trifft auch für die Versuchspersonen der Mißtrauensbedingung zu, die ja anfänglich einer Ansiedlung eher skeptisch gegenüberstanden (76,1%). Offensichtlich enthielt die Recherche auch für sie keine problematischen Sachverhalte.

Die eingestreuten Sachverhalte, die auf die Absicht einer Stammhaussanierung hinweisen, auf die Absicht also, daß Herr OSTERFELD seine neue Übergrößenproduktion nicht in Helmersgrün ansiedeln, sondern dort nur seine bisherige Produktion auslaufen lassen wird, wurden unter der Mißtrauensbedingung ebenfalls nicht besser erinnert. Zu solchen Hinweisen gehört z. B., daß ein Wirtschaftsprüfer auf die Dringlichkeit hinweist, daß im *Stammhaus* die Lohnkosten der momentan hergestellten Oberbekleidung gesenkt werden müssen, die IHK in einem Gutachten die Hoffnung ausspricht, daß die neue Produktpalette »Übergrößenkonfektion« möglicherweise auch in Helmersgrün hergestellt wird, oder daß der Presse- und Informationsdienst der Stadt, in der sich das Stammhaus befindet, dem Investor und der Stadt viel Erfolg bei seiner neuen Unternehmenskonzeption wünscht. Diese Hinweise fanden jedoch keine Beachtung. Im besten Fall wurde erinnert, daß an keiner Stelle der Unterlagen explizit zugesagt wurde, die Übergrößenproduktion in Helmersgrün vorzunehmen. Diesen Hinweisen wurde vermutlich deshalb keine erhöhte Aufmerksamkeit gewidmet, weil kaum eine der Versuchspersonen zuvor vermutete, daß der Investor das Täuschungsmanöver beabsichtigt, sein Stammhaus auf Kosten der Zweigniederlassung zu sanieren. Auch beim Zukunftsszenario zeigen sich keinerlei Effekte bei den Items, die Auskunft darüber geben, daß eine Stammhaussanierung als Handlungsalternative in Betracht gezogen wird.

4.3 Diskussion

Die Ergebnisse sind überraschend, da es scheint, daß mit dem Lesen des Recherchetextes jegliche Unterschiede zwischen der Vertrauens- und Mißtrauensgruppe aufzuhören scheinen. Mehrere Erklärungen bieten sich post hoc an. Zum einen könnte es sein, daß Personen mehr Spezialwissen zur Verfügung haben müssen, um sich Vorstellungen über mögliche Täuschungsmanöver machen zu können, die über das ohnehin Bekannte hinausgehen. Aber auch in einer kleineren Nachuntersuchung mit 34 Versuchspersonen, in der wir überprüften, ob unter der Mißtrauensbedingung mit größerer Aufmerksamkeit auf Informationen geachtet wird, die über potentielle Täuschungsabsichten in *vergleichbaren* Realitätsbereichen Auskunft geben, konnten wir keine entsprechenden Belege finden. In dieser Nachuntersuchung erhielten die Teilnehmer nach der Vertrauensmanipulation (s. o.) die Gelegenheit, zwei von der IHK zur Verfügung gestellte Pressemitteilungen zu lesen, die jeweils über einen mittelständischen Investor in den neuen Bundesländern berichteten. In dem einen Bericht wird über eine positiv verlaufene Investition (Herstellung von Designerstühlen) und in dem anderen über eine Investition (Armaturenfabrik) berichtet, bei welcher der Investor die günstigen Darlehensgelder für die neugegründete Tochterfirma dazu verwendet, eine Stammhaussanierung vorzunehmen. Der letztgenannte Pressetext über die fehlgeschlagene Investition wurde unter der Mißtrauensbedingung weder längere Zeit gelesen, noch wurde er später als hilfreicher für die Aufgabenbewältigung eingeschätzt als unter der Vertrauensbedingung.

Eine konkurrierende Erklärung der Befunde könnte nun lauten, daß Misstrauen nicht zwangsläufig zu einer intensiveren Informationssuche führt; dies z. B. dann nicht, wenn eine Mißtrauensentscheidung, d.h. in unserem

Fall eine Entscheidung gegen den Investor OSTERFELD, mit unerwünschten Konsequenzen verbunden ist (s. COLEMAN, 1991). Bei dem gewählten Paradigma wäre so beispielsweise denkbar, daß die Teilnehmer die Befürchtung hatten, daß es nach OSTERFELD ziemlich lange keinen Interessenten mehr für das Gewerbegebiet geben wird. Eine solche Befürchtung wäre angesichts der desolaten Nachfragesituation keineswegs unrealistisch, und es könnte sein, daß die Teilnehmer die Konsequenzen eines irrtümlichen Vertrauens als weniger schlimm eingeschätzt haben als die Konsequenzen einer irrtümlichen Mißtrauensentscheidung. Möglicherweise haben sie auch keine vergleichbar differenzierten Kosten-Nutzen-Überlegungen angestellt, sondern angesichts der bedrückenden Situation der Gemeinde nach dem einfachen Motto »besser einen als keinen« gehandelt und somit eine differenzierte Recherche unterlassen. Natürlich ist es notwendig, die hier angestellten Vermutung unabhängig zu überprüfen. Einen kleinen Hinweis für ihre Richtigkeit liefert allerdings der Umstand, daß sich die Teilnehmer sowohl in der Vertrauens- wie in der Mißtrauensbedingung in sehr hohem Ausmaß für die Akzeptanz des Investors ausgesprochen haben (nahezu 80%), und daß es bei dem Check der Vertrauensmanipulation eine ungleiche Selektion von Personen gab. Unter der Vertrauensbedingung gaben nur drei Personen entgegen der Manipulation an, keine Bereitschaft zu haben, den Investor zu akzeptieren, während unter der Mißtrauensbedingung immerhin acht Personen angaben, entgegen der Mißtrauensmanipulation den Investor unbedingt zu akzeptieren.

5. Gesamtdiskussion

Am Anfang wurde darauf hingewiesen, daß Vertrauen eine positive Lebensqualität erzeugen kann, die auf andere Weise kaum zu erreichen ist. Vertrauen birgt jedoch auch Risiken, dann nämlich, wenn Vertrauen fälschlicherweise vergeben wird. Die dargestellten Untersuchungen setzen sich mit der wichtigen Frage auseinander, wie es Personen schaffen, das »richtige« Maß von Vertrauen und Mißtrauen im Alltag zu finden. Interessanterweise scheinen beide Untersuchungen zu belegen, daß Personen auch unter problematischen Voraussetzungen, d.h. ohne hinreichend kritische Prüfung zum Vertrauen bereit sind. Sie scheinen dies dann zu sein, wenn die Komplexität einer Entscheidungssituation, der sie sich nicht einfach entziehen können, stark zunimmt. Sie scheinen dies aber auch dann zu sein, wenn eine Mißtrauensentscheidung bedeuten würde, längere Zeit auf einen gewünschten Zustand (z. B. Investoransiedlung) verzichten zu müssen. Es ist sicher notwendig, diese Interpretationen durch weitere Daten abzusichern. Sie eröffnen jedoch eine Sicht, nach der Vertrauen ein zentraler Heurismus darstellt, welcher die Kapazität eingesetzter kognitiver Ressourcen mehr oder weniger bewußt zu steuern in der Lage ist.

6. Literatur

BOHNER, G., RANK, S., REINHARD, M.-C., EINWILLER, S., & ERB, H.-P. (1996). *Perceived efficacy moderates effects of task importance on social information processing* (unveröff. Manuskript). Mannheim.

BUCK, E. & BIERHOFF, H. W. (1986). Verlässlichkeit und Vertrauenswürdigkeit: Skalen zur Erfassung des Vertrauens in eine konkrete Person. *Zeitschrift für differentielle und diagnostische Psychologie, 7 (4)*, 205-223.

CACIOPPO, J. T. & PETTY, R. E. (1982). The need for cognition. *Journal of Personality and Social Psychology, 42*, 116-131.

COLEMAN, J. S. (1991). *Grundlagen der Sozialtheorie (Bd. 1). Handlungen und Handlungssysteme.* München.

COSMIDES, L. (1989). The logic of social exchange: Has natural selection shaped how humans reason? *Cognition, 31*, 187-276.

DEUTSCH, M. (1958). Trust and suspicion. *Journal of Conflict Resolution, 2*, 265-279.

ERIKSON, E. H. (1950). *Childhood and society.* New York.

GIGERENZER, G. & HUG, K. (1992). Domain-specific reasoning: Social contracts, cheating, and perspective change. *Cognition, 43*, 127-171.

KEE, H. W. & KNOX, R. E. (1970). Conceptual and methodological considerations in the study of trust and suspicion. *Journal of Conflict Resolution, 14*, 357-366.

KNIGHT, J. A. & VALLACHER, R. R. (1981). Interpersonal engagement in social perception: The consequences of getting into the action. *Journal of Personality and Social Psychology, 40*, 990-999.

KELLY, G. A. (1955). *The psychology of personal constructs (Vol. I, II).* New York.

KRAMPEN, G. (1987). *Handlungstheoretische Persönlichkeitspsychologie.* Göttingen.

KRUGLANSKI, A. W. (1990). Motivations for judging and knowing: Implications for causal attribution. In E. T. HIGGINS & R. M. SORRENTINO (Eds.), *Handbook of motivation and cognition: Foundations of social behavior* (Vol. 2, pp. 333-368). New York.

LUHMANN, N. (1973). *Vertrauen. Ein Mechanismus der Reduktion sozialer Komplexität.* Stuttgart.

OSWALD, M. E. (1994). Vertrauen - eine Analyse aus psychologischer Sicht. In H. HOF, H. KUMMER, P. WEINGART & S. MAASEN (Hrsg.), *Recht und Verhalten. Verhaltensgrundlagen des Rechts - zum Beispiel Vertrauen* (S. 111-128). Baden-Baden.

- (1996). Gründe und Funktionen des Vertrauens zwischen Personen. In C. PFEIFFER & W. GREVE (Hrsg.), *Forschungsthema »Kriminalität«* (S. 137-148). Baden-Baden.

OSWALD, M. E. & FUCHS, T. (1995). *Schützt Mißtrauen davor, betrogen zu werden* (unveröff. Manuskript)? Chemnitz-Zwickau.

REMPEL, J. K., HOLMES, J. G. & ZANNA, M. P. (1985). Trust in close relationships. *Journal of Personality and Social Psychology*, 49 (1), 95-112.

ROTTER, J. B. (1967). A new scale for the measurement of interpersonal trust. *Journal of Personality*, *35*, 651-665.

Wer vertraut wem?
Soziodemographische Merkmale des Vertrauens

Hans W. Bierhoff & Ernst Buck

1.   Einführung

In zwischenmenschlichen Beziehungen gilt die Regel, daß sich die Frage, ob Vertrauen in eine andere Person gerechtfertigt ist, immer erst im nachhinein entscheiden läßt. Wenn z. B. jemand einem Nachbarn eine Information über persönliche Probleme gibt und um Stillschweigen bittet, wird die Zukunft zeigen, ob der Nachbar das Versprechen einhält, über die Informationen nicht mit Dritten zu reden. Daher kann festgestellt werden, daß Vertrauen auf die Zukunft gerichtet ist. Die Unsicherheit, die dadurch auftritt, beinhaltet ein Risiko des Mißerfolges, wie es typisch ist für Situationen, in denen man sich für Vertrauen oder Mißtrauen gegenüber einer anderen Person entscheiden kann, um sich an ein erwünschtes Ziel anzunähern. Andererseits sind Vertrauen und Mißtrauen auch auf die Vergangenheit bezogen, da frühere Erfahrungen zu Erwartungen führen, die sich auf die Vertrauensbildung auswirken. SCHWEER (1996) spricht in diesem Zusammenhang von der Historizität der Vertrauensbeziehung, da sie sowohl Vergangenheit als auch Zukunft einbezieht.

Vertrauen läßt sich als eine Haltung auffassen, die zur Reduktion einer komplexen Umwelt beiträgt und somit eine unabdingbare Voraussetzung für ein effektives Handeln in der sozialen Welt darstellt (LUHMANN, 1973). Das Dilemma des Vertrauens besteht darin, daß Täuschung möglich ist und daß die getäuschte Person aufgrund ihres Vertrauens es versäumt, Gegenmaßnahmen einzuleiten. Der Gegenbegriff zum Vertrauen ist das Mißtrauen, das von MELLINGER (1956, S. 304) definiert wird als »das Gefühl, daß die Intentionen und Motive eines anderen nicht immer die sind, was er sagt, daß sie es sind, daß er unehrlich ist und versteckte Motive hat«. Vertrauen und Mißtrauen können nicht von vornherein gleichgesetzt werden, weil das Fehlen von Vertrauen nicht unbedingt bedeutet, daß Mißtrauen gegeben ist (SCHWEER, 1996).

Je unsicherer und komplexer die künftigen Gegenwarten erscheinen, desto höher ist der Bedarf für eine Sicherheit durch Vertrauen in der Gegenwart (LUHMANN, 1973). Durch die Ungewißheit im Hinblick auf zukünftige Entwicklungen entsteht die Frage, welche Informanten ehrlich und verläßlich sind und welche ihre Manipulationsmacht einsetzen (SOFSKY, 1983) bzw. welche Personen kompetent und aufmerksam sind und welche inkompetent und nachlässig. Die differenzierte Beantwortung dieser Fragen führt dazu, daß die Akteure in ihrer sozialen Umwelt zwischen Personen ihres Vertrauens und Personen ihres Mißtrauens unterscheiden.

GIDDENS (1991) unterscheidet Vertrauen zur Überbrückung von Ungewißheit und Basisvertrauen, das sich auf die allgemeine Erwartung von Kontinuität bezieht, sei es gegenüber anderen oder sei es gegenüber Ereignissen. Basisvertrauen kann als die Grundlage des zwischenmenschlichen Vertrauens angesehen werden. Seine Entwicklung wurde von BOWLBY (1969) und ERIKSON (1968) beschrieben, auf den an dieser Stelle nur verwiesen werden kann. Vertrauen läßt sich als Glaube in die Verläßlichkeit der Informationen definieren, die von einer anderen Person über zukünftige Zustände und Ereignisse in unsicheren Situationen gegeben werden (s. SCHLENKER, HELM & TEDESCHI, 1973). Diese Definition betont die Abhängigkeit der vertrauenden Person von den Mitteilungen einer anderen. Ein anderer Aspekt ist die Vertrauenswürdigkeit einer Person, die darin zum Ausdruck kommt, daß sie wichtige Informationen nicht unbefugt oder leichtfertig weiterleitet (BUCK & BIERHOFF, 1986).

Die Bereitschaft zur Zusammenarbeit mit einer anderen Person, die durch Vertrauen hervorgerufen wird (PRUITT & KIMMEl, 1977), kann noch verstärkt werden, wenn gleichzeitig auch Sympathie gegenüber der anderen Person besteht (NEIDHARDT, 1979). Vertrauen und Sympathie sind zwei Konzepte, die eng aufeinander bezogen sind, wenn sich auch leicht Beispiele nennen lassen, in denen sie nicht zusammenfallen. Denn einer Person kann Verläßlichkeit zugeschrieben werden, obwohl diese Person nicht gemocht wird.

2. Fragestellung der Untersuchung

Wir hatten das Ziel, soziodemographische Merkmale mit Vertrauen bzw. Mißtrauen in Zusammenhang zu setzen. In der empirischen Forschung wurde die Frage vernachlässigt, welche soziodemographischen Merkmale mit dem Grad des Vertrauens in eine Person zusammenhängen. Genauso gilt, daß nicht hinreichend überprüft wurde, wer wem im Alltag vertraut oder mißtraut. So ist z. B. nicht geklärt, ob Frauen bevorzugt Frauen vertrauen oder ob Jüngere bevorzugt Älteren mißtrauen. Auch die Bedeutung unterschiedlicher sozialer Schichten ist in ihrem Stellenwert für Vertrauen nicht aufgeklärt. Das Ziel dieser Untersuchung besteht daher darin, den soziodemographischen Bezugsrahmen interpersonellen Vertrauens aufzuzeigen.

Dazu werden verschiedene Hypothesen aufgestellt, die sich auf die Merkmale »Geschlecht«, »Alter«, »soziale Schicht« sowie »soziale Beziehung« zwischen Befragten und Zielpersonen in Abhängigkeit von der Vertrauensstufe beziehen, die als hoch, mittel und niedrig abgestuft wurde:

1. Das Geschlecht steht in systematischer Beziehung zu dem Vertrauensgrad der Zielperson. Weibliche Zielpersonen sollten einer höheren Vertrauensstufe zugeordnet werden als männliche Zielpersonen.

Als Erklärung läßt sich anführen, daß Frauen eher als Männer die Intimität in sozialen Beziehungen, insbesondere auch in Freundschaften und Liebesbeziehungen, betonen (GIDDENS, 1992). Während z. B. Frauen ihre romantischen Beziehungen ausführlich und umfassend beschreiben können, sind Männer viel weniger in der Lage, über ihre intimen Beziehungen zu sprechen. Frauen lassen sich auch als Beziehungsspezialisten bezeichnen, während Männer eher Probleme mit der Entwicklung intimer Sozialbeziehungen zu haben scheinen. Da Intimität und Vertrauen eng zusammenhängen (s. STERNBERG, 1986), ergibt sich die Vermutung, daß Frauen eher als Zielpersonen hohen Vertrauens fungieren als Männer.

2. Was Alter und soziale Schicht betrifft, so erwarteten wir keine Unterschiede in Abhängigkeit von der Vertrauensstufe. Über die drei Vertrauensstufen sollte sich die Relation von Jüngeren und Älteren und von Personen mit hohem oder niedrigen Status nicht systematisch unterscheiden. Zwar ist es streng genommen nicht möglich, die Nullhypothese zu testen. Wir können aber feststellen, inwieweit sie mit dem Datenmuster übereinstimmt. Die statistische Prüfung bezieht sich auf die Annahme, daß die Verteilung von Jüngeren und Älteren und die von Personen aus unterschiedlichen Schichten auf den drei Vertrauensstufen voneinander abweicht.

3. Im Hinblick auf die Sozialbeziehung zu der Vertrauensperson nehmen wir an, daß auf der hohen Vertrauensstufe Freunde, Lebensgefährten und Ehegatten im Vergleich zu der niedrigen Vertrauensstufe häufiger genannt werden, während auf der niedrigen Vertrauensstufe Arbeits- und Studienkollegen häufiger auftreten als auf der hohen Vertrauensstufe. Diese Annahme steht in Übereinstimmung mit den Ergebnissen einer Studie von SCHWEER (1996), in der gezeigt wurde, daß in engen Beziehungen die Möglichkeit der Entwicklung von Vertrauen grundsätzlich als hoch eingeschätzt wurde, während zwischen Vorgesetzten und Mitarbeitern die Möglichkeit der Vertrauensentwicklung als geringer beurteilt wurde.

4. Die Frage »Wer vertraut wem?« legt die Antwort nahe, daß Ähnlichkeit vorherrscht, die sich im Hinblick auf Geschlecht, Alter und Schicht findet.
Diese Tendenz läßt sich darauf zurückführen, daß die soziale Interaktion im Alltag eingeschränkt ist, so daß im allgemeinen ähnliche Personen miteinander in Kontakt treten (KLEIN, 1991; PAPPI, 1973).

Im nächsten Abschnitt wird eine Beschreibung des Untersuchungsmaterials und der Datengewinnung gegeben. Daran anschließend folgt eine soziodemographische Analyse von Zielpersonen, um dann der Frage nachzugehen, wie die Merkmale der Befragten mit den entsprechenden Merkmalen der beschriebenen Zielpersonen im Zusammenhang stehen.

3. Untersuchungsmaterial und Datenerhebung

3.1 Untersuchungsmaterial

In dem verwendeten Fragebogen wurden die soziodemographischen Merkmale der befragten Person (Geschlecht, Alter, Beruf) erhoben. Im Hauptteil des Fragebogens, der zur Erfassung alltäglichen Vertrauens konstruiert wurde, wurden die Befragten aufgefordert, drei Personen ihres Bekanntenkreises aus unterschiedlichen Lebensbereichen, die sie zumindest einigermaßen gut kennen, zu beschreiben. Sie sollten sowohl soziodemographische Angaben zu diesen Personen machen als auch ihr Vertrauen in diese Zielpersonen einschätzen sowie ihnen Eigenschaften zuschreiben.

Im Mittelpunkt dieses Berichts steht die Analyse der soziodemographischen Merkmale von Zielpersonen. Im einzelnen wurden die Befragten gebeten, das Geschlecht, Alter und die Art der sozialen Beziehung zu der Zielperson anzugeben sowie ihren Beruf zu nennen. Die drei Personen sollten laut Instruktion so ausgewählt werden, daß jeweils eine Vertrauensperson bzw. Mißtrauensperson ist und eine dritte nicht eindeutig im Hinblick auf die Ausprägung des Vertrauens festgelegt ist.

3.2 Datenerhebung

Die Datenerhebung wurde zwischen Dezember 1982 und Februar 1983 im Raum Marburg in einer Haus-zu-Haus Befragung durchgeführt. Von den 187 Personen, welche den Fragebogen ausfüllten, konnten wegen fehlender Daten nur 181 in die Auswertung einbezogen werden. Das Ziel, Männer und Frauen etwa gleich häufig anzusprechen, wurde erreicht, da

91 Männer und 90 Frauen befragt wurden. Das Durchschnittsalter der Befragten der Gesamtstichprobe betrug 34,5 Jahre. Das Durchschnittsalter der Männer lag mit 36,4 Jahren etwas höher als das der Frauen mit 32,6 Jahren ($t = 2.05$, $p < .05$).

Für die weitere Auswertung wurde die Altersvariable in fünf Kategorien unterteilt (bis 25 Jahre, 26 - 35 Jahre, 36 - 45 Jahre, 46 - 55 Jahre, über 55 Jahre). Die Verteilung von Männern und Frauen auf die Alterskategorien weicht statistisch nur unbedeutend voneinander ab (Chi^2 = 4.68, df = 4, n. s.). Weiterhin läßt sich feststellen, daß in der Gesamtstichprobe die beiden jüngeren Altersgruppen überrepräsentiert sind, während die drei älteren Gruppen eher unterrepräsentiert sind (Chi^2 = 52.07, df = 4, p < .001). Im einzelnen wurden 52 Personen zwischen 15 und 25 Jahren, 66 zwischen 26 und 35 Jahren, jeweils 24 zwischen 36 bis 45 Jahren und 46 bis 55 Jahren und 63 über 55jährige befragt.

Zur Einteilung der Befragten in vier soziale Statusgruppen wurde auf der Grundlage von Pappi (1973) folgende Aufteilung nach Berufsprestige vorgenommen:

– Gruppe 1 umfaßt neben Unternehmern alle freiberuflich wie angestellt tätigen Akademiker einschließlich graduierten Ingenieuren und Sozialberufen sowie Beamte des höheren Dienstes (OS = Oberschicht)

– Gruppe 2 besteht aus Beamten des gehobenen Dienstes, leitenden Angestellten, mittleren und kleineren Selbständigen, qualifizierten Büro- und technischen Angestellten sowie qualifizierten Sozialberufen (OMS = Obere Mittelschicht)

– Gruppe 3 umfaßt abhängig beschäftigte Handwerks- und Industriemeister, Beamte des mittleren Dienstes, Angestellte in Dienstleistungsberufen sowie ausführende technische Angestellte (UMS = Untere Mittelschicht)

– Gruppe 4 umfaßt neben Beamten des einfachen Dienstes alle Arbeiter- und Facharbeiterberufe im handwerklichen, gewerblichen und Dienstleistungsbereich (US = Unterschicht).

Aufgrund der Angaben des eigenen Berufs konnten 120 der 181 Befragten auf diese vier Gruppen verteilt werden. Von den verbleibenden 61 Befragten befanden sich 41 in Ausbildung, 6 waren Hausfrauen und 4 ohne klassifizierbaren Beruf. Weitere 10 hatten keine Angaben gemacht. Bei 57 der 61 Befragten konnte auf der Grundlage der beruflichen Stellung des Vaters oder der Mutter eine Schätzung der Schichtzugehörigkeit durchgeführt werden. Dabei wurde so vorgegangen, daß die Befragten aufgrund des erlernten bzw. ausgeübten Berufs von Vater und Mutter der höchstmöglichen Schichtgruppe zugeordnet wurden. Die 177 Personen, die auf diese Weise nach Beruf eingeordnet wurden, verteilen sich wie folgt: 67 Personen entstammten der Oberschicht, 56 der Oberen Mittelschicht, 35 der Unteren Mittelschicht und 19 der Unterschicht. Zusammenfassend kann festgestellt werden, daß in der untersuchten Stichprobe die oberen Schichten überrepräsentiert sind, was allerdings für eine Stadt, die durch die Universität geprägt wird, nicht verwunderlich ist.

Vergleicht man die Aufteilung der Personen, die aufgrund der Angaben zu ihrem eigenen Beruf klassifiziert wurden, mit denen, die aufgrund der Angaben zu der beruflichen Stellung des Vaters oder der Mutter klassifiziert wurden, so ergeben sich keine erkennbaren Unterschiede in den Verteilungen auf die vier Kategorien der sozialen Schicht.

Schließlich wurde die Art der Sozialbeziehung erfaßt. Dazu wurden die folgenden Kategorien zugrunde gelegt: Freund - Lebensgefährte - Ehegatte, naher Verwandter, entfernter Verwandter, Bekannter, Arbeits- resp. Studienkollege und Nachbar. Für jede Zielperson auf den drei Vertrauensstufen gaben die Befragten ihre Sozialbeziehung an. Die Verteilung der Angaben werden im Ergebnisteil dargestellt (s. Tab. 4).

Abschließend sind noch kurze Hinweise auf Geburtsposition und Geschwisterzahl der Befragten erwähnenswert. 15 waren Einzelkinder, 69 Erstgeborene, 28 zwischen anderen Geschwistern Geborene und 55 als letzte Geborene (bei 167 Antworten). Was die Geschwisterzahl angeht, so hatten 76 Befragte einen Bruder oder eine Schwester, 38 zwei Geschwister, 23 drei Geschwister und 22 vier oder mehr Geschwister (15 waren Einzelkinder bei 174 Angaben).

4. Ergebnisse

Die Auswertung der Daten im Hinblick auf die Fragestellung erfolgt in zwei Schritten. In einem ersten Schritt geht es um eine Analyse soziodemographischer Merkmale der Zielperson in Abhängigkeit von den Vertrauensstufen hoch, mittel und niedrig. In einem zweiten Schritt wird untersucht, wie diese Merkmale der Zielperson mit denen der Befragten zusammenhängen. Da wir die gleichen Angaben im Hinblick auf die Befragten und die Zielpersonen erhoben haben, kann auf diese Weise auch geprüft werden, inwieweit die Beziehung zwischen Befragten und Zielpersonen durch Ähnlichkeit gekennzeichnet ist. Beide Auswertungsschritte lassen sich natürlich auch miteinander verbinden. Aus Gründen der Übersichtlichkeit und der Darstellung besprechen wir sie aber nacheinander. Damit berücksichtigen wir auch den Umstand, daß die ersten drei Hypothesen den ersten Auswertungsschritt betreffen, während die vierte Hypothese im zweiten Auswertungsschritt abgehandelt wird.

Die Datenauswertung beruht auf Chi^2-Tests, mit denen geprüft wird, ob die gegebenen Häufigkeiten in einer Häufigkeitstabelle von den erwarteten Häufigkeiten abweichen. Die Daten lassen sich als mehrdimensionale Kontingenztabellen darstellen, so daß zusätzlich auch eine Auswertung auf der Basis des log-linearen Modells erfolgt, das eine umfassende Analyse solcher komplexen Häufigkeitsverteilungen (BENEDETTI & BROWN, 1978; BISHOP, FIENBERG & HOLLAND, 1975) und analog zu Varianzanalysen die Unterscheidung von Haupteffekten und Interaktionen ermöglicht. Bei allen Analysen wird davon ausgegangen, daß die Häufigkeiten voneinander unabhängig sind.

4.1 Soziodemographische Merkmale der Zielpersonen in Abhängigkeit von der Vertrauensstufe

Die Angaben der Befragten über Geschlecht, Alter und Sozialprestige der von ihnen beschriebenen Zielpersonen sowie über ihre soziale Beziehung zu diesen Personen erlauben eine Beschreibung der Zielpersonen auf den einzelnen Vertrauensstufen. Insgesamt wurden von den 181 Befragten 535 Zielpersonen beschrieben. Davon waren 181 Personen auf hohem Vertrauensniveau angesiedelt, 174 Personen auf mittlerem Niveau und 180 Personen auf dem geringen Vertrauensniveau.

Auf allen Vertrauensstufen wurden in etwa gleich häufig Männer wie Frauen beschrieben (Tab. 1.). Zwar findet sich eine leichte Tendenz in der Richtung, daß Frauen auf den höheren Vertrauensstufen eher zu finden sind, während Männer eher auf den unteren Vertrauensstufen zu finden sind, doch erweist sich dieser Unterschied als nicht signifikant (Chi^2 = 3.27, p = .20, df = 2). Damit wird Hypothese 1 nicht bestätigt.

| | Vertrauensstufe | | |
	gering	mittel	hoch
Männer	99	81	84
Frauen	81	91	97

Tab. 1: Geschlecht der Vertrauensperson in Abhängigkeit vom Vertrauensgrad

105

Im Hinblick auf das Alter der Zielpersonen finden sich Unterschiede, da die unteren Altersgruppen (16 - 25 Jahre, 26 - 35 Jahre) bei den beschriebenen Zielpersonen überrepräsentiert sind, während die beiden oberen Altersgruppen (46 - 55 Jahre, über 55 Jahre) deutlich unterrepräsentiert sind (Chi^2 = 69.61, df = 4, p < .001). Diese Ungleichverteilung der Altersgruppen auf die Nennungen von Zielpersonen läßt sich zum Teil aus der altersmäßigen Zusammensetzung der Stichprobe erklären und deren altersspezifischen Wahlen (s.u.). Ein Vergleich der Altersverteilung zwischen den Vertrauensstufen ergibt, daß sich die Vertrauensstufe nicht bedeutsam auf die Altersverteilung unter den Zielpersonen auswirkt (Chi^2. = 11.47, p = .18, df = 8). Diese Ergebnisse, die mit der Hypothese 2 übereinstimmen, sind in Tab. 2 zusammengestellt.

	Vertrauensstufe		
	gering	mittel	hoch
bis 25 Jahre	39	44	55
26-35 Jahre	47	56	53
36-45 Jahre	37	34	39
46-55 Jahre	28	18	12
über 55 Jahre	26	20	21

Tab. 2: Alter der Zielpersonen in Abhängigkeit vom Vertrauensgrad

Von 347 der 535 Zielpersonen liegen Angaben vor, die eine Schätzung der sozialen Schicht ermöglichen. Die Verteilung der Schicht in Abhängigkeit von der Vertrauensstufe ist in Tab. 3 dargestellt. Ein Vergleich nach dem Ausmaß des Vertrauens ergibt, daß bei der Auswahl von Zielpersonen keine bedeutsamen Bevorzugungen einzelner Schichtgruppen in Abhängigkeit vom Vertrauensgrad festzustellen sind (Chi^2 = 4.90, p = .56; df = 6). Auch dieses Ergebnis entspricht Hypothese 2.

	Vertrauensstufe		
	gering	mittel	hoch
OS	37	36	39
OMS	20	25	24
UMS	39	25	37
US	27	20	18

Tab. 3: Soziale Schicht der Vertrauensperson in Abhängigkeit vom Vertrauensgrad (OS = Oberschicht, OMS = obere Mittelschicht, UMS = untere Mittelschicht, US = Unterschicht)

Die Art der Sozialbeziehung wurde als Freund - Lebensgefährte - Ehegatte, naher Verwandter, entfernter Verwandter, Bekannter, Arbeits- resp. Studienkollege sowie Nachbar spezifiziert. Erwartungsgemäß unterscheidet sich die Verteilung der Zielpersonen auf diese Gruppen hoch signifikant in Abhängigkeit von den verschiedenen Vertrauensstufen (Tab. 4; $Chi^2 = 130.42$, df = 10, p < .001). Das läßt sich gleichermaßen für Männer und Frauen bestätigen. Dabei läßt sich feststellen, daß die Kategorie Freund - Lebensgefährte - Ehegatte auf der hohen Vertrauensstufe deutlich überrepräsentiert ist. Hingegen ist die Kategorie Arbeits- resp. Studienkollege auf der geringen Vertrauensstufe am deutlichsten überrepräsentiert, während diese Personengruppe auf der hohen Vertrauensstufe deutlich unterrepräsentiert ist. Das deutet darauf hin, daß der Bereich der engen Beziehungen, in dem Intimität erlebt wird, in den oberen Vertrauensbereich tendiert, während der Bereich der Berufs- und Ausbildungsbeziehungen stärker in den niedrigen Vertrauensbereich fällt.

| | Vertrauensstufe | | |
	gering	mitel	hoch
Freund/Lebensgefährte/Ehegatte	12	32	98
nahe Verwandte	31	19	29
entfernte Verwandte	12	8	0
Bekannte	63	66	36
Arbeits-/Studienkollege	43	32	14
Nachbar	18	13	4

Tab. 4: Soziale Beziehung zwischen Befragten und Zielpersonen in Abhängigkeit vom Vertrauensgrad

In einer weitergehenden Analyse wurde überprüft, ob diese Unterschiede, die Hypothese 3 unterstützen, mit Geschlecht und Alter der Befragten zusammenhängen, um die Generalisierbarkeit der Befunde einzugrenzen. Was die Einbeziehung des Geschlechts betrifft, so kann festgestellt werden, daß es auf die Aussagen über die Bevorzugung von Freunden / Lebensgefährten / Ehegatten bzw. Arbeits- resp. Studienkollegen ohne Bedeutung bleibt. Männer und Frauen zeigen genau die gleichen Tendenzen. Was die Abstufung des Alters angeht, so läßt sich beobachten, daß die Tendenz zur Nennung von Arbeits- resp. Studienkollegen und Nachbarn bei den 16- bis 25jährigen geringer ausfällt als bei den 26jährigen und Älteren. Das kann sowohl mit der Formulierung der Vorgabe zusammenhängen als auch mit der Tatsache, daß im Bereich der jüngeren Befragten die Gruppe von Arbeitskollegen, Studienkollegen und Nachbarn im Hinblick auf Zielpersonen für Vertrauen keine bedeutende Rolle spielen. Darüber hinaus ist auf allen Altersstufen der Trend sichtbar, daß Arbeits- resp. Studienkollegen und Nachbarn bei den Personen niedrigen Vertrauens häufiger genannt werden, während Freunde / Lebensgefährten / Ehegatten bei hohem Vertrauen besonders häufig aufgeführt werden. In einer Analyse des log-linearen Modells zeigt sich, daß neben der Interaktion von Beziehung zur Zielperson x Vertrauensstufe auch die Interaktion Alter x Beziehung zur Zielperson einbezogen werden muß, um die Passung des Modells sicherzustellen. Der Likelihood Ratio (LR) Chi^2 dieses Modells beträgt 25.72 und ist bei 16 Freiheitsgraden nicht mehr signifikant (p = .058).

4.2 Wer vertraut wem?

Besteht ein Zusammenhang zwischen den Merkmalen der befragten Person und der beschriebenen Vertrauensperson, so daß Geschlecht, Alter und Sozialprestige einander in der Tendenz entsprechen? Beschreiben also z. B. Männer bevorzugt männliche Vertrauens- bzw. Mißtrauenspersonen oder beschreiben Personen aus der Mittelschicht bevorzugt Personen, die auch aus der Mittelschicht stammen, wie es in der vierten Hypothese angenommen wurde?

Wie die Ergebnisse zeigen, ist tatsächlich ein genereller Trend festzustellen, der sich auf die Formel bringen läßt »Gleiches gesellt sich zu Gleichem«. Das gilt sowohl im Zusammenhang mit Vertrauen als auch im Zusammenhang mit Mißtrauen. Dieses Ergebnismuster deutet darauf hin, daß die soziale Interaktion im Alltag zur Selektivität tendiert: Jüngere interagieren eher mit Jüngeren, Ältere eher mit Älteren, Oberschicht eher mit Oberschicht usw. Vergleichbare Ergebnisse berichtet Pappi (1973) für die Verteilung von Freundschaftswahlen.

Während 60,8% der von Männern gewählten Zielpersonen ebenfalls Männer sind, sind 61,9% der von Frauen gewählten Zielpersonen Frauen (Chi^2 = 26.58, df = 1, p < .001). Diese Bevorzugung des eigenen Geschlechts ist auf allen drei Vertrauensstufen nachweisbar (s. Tab. 5). Die Ergebnisse des log-linearen Modells entsprechen dieser Schlußfolgerung. Für die in Tab. 5 gezeigte Kontingenztabelle ergibt sich eine hinreichende Anpassung an die beobachteten Häufigkeiten, wenn eine Interaktion von Geschlecht der Befragten und Geschlecht der Zielperson angenommen wird. Dieses Modell hat bei acht Freiheitsgraden und einem LR Chi^2 Wert von 6.25 eine sehr gute Datenanpassung (p = .619).

befragte Person	Vertrauensperson	Vertrauensstufe		
		gering	mittel	hoch
männlich	m	63	49	51
	w	27	38	40
weiblich	m	36	32	33
	w	54	53	57

Tab. 5: Wahl von Zielpersonen in Abhängigkeit vom Vertrauensgrad und vom Geschlecht

Für die Analyse der Ähnlichkeit im Alter wurde die Altersvariable in drei Gruppen zusammengefaßt, um niedrige Besetzungen der Zellen zu vermeiden. Was die Bevorzugung der eigenen Altersgruppe bei der Wahl einer Zielperson angeht, so fällt sie bei den 16- bis 25jährigen am deutlichsten aus, gefolgt von den über 35jährigen und den 26- bis 35jährigen. Dieser Effekt ist vom Vertrauensgrad unabhängig, wenn auch deutlich wird, daß er am stärksten bei hohem Vertrauensniveau auftritt (s. Tab. 6). Nur bei den 26- bis 35jährigen wird die eigene Altersgruppe auf allen Vertrauensniveaus in etwa gleichmäßig bevorzugt. Bei den 16- bis 25jährigen dagegen werden die Gleichaltrigen als Personen geringen Vertrauens unterdurchschnittlich und als Personen hohen Vertrauens überdurchschnittlich bevorzugt (Chi^2 = 12.35, df = 4, p < .05). Die Ergebnisse des log-linearen Modells verweisen für Tab. 6 auf einen Ähnlichkeitseffekt. Wie für Geschlecht erweist sich nur eine Interaktion als bedeutsam, die zwischen dem Alter der Befragten und dem Alter der Zielperson. Ein Modell, das diese Interaktion einbezieht, weist eine sehr gute Anpassung an die Daten auf; LR Chi^2 = 22.60, df = 18, p = .206.

befragte Person	Vertrauensperson	Vertrauensstufe		
		gering	mittel	hoch
16-25 Jahre	16-25 Jahre	5	33	40
	26-35 Jahre	11	12	8
	größer 35 Jahre	16	8	4
26-35 Jahre	16-25 Jahre	12	9	11
	26-35 Jahre	30	27	34
	größer 35 Jahre	24	26	21
größer 35 Jahre	16-25 Jahre	2	2	4
	26-35 Jahre	6	17	11
	größer 35 Jahre	51	38	47

Tab. 6: Wahl von Zielpersonen in Abhängigkeit vom Vertrauensgrad und vom Alter

Die Schichtvariablen wurden ebenfalls in drei Gruppen zusammengefaßt, um niedrige Häufigkeiten in den Zellen möglichst zu vermeiden. Wie schon beim Alter ist auch bezüglich der Schicht bei der Wahl von Zielpersonen eine statistisch bedeutsame Bevorzugung der eigenen Gruppe festzustellen (Chi^2 = 67.53, df = 4, p < .001). Das gilt allerdings für die obere Mittelschicht nur mit Einschränkungen. Ein log-lineares Modell für die Daten in Tab. 7 ergibt, daß die Interaktion der beiden Schichtvariablen einbezogen werden muß, um die empirische Häufigkeitsverteilung hinreichend zu erklären; LR Chi^2 = 11.41, df = 18, p = .876.

befragte Person	Vertrauensperson	Vertrauensstufe		
		gering	mittel	hoch
OS	OS	20	22	26
	OMS	7	7	7
	UMS/US	5	10	9
OMS	OS	11	5	9
	OMS	8	13	11
	UMS/US	18	14	17
UMS/US	OS	6	8	3
	OMS	4	4	5
	UMS/US	31	21	29

Tab. 7: Wahl von Zielpersonen in Abhängigkeit von Vertrauensgrad und sozialer Schicht (OS = Oberschicht; OMS = Obere Mittelschicht; UMS = Untere Mittelschicht; US = Unterschicht)

Männer und Frauen zeigen eine unterschiedliche Bevorzugung einzelner Schichtgruppen. Während bei den Männern die beiden unteren Schichtgruppen überrepräsentiert sind, sind es bei den Frauen die beiden oberen Gruppen (Chi^2 = 9.78, df = 3, p < .05). Dazu passen die Ergebnisse mit dem log-linearen Modell. Um die entsprechende Kontingenztabelle der empirischen Häufigkeiten durch das Modell anzupassen, muß die Interaktion von Geschlecht der Befragten und Schicht der Zielperson einbezogen werden (LR Chi^2 = 11.18, df = 16, p = .798). Ohne diese Interaktion ergibt sich eine signifikante Abweichung des Modells von den Daten.

5. Diskussion der Ergebnisse

Die Fragestellung dieser Untersuchung ist ungewöhnlich, wenn die bisherige Forschung zum Vertrauen als Maßstab zugrunde gelegt wird (s. PETERMANN, 1996; SCHWEER, 1996). Viele Forscher versuchen das Ausmaß des Vertrauens in experimentellen Spielsituationen zu erfassen, in denen die Wahl einer bestimmten Alternative nur dann gewinnbringend ist, wenn die andere Person sich kooperativ verhält. Oder sie verwenden Fragebögen zur Erfassung des allgemeinen Vertrauens in die Mitmenschen oder des spezifischen Vertrauens in eine konkrete Person. Beide Verfahren werden z. B. in einer Studie von YAMAGISHI (1986) kombiniert, in welcher die Bereitschaft zur Kooperation in einer Spielsituation erfaßt wurde und darüber hinaus auch ein Fragebogen zur Messung des allgemeinen Mißtrauens eingesetzt wurde, der Feststellungen wie »Die meisten Menschen lügen, wenn es ihnen nützt« enthielt.

Die Erfassung des Vertrauens über Fragebogen hat zu verläßlichen Meßinstrumenten geführt, die sowohl die Erfassung des allgemeinen Vertrauens (AMELANG, GOLD & KÜLBEL, 1984; KRAMPEN, VIEBIG & WALTER, 1982) als auch des spezifischen Vertrauens (BUCK & BIERHOFF, 1986) ermöglichen. Weitere Ergebnisse, die hier nicht ausführlicher dargestellt werden können, zeigen im übrigen, daß das zwischenmenschliche Vertrauen zwischen den untersuchten Vertrauensstufen in hohem Maße variiert. Der Zielperson auf der niedrigen Vertrauensstufe wurde ein sehr geringes Vertrauen zugeschrieben, während der Zielperson auf der hohen Vertrauensstufe ein hohes Vertrauen entgegengebracht wurde. Die mittlere Zielperson lag im Mittelbereich und unterschied sich im Einzelvergleich sowohl signifikant von der Zielperson auf niedrigem als auch von der auf hohem Vertrauensniveau. Das zeigt, daß die Vorgabe der unterschiedlichen Vertrauensstufen dazu führte, daß Zielpersonen ausgewählt wurden, denen die Befragten eine unterschiedliche Vertrauensbereitschaft entgegenbringen.

Unsere zentrale Fragestellung bezog sich auf die soziodemographischen Merkmale der Zielpersonen unterschiedlicher Vertrauensstufen und ihrer Beziehung zu den entsprechenden Merkmalen der Befragten. Die gefundenen Zusammenhänge weisen zum Teil eine beachtliche Stärke auf, was insbesondere auch für die gefundenen Ähnlichkeit zwischen Befragten und Zielpersonen in Alter und Schicht gilt.

Insgesamt sind die aufgestellten Hypothesen durch die empirischen Ergebnisse überwiegend unterstützt worden. Einzige Ausnahme ist die Geschlechtshypothese, die besagt, daß Frauen eher auf einer höheren Vertrauensstufe und Männer eher auf einer niedrigeren Vertrauensstufe zu finden sind. Zwar gibt es eine leichte Tendenz in der Verteilung von Männern und Frauen auf die drei Vertrauensstufen, die in diese Richtung geht, aber sie ist nur schwach und statistisch nicht bedeutsam. Ähnlich gilt auch (in Übereinstimmung mit Hypothese 2) für Alter und Schicht, da sich keine systematischen Präferenzen bei der Wahl einer Zielperson auf unterschiedlichen Vertrauensniveaus finden.

Statt dessen findet sich für Geschlecht - wie auch für Alter und soziale Schicht - eine Bestätigung der Ähnlichkeitshypothese. Männer nennen 163 männliche und nur 105 weibliche Zielpersonen, während Frauen 164 weibliche und 101 männliche Zielpersonen nennen. Da dieser Effekt auf allen drei Vertrauensstufen bei Männern und Frauen gleichermaßen auftritt, kann festgestellt werden, daß der Effekt der Geschlechtsähnlichkeit relativ weit generalisiert.

Auch für das Alter gilt: Bei Vertrauen und bei Mißtrauen findet sich eine Tendenz, Personen aus der eigenen Gruppe zu bevorzugen. Diese Tendenz ist deutlich ausgeprägt und verweist darauf, daß das Alter eine wichtige soziale Orientierungsgröße darstellt. Weiterhin läßt sich feststellen, daß die eigene soziale Schicht häufig auch die der Zielperson ist. Diese Ergebnisse stehen mit Hypothese 4 in Übereinstimmung. Sie lassen sich zumindest teilweise damit erklären, daß soziale Kontakte zwischen den Menschen auch in einer demokratischen Gesellschaft erheblich eingeschränkt sind.

Hypothese 3 besagt, daß Freunde, Lebensgefährten und Ehepartner eher als Vertrauenspersonen beschrieben werden und Arbeitskollegen resp. Studienkollegen eher als Personen, denen gegenüber Mißtrauen besteht. Die Ergebnisse stehen mit der Hypothese in Übereinstimmung. Das deutet darauf hin, daß der soziale Kontext, in den eine Beziehung eingebettet ist, einen Einfluß auf die Vertrauensbildung ausübt. Aus diesem Ergebnis folgen interessante angewandte Fragestellungen. Wenn Arbeitskollegen als besonders wenig vertrauenswürdig eingestuft werden, läßt sich die Annahme aufstellen, daß im Berufsbereich mit einem Klima des Mißtrauens zu rechnen ist, das mit moderner Unternehmensphilosophie und kooperativer Führung nicht gut zu vereinbaren ist (BLEICHER, 1990). Durch entsprechende Trainings von Vorgesetzten und Mitarbeitern und die Einführung einer kooperativen Unternehmenskultur besteht die Möglichkeit, das Ausmaß des Vertrauens unter den Arbeitskollegen und das Arbeitsengagement zu erhöhen. Dabei ist aber zu bedenken, daß lokale Maßnahmen nicht besonders erfolgversprechend sind. Vielmehr ist die Entwicklung eines Vertrauensklimas eher aus systemischer Perspektive erfolgreich, indem die ganze Organisation in die Entwicklung einer verbesserten Vertrauensbasis einbezogen wird.

Abschließend ist zu erwähnen, daß unsere Vorgabe von Vertrauen und Mißtrauen als Auswahlkriterien für die Zielpersonen global war, da keine spezifischen Bereiche des Vertrauens (z. B. interpersonell oder Kompetenz) und keine spezifischen Facetten des Vertrauens (z. B. Verläßlichkeit, Ehrlichkeit, Vertrauenswürdigkeit) angegeben wurden. Weitere Untersuchungen sollten sich der Frage zuwenden, wie sich die Wahl von Vertrauenspersonen in Abhängigkeit von Vertrauensbereich und unterschiedlichen Facetten des Vertrauens unterscheidet. Möglicherweise ist z. B. das Vertrauen in die Kompetenz eher auf ältere Personengruppen gerichtet, so daß es nicht der Ähnlichkeitshypothese folgt. Es wäre wichtig, auf diese Fragen, die für die Vertrauensforschung von grundlegender Bedeutung sind, empirisch nach Antworten suchen.

6. Literatur

AMELANG, M., GOLD, A. & KÜLBEL, E. (1984). Über einige Erfahrungen mit einer deutschsprachigen Skala zur Erfassung zwischenmenschlichen Vertrauens. *Diagnostica*, 30, 198-215.

BENEDETTI, J. K. & BROWN, M. B. (1978). Strategies for the selection of log-linear models. *Biometrics*, 34, 680-686.

BISHOP, Y. M. M., FIENBERG, S. E. & HOLLAND, P. W. (1975). *Discrete multivariate analysis: Theory and practice*. Cambridge.

BOWLBY, J. (1969). *Attachment*. London.

BUCK, E. & BIERHOFF, H. W. (1986). Verläßlichkeit und Vertrauenswürdigkeit: Skalen zur Erfassung des Vertrauens in eine konkrete Person. *Zeitschrift für Differentielle und Diagnostische Psychologie*, 7, 205-223.

BLEICHER, K. (1990). Kooperation als Teil des organisatorischen Harmonisationsprozesses. In R. Wunderer (Hg.), *Kooperation* (S. 143-157). Stuttgart.

GIDDENS, A. (1991). *Modernity and self-identity*. Cambridge.

- (1992). *The transformation of intimacy*. Cambridge.

KLEIN, R. (1991). Modelle der Partnerwahl. In M. AMELANG, H. J. AHRENS & H. W. Bierhoff (Hrsg.), *Partnerwahl und Partnerschaft* (S. 31-69). Göttingen.

KRAMPEN, G., VIEBIG, J. & WALTER, W. (1982). Entwicklung einer Skala zur Erfassung dreier Aspekte von sozialem Vertrauen. *Diagnostica*, 28, 242-247.

LUHMANN, N. (1973). *Vertrauen*. Stuttgart.

MELLINGER, G. D. (1956). Interpersonal trust as a factor in communication. *Journal of Abnormal and Social Psychology*, 52, 304-309.

NEIDHARDT, F. (1979). Das innere System sozialer Gruppen. *Kölner Zeitschrift für Soziologie und Sozialpsychologie*, 31, 639-660.

PAPPI, F. U. (1973). Sozialstruktur und soziale Schichtung in einer Kleinstadt mit heterogener Bevölkerung. *Kölner Zeitschrift für Soziologie und Sozialpsychologie*, 25, 23-74.

PETERMANN, F. (1996). *Psychologie des Vertrauens* (3. Aufl.). Göttingen.

PRUITT, D. G. & KIMMEL, M. J. (1977). Twenty years of experimental gaming: Critique, synthesis, and suggestions for the future. *Annual Review of Psychology*, 28, 363-392.

SCHWEER, M. K. W. (1996). *Vertrauen in der pädagogischen Beziehung.* Bern.

SOFSKY, W. (1983). *Die Ordnung sozialer Situationen.* Opladen.

STERNBERG, R. J. (1986). A triangular theory of love. *Psychological Review*, 93, 119-135.

YAMAGISHI, T. (1986). The provision of a sanctioning system as a public good. *Journal of Personality and Social Psychology*, 51, 110-116.

Vertrauen im familiären Kontext

Entwicklung interpersonalen Vertrauens bei Kindern

Luitgard Stumpf

1. Entwicklungspsychologischer Hintergrund

Die Entwicklung des Vertrauens läßt sich anhand dreier Komponenten spezifizieren: Neben dem *kognitiven Aspekt* des Vertrauens, welcher das relevante Wissen bzw. Quasi-Wissen umfaßt, das die Person über die Zuverlässigkeit anderer Personen abgespeichert hat, zeigt die Person ein spezifisches Vertrauensverhalten gegenüber anderen Personen, welches den *behavioralen Aspekt* des Vertrauens beschreibt. Darüber hinaus werden mit dem *emotionalen Aspekt* die positiven oder negativen Gefühle über die Zuverlässigkeit anderer Personen bezeichnet (s. SCHWEER, 1996).

Dieser Beitrag wird sich auf den kognitiven Aspekt des Vertrauens beschränken und bezieht sich damit auf die kognitive Entwicklungspsychologie. Betrachtet man die Forschung der letzten zwanzig Jahre in diesem Bereich, wurde in erster Linie Piagets Entwicklungstheorie durch neuere Befunde heftig diskutiert, die auf dem Informationsverarbeitungs- und dem »theory of mind«-Ansatz basieren. In Zusammenhang mit der Entwicklung des Vertrauens standen dabei drei experimentelle Paradigmen im Vordergrund:

1. Was ist denn eine Lüge? - Ist es gut oder schlecht, wenn man manchmal nicht die Wahrheit sagt?

Nach PERNER (1991) ist eine Lüge eine Aussage, die mit Absicht falsch ist, die jedoch von der anderen Person für wahr gehalten wird. Hiervon können die sogenannten Pseudo-Lügen abgegrenzt werden, also Aussagen, die versehentlich falsch sind. WIMMER, GRUBER & PERNER (1984) untersuchten vier- bis zwölfjährige Kinder, wie sie Lügen beurteilen. Kinder im Alter von vier bis fünf Jahren nennen jede falsche Aussage eine Lüge, selbst wenn sie wissen, daß jemand die Wahrheit sagen wollte und sich nur im Sachverhalt geirrt hat. Bereits STERN & STERN (1909 / 1939) bezeichneten fünfjährige Kinder als Wahrheitsfanatiker.

2. Das Mogel-Verständnis der Kinder

SODIAN (1991) hat mehrere Studien in der »theory of mind«- Forschungstradition durchgeführt, welche das Verständnis der Kinder von Mogeln untersuchen und gleichzeitig differenzieren, was Kinder unter Sabotage verstehen. Gemeinsam ist, daß die Kinder sowohl zum Mogeln als auch zur Sabotage einen Antiplan benötigen, d. h. einen Plan, der einen Konkurrenten davon abhalten kann, sein Ziel zu erreichen, z. B. die Schatztruhe bei zwei identischen Truhen zu identifizieren und zu öffnen. Der Unterschied liegt darin, daß bei Sabotage etwas in der physikalischen Umwelt manipuliert wird, z. B. den Schlüssel verstecken, den man braucht, um die verschlossene Truhe zu öffnen; beim Mogeln wird dagegen der Glaube des Konkurrenten manipuliert, so daß dieser ein falsches Verhalten zeigt, z. B. man behauptet, die leere Truhe sei die Schatztruhe. Die Befunde zeigen, daß Kinder bereits mit drei Jahren Sabotage, jedoch erst mit vier Jahren Mogeln verstehen können.

3. Der Glaube der Kinder, daß die anderen ihr Versprechen halten.

Eine zentrale Studie hat ROTENBERG (1980) durchgeführt. In einer Querschnittstudie hat er 48 Kinder danach untersucht, aufgrund welcher Kriterien sie eine Person als vertrauenswürdig einschätzen. Im einzelnen wurden jeweils 16 Kinder im Alter von sechs, acht und zehn Jahren getestet. Jüngere Kinder gründen ihr Urteil fast ausschließlich auf beobachtbares Verhalten, wohingegen ältere Kinder sich an der Konsistenz zwischen Versprechen und Verhalten ihres Partners orientieren. In der Untersuchung wurden allen Kindern zwei Typen von Geschichten vorgegeben. Im ersten Typ wurde das Verhalten des Interaktionspartners variiert. Zwei Kinder kamen vom Spielen und das ältere versprach dem jüngeren, seinen Mantel auf den Haken zu hängen oder ihm den Ball vom Schrank zu holen. Das ältere Kind hielt entweder sein Versprechen oder es hielt es nicht. Im zweiten Typ wurde das Versprechen variiert, es wurde versprochen, das Spielzimmer ganz, ein wenig oder gar nicht aufzuräumen. In der Typ-1-Geschichte erhält der helfende Akteur die höheren Werte. Bei den Typ-2-Geschichten geben die acht- und zehnjährigen Kinder demjenigen Akteur die höchsten Vertrauenswerte, der sein Versprechen einhielt. Die Vorschulkinder bewerten jenen Akteur am positivsten, der am meisten versprochen hatte. Die jüngsten Kinder wurden demnach in ihrem Vertrauensurteil nicht von der ausgeführten Hilfeleistung, sondern von der Höhe des Versprechens beeinflußt.

2. Kognitiver Aspekt der Vertrauensbildung

Einen wichtigen Meilenstein in der sozial-kognitiven Entwicklung erreichen Kinder, wenn sie verstehen, daß Personen eine objektiv identische Situation unterschiedlich interpretieren. Dies kann beispielsweise daran liegen, daß unterschiedliches Wissen *(Perners false beliefs)* oder unterschiedliche Erwartungen *(Pillows biased interpretations)* bei der Interpretation berücksichtigt werden. Diese Fähigkeit, individuelle Erwartungen in die Interpretation von Situationen integrieren zu können, ist ein zentraler kognitiver Aspekt für die Vertrauensbildung von Kindern.

2.1 Perners false beliefs

Im Alltag erklären wir menschliches Handeln, indem wir den handelnden Personen *Wünsche* und *Überzeugungen* zuschreiben: »Peter hat die Limonade im Kühlschrank gesucht, weil er etwas trinken wollte und weil er glaubte, daß Getränke im Kühlschrank sind.« Die Befunde deuten darauf hin, daß Kinder ab etwa vier Jahren über die Grundprinzipien des mentalistischen Erklärungsmodells verfügen. Im Gegensatz dazu scheinen Kinder unter vier Jahren nicht zwischen subjektiven Überzeugungen und der Realität zu differenzieren; insbesondere scheinen sie nicht zu verstehen, daß das, was Personen über Zustände der Realität *glauben*, von den tatsächlichen Gegebenheiten abweichen kann. Ein solches konzeptuelles Defizit hat weitreichende Konsequenzen: Wenn dreijährige Kinder nicht zwischen subjektiven Überzeugungen und der Realität unterscheiden, können sie z. B. nicht verstehen, daß Personen gemäß ihrer Überzeugungen handeln - auch dann, wenn diese Überzeugungen objektiv falsch sind.

WIMMER und PERNER (1983) führten mit dem »false belief«-Paradigma nach PREMACK & WOODRUFF (1978) die erste systematische Untersuchung des kindlichen Verständnisses falschen Glaubens durch. Erst Kinder mit vier Jahren haben keine Schwierigkeiten mehr zu verstehen, daß eine *andere* Person sich in einem falschen Glauben über einen Sachverhalt befindet. So wird das Untersuchungskind antworten, daß Maxi an dem Ort nach der Schokolade suchen wird, an dem Maxi sie hingelegt hat, selbst wenn das Untersuchungskind weiß, daß sich die Schokolade jetzt nicht mehr da befindet, jedoch Maxi dies nicht wissen kann. D. h. erst mit vier Jahren verstehen Kinder, daß der Protagonist eine falsche Überzeugung hat, von der sie selbst wissen, daß sie falsch ist, und sie leiten aus dieser falschen Überzeugung korrekte Handlungsvorhersagen für den Protagonisten Maxi ab.

2.2 Pillows biased interpretations

Konflikte entstehen häufig durch die individuelle Misinterpretation einer Situation, vor allem dann, wenn die Situation durch Ambiguität gekennzeichnet ist. Ab dem Alter von etwa vier Jahren können Kinder verstehen, daß verschiedene Personen unterschiedliches Wissen oder Glauben über ein- und dieselbe Situation haben können, daß ihr Glauben von der Realität abweichen kann, und daß ihr Wissen durch perzeptuelle Erfahrungen erworben werden kann. Hierzu gibt es zahlreiche Befunde aus der »theory of mind«-Forschung. Ein Aspekt, der hier jedoch völlig vernachlässigt wurde, beschreibt die Möglichkeit, daß eine bestimmte perzeptuelle Erfahrung durch Beobachter mit unterschiedlichen Erwartungen an die einzelnen Personen oder an die Situation verschieden interpretiert werden kann (PILLOW, 1991; PILLOW & WEED, 1995). Oder konkret: Es gibt Resultate darüber, ab wann Kinder ein Verständnis von Ambiguität besitzen. Nicht beachtet wurde, ob ein individueller Bias (situations- oder personenbedingt) Einfluß auf die Interpretation ambiguer Situationen ausübt.

PILLOW (1995) beschreibt, daß Kinder *Assimilation* verstehen, wenn sie den Einfluß verstehen können, den interne Zustände auf die Interpretation von Situationen ausüben. PILLOW meint mit Assimilation den Prozeß, in denen der Glaube oder die Emotion einer Person die Repräsentation der Information über eine bestimmte Situation beeinflußt. Ein Kind wird bei der Interpretation einer ambiguen Sitaution diesen mentalen Zustand der Person berücksichtigen, d. h. bei der Assimilation nach Pillows Terminologie beeinflussen Erwartungen oder Wünsche einer Person deren Repräsentation einer Information.

2.3 Ambiguität und Vertrauen

Bisher gibt es wenige empirische Untersuchungen zu Vertrauen aus entwicklungspsychologischer Sicht (s. BERNATH & FESHBACH, 1995; PETERMANN, 1996). Vor allem ist wenig darüber bekannt, welche Art an Information Kinder verwenden, um zu entscheiden, wem sie vertrauen oder nicht, und wie sich der Zugriff auf solch eine Information mit der Entwicklung verändert. Zur Beantwortung der Frage, welche Informationen Kinder verwenden, wenn sie ein Vertrauensurteil abgeben sollen, sind Versuchsanordnungen interessant, in denen neben der Schilderung ambivalenter Handlungen noch zusätzliche Informationen gegeben werden, die letztendlich zur Interpretation herangezogen werden können, um die Ambiguität aufzulösen.

Dabei spielen die Erwartungen an eine andere Person, das Wissen über andere Personen sowie die Intentionen, die anderen Personen unterstellt werden, eine zentrale Rolle. PREMACK & PREMACK (1994) zeigen, daß Menschen prädisponiert sind, zielgerichtete Handlungen zu sehen. Diese Erwartungen implizieren einerseits eine logische Form: Sind die Antezedenzen erfüllt, dann sollten bestimmte Konsequenzen eintreten. Dabei werden die Erwartungen einer Person durch ihre individuellen Erfahrungen aufgebaut oder beispielsweise durch bestimmte Verhaltensnormen determiniert. Jedenfalls können somit Intentionen, die anderen unterstellt werden, mit in die subjektive Interpretation sozialer Situationen und in das eigene Verhalten einbezogen werden.

3.   Untersuchung zur Entwicklung des Vertrauens

Das hier skizzierte Projekt beschäftigt sich mit dem kognitiven Aspekt der Vertrauensbildung bei Kindern: Warum führt eine objektiv identische Situation zu unterschiedlichen Interpretationen, und wann attribuieren Kinder Vertrauen? Untersucht wird die Hypothese, daß nicht nur unterschiedliches Wissen *(false beliefs)*, sondern auch unterschiedliche Erwartungen *(biased interpretations)* bei der Interpretation ambivalenter Handlungen und Situationen berücksichtigt werden, die ihrerseits die Grundlage einer Vertrauensattribution bilden. Diese Untersuchung basiert auf der Auffassung, daß Vertrauen und Mißtrauen ein Kontinuum einer Dimension darstellen, so daß ein Vertrauensverlust gleichzeitig mit zunehmendem Mißtrauen einhergeht. Entsprechend definiert ROTENBERG (1991, S.1, Übers. d. Verf.) interpersonales Vertrauen als *»die Überzeugung eines Kindes, daß die verbale und nonverbale Kommunikation einer Person die internalen Zustände und die externalen Ereignisse korrekt repräsentiert. Dieses Vertrauen wird als ein Kontinuum betrachtet, von Vertrauen zu Mißtrauen, das von den Kindern verbal oder handelnd gezeigt wird. Mißtrauen bedeutet dabei, daß die Kinder glauben, die Misrepräsentation in der Kommunikation sei intendiert«.*

Bei fünf-, sieben- und neunjährigen Kindern wurde unter Verwendung von Bildergeschichten untersucht,

1. ob in dekontextuierten Situationen induzierte a-priori-Erfahrungen (neutral oder positiv) bewirken, daß ambivalente Situationen unterschiedlich interpretiert werden,

2. ob die Vertrauensattribution der Kinder der a-priori-Erfahrung entspricht und

3. ob sich nach einer bias-inkonsistenten Situation die Vertrauensattribution reduziert.

Unsere Hypothesen waren, daß eine ambivalente Vertrauenssituation nach einem positiven Bias positiv interpretiert wird. In der Kontrollbedingung, in der kein Bias vorgegeben wird, soll der individuelle Bias des Kindes gemessen werden, ambivalente Situationen ohne Information positiv oder negativ zu interpretieren. Entsprechend vermuten wir auch, daß die Vertrauensattribution im Anschluß an eine ambivalente Situation dem induzierten Bias entspricht, also daß die Kinder bei Induktion eines positiven Bias Vertrauen attribuieren. Unsere dritte Hypothese bezieht sich auf die bias-inkonsistente Situation - nach Vorgabe einer bias-inkonsistenten Situation sollten die Kinder Vertrauen aufgrund der Situationsmerkmale und nicht aufgrund des Bias attribuieren.

In der Untersuchung nahm jedes Kind in einer Handlungs- und einer Intentionsbedingung teil. Dem liegen bisherige Befunde aus der Entwicklungspsychologie zugrunde, wonach fünfjährige Kinder Geschichten mit Handlungsbeschreibungen und erst ein bis zwei Jahre später Intentionen verstehen können. Diese Variation dient dazu, jedes Kind mittels zweier Aufgaben zur Interpretation ambivalenter Situationen zu untersuchen, wobei die Intentionsbedingung die schwierigere im Sinne der kognitiven Anforderung darstellt.

3.1 Methode

Probanden

An der Untersuchung nahmen insgesamt 66 Kinder aus Münchner Kindergärten und Grundschulen teil, 37 Mädchen und 29 Jungen. 21 Kinder waren fünf Jahre alt mit einem Median von fünf Jahren, 7 Monaten (Min = 4,10; Max = 6,09), 22 Kinder waren sieben Jahre alt mit einem Median von 7 Jahren, 7 Monaten (Min = 6,08; Max = 8,11) und 23 Kinder waren neun Jahre alt mit einem Median von 9 Jahren, 7 Monaten (Min = 8,11; Max = 10;0).

Untersuchungsablauf

Jedes Kind bekommt sechs Bildergeschichten erzählt und mit Bildkarten vorgelegt. Drei Geschichten gehören zur Handlungsbedingung und drei Geschichten zur Intentionsbedingung.
Pro Bedingung lassen sich die Geschichten differenzieren durch

a) die Vorgabe eines neutralen Bias,
b) die Vorgabe eines positiven Bias,
c) bias-inkonsistentes Verhalten der Protagonisten.

Die Geschichten in der Handlungsbedingung beschreiben Situationen, die durch ambigue Handlungen des Protagonisten gekennzeichnet sind. Die Geschichten in der Intentionsbedingung beschreiben Situationen, in denen die Handlungen des Protagonisten selbst eindeutig sind, jedoch mit Absicht oder aus Versehen geschahen.

Zuerst müssen die Kinder die Geschichten nacherzählen, damit sichergestellt ist, daß sie auch die wichtigen Aspekte der Bildergeschichte, den Bias und die Ambiguität, richtig verstanden haben. Danach schließt sich die Testfrage an, die eine »forced choice«-Antwort erfordert. Daran schließt sich die Vertrauensattribution in Form einer Frage zum Vertrauen (»Was meinst du, gibt die Karin der Lena ihr Lieblingsbuch?«) und einer Frage zum Versprechen (»Was meinst du, hält die Karin ihr Versprechen und gibt sie der Lena ihre Rollschuhe?«) an. Die jeweils dritte Geschichte pro Bedingung ist nicht mehr ambivalent, sondern explizit negativ. Das ist deshalb wichtig, weil hier von Interesse ist, wie die Kinder mit diesen negativen Situationen im Anschluß an den vorher induzierten positiven Bias umgehen: Wird der Bias berücksichtigt, müssen die Vertrauensitems positiv beantwortet werden, wird er nicht berücksichtigt, sondern nur aufgrund der letzten Situation interpretiert, dann sollten die Vertrauensitems negativ beantwortet werden. Hieran schließen sich wieder die beiden Testfragen »Vertrauen« (»Was meinst du, gibt der Peter dem Stefan seine Lieblingskassette?«) und »Versprechen« (»Was meinst du, hält der Stefan sein Versprechen und gibt er dem Peter seinen Walkman?«). Abb. 1 zeigt die

	Art des Bias	Handlungsbedingung Intentionsbedingung
neutral	Meerschweinchen (1)	Drachen (4)
positiv	Puzzle (2)	Zirkus (5)
	Teddy (3)	
	Katze (6)	

Abb. 1: Bildergeschichten
Anmerkung: In der Klammer ist die Reihenfolge der Geschichten angegeben. Im Anschluß an die positiven Geschichten schließen sich die bias-inkonsistenten, also negativen Situationen an, in der der Bias selbst weggelassen wird, dafür besteht die Ambiguität jetzt im inkonsistenten Verhalten der Protagonisten hinsichtlich des zuvor induzierten positiven Bias.

Abfolge der Bildergeschichten im Verlauf der Untersuchung in der Handlungs- und der Intentionsbedingung. Im Anhang sind dann exemplarisch pro Bedingung eine Geschichte mit dem entsprechenden Bias und den Testfragen beschrieben.

3.2 Ergebnisse

Die Resultate (N = 66) zeigen folgendes in der Handlungsbedingung (s. Tab. 1):

1. 62% der fünfjährigen Kinder interpretieren die ambivalente Geschichte mit neutralem Bias positiv, dagegen nur 32% der siebenjährigen und 35% der neunjährigen Kinder. Nach Induktion eines positiven Bias interpretieren mehr als 86% der Kinder auf jeder Altersstufe die ambivalente Handlung positiv.

2. Nach dieser positiven Interpretation bevorzugen in jeder Altersgruppe mehr als 70% der Kinder eine positive Vertrauensattribution, d. h. sie erwarten, daß der Protagonist vertrauensvolles Verhalten zeigen und z. B. ein Versprechen einhalten wird.

3. Wird den Kindern dann eine Situation vorgelegt, in der sich der Protagonist negativ verhält, reduziert sich das attribuierte Vertrauen in den Protagonisten; nur noch 48% der fünfjährigen, 41% der siebenjährigen und 30% der neunjährigen Kinder urteilen positiv. Allerdings glauben noch 71% der fünfjährigen, 55% der siebenjährigen und 48% der neunjährigen, daß dieser Protagonist sein gegebenes Versprechen einhalten und damit die Chance einer Wiedergutmachung nützen wird.

Die Resultate (N = 66) in der Intentionsbedingung ergeben ebenfalls ein etwas unklares Bild (s. Tab. 2):

1. 71% der fünfjährigen Kinder interpretieren die ambivalente Geschichte mit neutralem Bias positiv, 50% der siebenjährigen und dann wieder 78% der neunjährigen Kinder. Nach Induktion eines positiven Bias interpretieren im Grunde genommen nur die siebenjährigen Kinder die ambivalente Situation positiv, die fünf- bzw. neunjährigen Kinder liegen erstaunlicherweise niedriger als in der neutralen Bedingung. Bei den jüngsten Kindern könnte man vermuten, daß sie noch Probleme mit dem Verständnis der Intentionen haben, bei den neunjährigen läßt sich das überraschende Ergebnis inhaltlich dergestalt erklären, daß sie trotz positivem Bias ein absichtsvolles Verhalten wahrnehmen, »denn ein Streich darf unter Freunden schon mal gespielt werden«.

Handlungs-bedingung	5 Jahre (N = 21)	7 Jahre (N = 22)	9 Jahre (N = 23)
Bias und Interpretation einer ambivalenten Situation			
neutral	61,9 %	31,8 %	34,8 %
positiv	85,7%	95,5 %	95,7 %
Vertrauens-attribution nach einer ambivalenten Situation mit positivem Bias			
Vertrauen	71,4 %	86,4 %	82,6 %
Versprechen	81,0 %	81,8 %	73,9 %
Vertrauens-attribution nach einer bias-inkonsistenten Situation			
Vertrauen	47,6 %	40,9%	30,4 %
Versprechen	71,4 %	54,5 %	47,8 %

Tab. 1: *Induktion eines positiven Bias in der Handlungsbedingung mit anschließender Vertrauensattribution*
Anmerkung: Die Prozentangaben beziehen sich immer auf positive Antworten (Vertrauen).

2. Entsprechend undifferenziert fallen die Vertrauensattributionen aus; sie liegen im Schnitt bei 50%, nur bei den siebenjährigen mit 64% geringfügig höher. Letzteres läßt sich damit erklären, daß die Mehrzahl der siebenjährigen die ambivalenten Situationen positiv interpretiert hatten. Dasselbe Resultat erhalten wir auch in der Beurteilung, ob das gegebene Versprechen eingehalten wird.

3. Wird den Kindern dann eine Situation vorgelegt, in der sich der Protagonist »negativ« verhält, reduziert sich das attribuierte Vertrauen bei den siebenjährigen auf 5% und bei den neunjährigen Kindern auf 13%. Eingeschränkt gilt dies auch für das Halten des Versprechens, nur noch 23% der siebenjährigen Kinder glauben daran, allerdings noch 44% der neunjährigen, wobei letztere häufig reziproke Begründungen im Sinne einer Wiedergutmachung anführen. Die fünfjährigen Kinder zeigen keine Veränderungen, was darauf schließen läßt, daß sie mit der Intentionsbedingung noch Schwierigkeiten haben.

Zusammengefaßt zeigt ein Vergleich innerhalb jeder Altersgruppe, daß in der Handlungsbedingung die fünfjährigen Kinder durchwegs eine positive Vertrauenstendenz zeigen, die bei den sieben- und neunjährigen eine größere Varianz aufweist; die älteren Kinder zeigen darüber hinaus eine bessere Situationselaboration. In der Intentionsbedingung zeigen die siebenjährigen Kinder hypothesenkonformes Verhalten, welches bei den neunjährigen ebenfalls aufgrund der besseren Situationselaboration abweicht; die fünfjährigen Kinder bewegen sich in der gesamten Intentionsbedingung im »mittleren« Bereich und »reagieren« nicht auf die von uns induzierten Voreingenommenheiten.

Ein weiterer für uns überraschender Befund liegt in den fehlenden statistisch signifikanten Unterschieden zwischen den Altersgruppen. Daher werden in dieser Darstellung die Prozentangaben nur deskriptiv diskutiert, um den Trend innerhalb jeder Altersgruppe zu veranschaulichen. Detailliertere Signifikanzüberprüfungen werden im Anschluß an eine weitere Untersuchung vorgenommen.

Handlungs-bedingung	5 Jahre (N = 21)	7 Jahre (N = 22) (N = 23)	9 Jahre
Bias und Interpretation einer ambivalenten Situation			
neutral	61,9 %	31,8 %	34,8 %
positiv	85,7%	95,5 %	
		95,7 %	
Vertrauens-attribution nach einer ambivalenten Situation mit positivem Bias			
Vertrauen	71,4 %	86,4 %	82,6 %
Versprechen	81,0 %	81,8 % 73,9 %	
Vertrauens-attribution nach einer bias-inkonsistenten Situation			
Vertrauen	47,6 %	40,9%	30,4 %
Versprechen	71,4 %	54,5 % 47,8 %	

Tab. 2: Induktion eines positiven Bias in der Handlungsbedingung mit anschließender Vertrauensattribution
Anmerkung: Die Prozentangaben beziehen sich immer auf Antworten (Vertrauen).

Intention	5 Jahre (N = 21)	7 Jahre (N = 22)	9 Jahre (N = 23)
Bias und Interpretation einer ambivalenten Situation			
neutral	71,4 %	50,0 %	78,3 %
positiv	61,9 %	81,8 %	56,5 %
Vertrauens-attribution nach einer ambivalenten Situation mit positivem Bias			
Vertrauen	52,4 %	63,6 %	47,8 %
Versprechen	66,7 %	68,2 %	52,2 %
Vertrauens-attribution nach einer bias-inkonsistenten Situation			
Vertrauen	42,9 %	4,5 %	13,0 %
Versprechen	61,9 %	22,7 %	43,5 %

Anmerkung: Die Prozentangaben beziehen sich immer auf positive Antworten (Vertrauen).

Tab. 2: Induktion eines positiven Bias in der Intentionsbedingung mit anschließender Vertrauensattribution

4. Diskussion

Allgemein muß zunächst gesagt werden, daß diese Art des Vorgehens immer mit Problemen behaftet ist. Durch die Vorgabe einer Geschichte, die stets dekontextualisiert ist, kann man nicht eindeutig sicherstellen, daß die Kinder in ihrem Antwortverhalten auch die durch uns induzierten Voreingenommenheiten aufgreifen oder nicht auf ganz andere, für sie naheliegende Ursachen zurückgreifen. Beispielsweise wird die subjektive Wahrnehmung und die kognitive Beurteilung von Situationsvariablen durch dispositionelle Gegebenheiten, durch Motive und Emotionen, die durch die spezifische Situation erst aktiviert werden, beeinflußt. Es ist fraglich, ob diese dispositionellen Gegebenheiten des Individuums, denen entscheidende Handlungswirksamkeit zugeschrieben wird, durch fiktive Geschichten aktiviert werden. Das erklärt sicher z. T. den Mangel an eindeutig sichtbaren Entwicklungsveränderungen im Alter von fünf bis neun Jahren, den wir erwartet hatten - von einer eher generellen positiven Attribution bei den fünfjährigen zu einer differenzierteren und situationsentsprechenden Attribution bei den älteren Kindern.

Ein weiterer Kritikpunkt könnte natürlich in den einzelnen Geschichten liegen, die trotz ausreichender Vortestung dennoch verbeserungsfähig sind. Ein großer Teil statistischer Auswertungen stehen noch aus. Am wichtigsten ist vor allem die Miteinbeziehung einer Variable zur Messung der dispositionellen Vertrauenstendenz, die eine Diskussion der Ergebnisse noch unter einer differentiellen Perspektive ermöglichen.

Viele Punkte sind noch offen und müssen weiter untersucht werden; z. B. gehen wir davon aus, daß Vertrauen bereichsspezifisch ist. Es wurde von uns daher in zwei Varianten - der Vertrauens- und der Versprechensfrage - operationalisiert. Das ist bislang natürlich ein sehr grobes Raster und eine vielfältigere, differenziertere Operationalisierung könnte den Prozeß des Vertrauensaufbaus bzw. Vertrauensverlustes sicher besser erklären. In diesem Zusammenhang ist auch noch nicht geklärt, ob es sich bei Vertrauen und Mißtrauen tatsächlich um ein Kontinuum auf einer Dimension handelt, wovon wir ausgehen. Weitere Forschung sollte sich noch der Thematik widmen, ob mit einer Reduzierung des Vertrauens gleichzeitig eine Erhöhung des Mißtrauens einhergeht.

Aus entwicklungspsychologischer Perspektive sollten natürlich noch die Veränderungen bzw. die Entwicklung des interpersonalen Vertrauens in den ersten zehn Lebensjahren detaillierter beschrieben werden; dies kann erst ein Anfang sein.

5. Literatur

BERNATH, M. S. & FESHBACH, N. D. (1995). Children´s trust: Theory, assessment, development, and research directions. *Applied and Preventive Psychology*, 4, 1-19.

PERNER, J. (1991). *Understanding the representational mind.* Cambridge.

PETERMANN, F. (1996). *Psychologie des Vertrauens* (3. Aufl.). Göttingen.

PILLOW, B. H. (1991). Children´s understanding of biased social cognition. *Developmental Psychology*, 27(4), 539-551.

- (1995). Two trends in the development of conceptual perspective-taking: An elaboration of the passive-active hypothesis. *International Journal of Behavioral Development*, 18(4), 649-676.

PILLOW, B. H. & WEED, S. T. (1995). Children´s understanding of biased interpretation: Generality and limitations. *British Journal of Developmental Psychology*, 13, 347-366.

PREMACK, D. & PREMACK, A. J. (1994). Moral belief: Form versus content. In L. A. Hirschfeld & S. A. Gelman (Eds.), *Mapping the mind. Domain secificity in cognition and culture* (pp. 149-168). Cambridge.

PREMACK, D. & WOODRUFF, G. (1978). Does the chimpanzee have a theory of mind? *Behavioral an Brain Sciences*, 1, 516-526.

ROTENBERG, K. J. (1980). A promise kept, a promise broken: Developmental bases of trust. *Child Development*, 51, 614-617.

- (1991). Childrens´s interpersonal trust. An introduction. In K. J. ROTENBERG, *Children s interpersonal trust. Sensitivity to lying, deception and promise violations* (pp. 20-42). New York.

SCHWEER, M. K. W. (1996). *Vertrauen in der pädagogischen Beziehung.* Bern.

SODIAN, B. (1991). The development of deception in young children. *British Journal of Developmental Psychology*, 9, 173-188.

STERN, C. & STERN, W. (1909 / 1931). *Monographien über die seelische Entwicklung des Kindes. Erinnerung, Aussage und Lüge in der ersten Kindheit* (Bd. 2). Leipzig.

WELLMAN, H. M. (1990). *The child´s theory of mind.* Cambridge.

WIMMER, H. & PERNER, J. (1983). Beliefs about beliefs: Representation and constraining function of wrong beliefs in young children´s understanding of deception. *Cognition*, 13, 103-128.

6. Anhang

Puzzle-Geschichte

Positiver Bias
Die Geschichte mit Lena und Karin geht noch weiter. Also, erinnerst Du
Dich noch? Das ist Lena und das ist Karin. Wie Du siehst, hat die Lena
die Karin sehr gerne. Lena sagt über Karin: Karin ist sehr nett und hilfsbereit und tut viele gute Dinge. Karin ist meine Freundin. Ich kann mich
immer auf sie verlassen.

Ambivalente Situation
Lena möchte ein Puzzle legen, das ihr sehr gefällt. Das Puzzle zeigt das
Bild eines Schimpansen, der gerade eine Banane ißt. Lena sitzt gerade
vor dem Puzzle. Das Puzzle ist halb fertig. Lena versucht gerade, das Teil
mit der Banane zu finden. Karin schaut der Lena beim Puzzle legen zu.
Dann nimmt die Karin das Teil mit der Banane in die Hand.

Interpretation der Ambiguität
Was glaubst Du, will die Karin das Teil wegnehmen, so daß es die Lena
nicht finden kann, oder meinst Du, die Karin will der Lena helfen und gibt
ihr das Teil mit der Banane?

Vertrauensattribution
Jetzt stell´ Dir mal folgendes vor: Die Karin geht zu der Lena und möchte
sich Lenas Lieblingsbuch ausleihen. Was meinst Du, gibt die Lena der
Karin ihr Lieblingsbuch?

Versprechen halten
Karin verspricht der Lena, daß sie am nächsten Tag ihre neuen Rollschuhe mitbringt, um sie der Lena auszuleihen. Was meinst Du, hält die Karin
ihr Versprechen und gibt sie der Lena ihre Rollschuhe?

Zirkus-Geschichte

Positiver Bias
Die Geschichte von Peter und Stefan geht noch weiter. Also, erinnerst Du
Dich noch? Das ist Peter und das ist Stefan. Wie Du siehst, hat der Peter
den Stefan sehr gerne. Peter sagt über Stefan: Stefan ist sehr nett und
hilfsbereit und tut viele gute Dinge. Stefan ist mein Freund. Ich kann mich
immer auf ihn verlassen.

Ambivalente Situation
Peter möchte mit seiner Oma in den Zirkus gehen. Peter liebt den Zirkus sehr. Peter wartet gerade auf seine Oma. Da fährt der Stefan mit dem Fahrrad vorbei. Der Stefan fährt durch eine große Wasserpfütze und der Peter wird völlig naß gespritzt. Weil der Peter jetzt ganz naß ist, muß er mit seiner Oma nach Hause gehen und kann nicht in den Zirkus gehen.

Interpretation der Ambiguität
Was glaubst Du, ist der Stefan mit Absicht durch die Pfütze gefahren, also ist der Stefan froh, daß der Peter naß ist, oder meinst Du, der Stefan ist aus Versehen durch die Pfütze gefahren und ist jetzt traurig, daß der Peter naß ist?

Vertrauensattribution
Jetzt stell´ Dir mal folgendes vor: Der Stefan geht zum Peter und möchte sich Peters Lieblingskassette ausleihen. Was meinst Du, gibt der Peter dem Stefan seine Lieblingskassette?

Versprechen halten
Stefan verspricht dem Peter, daß er am nächsten Tag seinen neuen Walkman mitbringt, um ihn dem Peter auszuleihen. Was meinst Du, hält der Stefan sein Versprechen, und gibt er dem Peter seinen Walkman?

Vertrauen zwischen Eltern und ihren Kindern aus der Perspektive der Bindungstheorie

Ingrid E. Josephs

1. Auf Umwegen zur Bindungstheorie: James, Mead und die Soziogenese des Selbst

In der kurzen Geschichte der Psychologie begann die Beschäftigung mit vielerlei Themen mit dem zweibändigen Werk von William JAMES (1890/ 1918), den *Principles of Psychology*. Dort beschrieb James auch seine Vorstellungen darüber, was das »Selbst« sei. Er definierte das Selbst als eine Anzahl von Relationen, die mit der Umwelt geknüpft werden. Die Basis für diese Relationen sind laut JAMES *emotionaler* Natur, was sie besonders resistent gegenüber Veränderungen macht. Dies wird im folgenden Zitat deutlich:

>*In its widest possible sense, however, a man's Self is the sum total of all that he CAN call his, not only his body and his psychic powers, but his clothes and his house, his wife and children, his ancestors and friends, his reputation and works, his lands and horses, and yacht and bank-account. All these things give him the same emotions.* (JAMES, 1890 / 1918, S. 291)

Diese Totalität von Relationen gliedert sich nach James in das *materielle Selbst* (»Kleidung und Haus« im obigen Zitat), das *spirituelle Selbst* (»psychische Kräfte« im obigen Zitat) und das *soziale Selbst* (»Reputation« im obigen Zitat), wobei im folgenden lediglich das *soziale* Selbst von Interesse ist.

Das soziale Selbst beinhaltet die von der Person reflektierte Reaktion einzelner anderer, besonders aber die Reaktion von Gruppen auf uns. Ein Mensch »... has as many different social selves as there are distinct *groups* of persons about whose opinion he cares« (JAMES, 1890 / 1918, S. 294). Das Selbst als Psychologe oder Psychologin, das Selbst als Mutter oder Vater, das Selbst als Freund oder Freundin - all dies wären Bezeichnungen für unterschiedliche soziale Selbste. Mit anderen Worten: Das Selbst ist eminent sozial definiert, es sind die internalisierten *Stimmen anderer*, die darin zum Tragen kommen.

Woher kommen diese Stimmen? Dies ist natürlich eine besonders wichtige Frage aus dem Blickwinkel der Entwicklungspsychologie. Hier hilft uns ein anderer historischer Ansatz weiter, nämlich der von George Herbert MEAD. MEAD (u. a. 1913) geht davon aus, daß das Selbst aus der *Internalisierung intermentaler Dialoge* in *intramentale Dialoge* besteht. Denken ist demnach folgendermaßen definiert: »... the mechanisms of thought, in so far as thought uses symbols which are used in social intercourse, is but an inner conversation« (MEAD, 1913, S. 377).

MEAD postuliert, im übrigen ähnlich zu VYGOTSKY (u. a. 1931), daß Entwicklung allgemein vom *Intermentalen*, also dem, was zwischen Personen passiert, zum *Intramentalen*, dem, was schließlich in unseren Köpfen ist, voranschreitet. Die internalen Dialoge haben ihren Ursprung in realen Dialogen, zum Beispiel in Dialogen zwischen Eltern und ihren Kindern: »Thus the child can think about his conduct as good or bad only as he reacts to his own acts in the remembered words of his parents.« (MEAD, 1913, S. 377)

Wenn dem so ist, so liegt die Vermutung nahe, daß die Qualität der realen Dialoge und weiter, auch die Qualität der realen Beziehungen, in denen die Dialoge stattfinden, einen entscheidenden Einfluß auf das kindliche Selbst hat.

MEAD (1934) gebraucht die Metapher eines Fechters, der aus den Reaktionen seines Fechtpartners Aufschluß über seine eigenen Fechtkünste - über sein »Selbst« als Fechter - gewinnt. Aus diesen Reaktionen lernt er oder sie, ob er oder sie ein guter Fechter ist. Die realen Reaktionen des Gegners werden schließlich internal vorgestellt und weitergeführt. Der Gegner wird damit zum Teil des Selbst. Diese Metapher läßt sich leicht auf unser Thema übertragen: Ob ein Kind sich als liebens- und achtenswert begreift, so können wir analog schließen, hängt auch davon ab, ob seine Umwelt es als liebens- und achtenswert behandelt. Mit MEAD können wir annehmen, daß die internalisierte Reaktion der anderen, vor allem der Eltern, dann schließlich zum Teil oder zur Stimme des Selbst wird.

Damit haben wir auf diesem langen theoretischen Zubringer schließlich unser Hauptthema erreicht, nämlich die Annahmen der sogenannten »Bindungstheorie« zur Entwicklung des Selbst. Dieser Exkurs war notwendig, um zu verdeutlichen, daß so manche Annahmen der Bindungstheorie historische Vorläufer haben und keineswegs »Neuerfindungen« ihres Begründers John BOWLBY oder seiner Nachfolger darstellen. Wer war John BOWLBY, und was steckt hinter der Bindungsforschung?

2. Eine kurze Reise durch die Geschichte der Bindungstheorie

John BOWLBY, geboren 1907, wurde 1927 während seines naturwissenschaftlichen Studiums in Cambridge erstmals mit entwicklungspsychologischen Themen vertraut (s. BRETHERTON, 1995b). Er gab seine medizinische Laufbahn vorübergehend auf und trat eine ehrenamtliche Tätigkeit in zwei psychoanalytischen Kinderheimen für schwererziehbare Kinder an. Die Erfahrungen dort beeindruckten ihn sehr, denn er verstand das gestörte kindliche Verhalten vor allem als Resultat *früher Trennungen von den Eltern*. Er nahm das Studium in London später wieder auf, nun jedoch mit dem Wunsch, Kinderpsychiater und Analytiker zu werden.

Später setzte er sich als Mitglied der Britischen Psychoanalytischen Gesellschaft und als Mitarbeiter der Londoner Child Guidance Clinic kritisch mit der Psychoanalyse auseinander und griff vor allem die Überzeugung der Analytiker an, kindliche Störungen würden aus kindlichen Phantasien erwachsen. Seiner Meinung nach waren es konkrete und reale Erfahrungen und tatsächliche Familienereignisse, die zu kindlichen Beeinträchtigungen führten.

Nach dem zweiten Weltkrieg wurde BOWLBY Leiter der Kinderabteilung an der Tavistock Clinic, die er sogleich in »Abteilung für Eltern und Kinder« umbenannte. Allerdings arbeiteten dort viele seiner Kollegen nach psychoanalytischen Konzepten, so daß er über das Erscheinen von Mary AINSWORTH an der Klinik erfreut war, dem zweiten Pfeiler der Bindungstheorie. Eine wirklich intensive Zusammenarbeit ergab sich jedoch erst später.

In der Tavistock Clinic arbeitete BOWLBY zunächst mit James Robertson zu dem Thema »Trennung von Mutter und Kind« zusammen. Robertson beobachtete Kinder in Krankenhäusern und Kinderheimen, wo sie damals nur selten oder überhaupt nicht von den Eltern besucht werden durften. Er drehte u. a. den bewegenden Film: »A two-year-old goes to hospital« (ROBERTSON, 1953; ROBERTSON & BOWLBY, 1952). Obwohl der Film in medizinischen Kreisen umstritten war, so führte er doch dazu, daß man es den Eltern in Großbritannien und anderen westlichen Ländern schließlich erlaubte, ihre Kinder öfter im Krankenhaus zu besuchen oder sogar bei ihnen zu schlafen.

Ein weiterer Anstoß für BOWLBYS Theorieentwicklung kam neben den Beobachtungen Robertsons von der WHO, von der Bowlby den Auftrag erhielt, einen Bericht über das Schicksal heimatloser Kinder im Nachkriegs-Europa zu verfassen (BOWLBY, 1951). Außerdem gewann BOWLBY durch Kontakte zur Ethologie, vor allem auch durch seine Bekanntschaft mit dem Konzept der Prägung, Hinweise darauf, wie wichtig auch im

Tierreich frühe enge soziale Beziehungen für das spätere psychische Funktionieren sind.

BOWLBYS erste offizielle Darstellung der Bindungstheorie unter Einbeziehung ethologischer Begriffe erfolgte Ende der fünfziger Jahre in London in drei einflußreichen, aber umstrittenen Vorträgen vor der Britischen Psychoanalytischen Gesellschaft. Er postulierte dort die Entwicklung eines kindlichen Bindungsverhaltenssystems, das auf eine bestimmte Zielperson ausgerichtet ist. Ebenso postulierte er, daß Bindung ein selbständiger biologischer Prozeß sei, der weder von Sexualität noch vom Nahrungsaufnahmebedürfnis als Sekundärtrieb ableitbar sei, wie es von der Psychoanalyse behauptet wurde.

Mary AINSWORTH hingegen verließ nach relativ kurzem Aufenthalt 1953 die Tavistock Clinic und reiste mit ihrem Mann nach Uganda. Dort untersuchte sie Mutter-Kind Beziehungen im ersten Lebensjahr längsschnittlich. Sie interessierte sich besonders für die interindividuellen Unterschiede im kindlichen und mütterlichen Verhalten. So stellte sie beispielsweise fest, daß Mütter sehr unterschiedlich sind in Bezug auf ihre Feinfühligkeit, kindliche Signale wahrzunehmen, zu interpretieren und angemessen darauf zu reagieren. Zurück in den USA lehrte sie an der Johns Hopkins University und arbeitete ab 1960 erneut mit BOWLBY zusammen.

In Baltimore machte sie ähnliche Beobachtungen wie in Uganda in der häuslichen Umwelt bei amerikanischen Mutter-Kind-Paaren. Gleichzeitig wurde auch die sicherlich bekannteste Erfassungsmethode der sogenannten Bindungssicherheit, der »Strange Situation Test« (Fremde Situation) ins Leben gerufen (AINSWORTH, BLEHAR, WATERS & WALL, 1978). Dort werden Kleinkinder mit einem Jahr in einer künstlichen Laborsituation für einen kurzen Zeitraum von ihren Müttern getrennt und zusammen mit einer Fremden allein gelassen, in einer zweiten Phase dann ganz allein gelassen. Ziel dieser Prozedur ist es, Streß beim Kind auszulösen und das sogenannte Bindungssystem zu aktivieren. Aufschlußreich ist das Verhalten der Kinder ihren Müttern gegenüber in den sogenannten Wiedervereinigungsphasen. Entweder lassen sich die Kinder relativ schnell von der Mutter trösten und wenden sich dann rasch wieder dem vorhandenen Spielzeug zu, was einer sicheren Bindung an die Bezugsperson entspricht. Andere Kinder allerdings ignorieren entweder ihre Mütter vollständig oder verhalten sich ambivalent bei deren Rückkehr, was als Ausdruck einer unsicheren Bindung interpretiert wird.

Insgesamt gesehen gingen BOWLBY und AINSWORTH davon aus, daß die realen Interaktionserfahrungen des Kindes einen Niederschlag in einer internen Repräsentation des Selbst und anderer Personen finden, ein Thema, um das es in diesem Beitrag schwerpunktmäßig gehen wird. BOWLBY legte seine Theorie in seinem Hauptwerk, der Trilogie »Attachment and loss« (1969, 1973, 1980) nieder. Die Bindungstheorie hat seit ihrer Begründung viele Anhänger gefunden. In Deutschland gibt es, initiiert von Klaus GROSSMANN und seiner Arbeitsgruppe, zwei längsschnittliche Projekte in Bielefeld und Regensburg (s. z. B. zusammenfassend SPANGLER & ZIMMERMANN, 1995).

3.　Das Bindungskonstrukt

Bindung umschließt ein

»(1)... motivational-behavioral control system that is preferentially responsive to a small number of familiar caregiving figures and (2) the construction of complementary internal working models of attachment figures and of the self through which the history of specific attachment relationships is integrated into the personality structure.« (BRETHERTON, 1985, S. 3)

BOWLBY ging davon aus, daß der Säugling im Laufe des ersten Lebensjahres eine spezifische Beziehung zu seiner primären Pflegeperson - meistens der Mutter - aufbaut. Es ist die Mutter, der er vertraut, wenn er ängstlich, beunruhigt oder krank ist. Er läßt sich nicht mehr, wie der noch jüngere Säugling, von irgendeiner Person trösten, sondern nur von dieser speziellen Person, zu der er ein affektives Band entwickelt hat. Das Fremdeln eines Kindes mit acht oder neun Monaten ist uns allen in diesem Zusammenhang ein vertrautes Phänomen. Diese spezielle Bindungsperson ist der sichere Hafen, die »secure base« (AINSWORTH u. a., 1978), von der aus das Kleinkind seine Umwelt explorieren kann. Vertraut es der Mutter, dann gibt es genügend Zeit für Spiel und Erkundung, und es ist unnötig, der Mutter am Rockzipfel zu hängen, da das Kind aus Erfahrung »weiß«, daß es sich auf die Mutter verlassen kann. Hat es die Erfahrung gemacht, der Mutter nicht vertrauen zu können, so muß es einen Teil seiner Aufmerksamkeit immer wieder darauf lenken, wo sie wohl gerade ist, ob sie wiederkommt usw..

Das Vertrauen des Kindes wird nun stark (jedoch nicht ausschließlich) durch das mütterliche Verhalten, durch die sogenannte mütterliche *Feinfühligkeit* beeinflußt: Reagiert die Mutter prompt und zuverlässig, so führt dies zumeist beim Säugling zu einer sicheren Bindung, ignoriert sie seine Bedürfnisse oder mißversteht sie diese ständig falsch, so wird er zu einem vermeidend-gebundenen Kind, welches nun seinerseits die Mutter in Streßsituationen ignoriert. Aus der Frustration seiner Bedürfnisse heraus, so scheint es, hat das Kind gelernt, die Mutter besser zu ignorieren, um nicht noch weiter enttäuscht zu werden. Reagiert die Mutter unvorhersagbar mal so und mal wieder ganz anders, ignoriert sie seine Bedürfnisse, um ihm darauf wieder überprotektiv zu begegnen, so wird es zu einem ambivalent-unsicheren Kind, dem es schwer fällt, seine Umwelt vorherzusagen. Annäherung und gleichzeitige Ablehnung der Mutter in Streßsituationen sind bei ihm im Verhalten kombiniert. Ein sicher gebundenes Kind hingegen verläßt sich in Streßsituationen darauf, daß die Mutter ihm hilft. Wird es z. B. für eine Zeit allein gelassen (wie in der oben beschriebenen *Fremden Situation*), so läßt es sich dennoch schnell trösten, wenn die Mutter wiederkommt und richtet danach unmittelbar seine Aufmerksamkeit auf andere Dinge, wie z. B. die spielerische Exploration seiner Welt. Insgesamt gesehen scheint auch die elterliche Offenheit in der emotionalen Kommunikation eine Rolle für die kindliche Bindung zu spielen:

»Nothing helps a child more, I believe, than being able to express hostile and jealous feelings candidly, directly, and spontaneously, and there is no parental task more valuable, I believe, than being able to accept with equanimity such expressions of filial piety as 'I hate you, mummy' or 'Daddy, you're a beast.' By putting up with these outbursts we show our children that we are not afraid of hatred and that we are confident it can be controlled; moreover, we provide for the child the tolerant atmosphere in which self-control can grow. (...) As in politics, so with children. In the long run tolerance of opposition pays handsome dividends.« (BOWLBY, 1979, S. 12)

4. Das innere Arbeitsmodell und seine Erfassung

Über das Bindungsverhalten und die Reaktionen der Bindungsfiguren entwickelt das Kind eine innere Repräsentation, das sogenannte *innere Arbeitsmodell* (internal working model). Die Bindungstheorie (AINSWORTH, 1985a, b; BOWLBY, 1969, 1988; BRETHERTON, 1985; MAIN, KAPLAN, & CASSIDY, 1985) geht davon aus, daß das Arbeitsmodell eine Repräsentation des Selbst und der Bindungsperson beinhaltet. Aus dem täglich ablaufenden Interaktionsverhalten konstruiert das Kind diese Repräsentation (hier sind wir bei dem angekommen, was MEAD als den Weg vom Intermentalen zum Intramentalen bezeichnet). Aus den Reaktionen anderer auf sich selbst erschließt das Kind demzufolge, wer es selbst ist. Wir erinnern uns an MEAD's Beispiel vom Fechten: Es sind also die internalisierten Reaktionen der anderen auf uns, die unser Selbst ausmachen. Reagiert jemand prompt und hilfreich auf uns, so erleben wir uns als liebenswert und haben ein generell positives Bild von uns - und ein Bild davon, daß andere generell vertrauenswürdig sind, so daß Mißtrauen oder Eifersucht unnötig erscheinen.

Eine wichtige Funktion dieser inneren Arbeitsmodelle ist nach BOWLBY (1969), Ereignisse der realen Welt vorherzusagen, um so das Individuum in die Lage zu versetzen, sein Verhalten mit Einsicht vorausschauend zu planen. Je besser und genauer die Konstruktion der realen Situation entspricht, desto besser ist das darauf basierende Verhalten angepaßt. Unterschiedliche Bindungsfiguren erfordern eine unterschiedliche Anpassung. Unterschiedliche Erfahrungen müssen in ein Gesamtmodell, wie die Umwelt und die Bindungsfiguren funktionieren, integriert werden. Gelingt diese Integration gut, so entsteht eine kohärente, anpassungsfähige Abbildung. Das Arbeitsmodell ist nicht Ergebnis einer passiven Introjektion, sondern es wird *aktiv* vom Kind konstruiert. Allerdings ist Neustrukturierung sehr schwierig, weil einmal organisierte Modelle dazu tendieren, auch unbewußt zu wirken und damit änderungsresistent sind. Das Arbeitsmodell läßt sich beim sehr kleinen Kind nur aus seinem Verhalten ableiten, es kann uns ja noch nicht sprachlich Auskunft geben. Deshalb wird das Arbeitsmodell beispielsweise aus dem kindlichen Verhalten in der Fremden Situation erschlossen. Später dann werden die Modelle sprachlich zugänglich.

Wie die frühen Bindungserfahrungen ein ganzes Leben lang fortwirken können, erklärt sich nach BOWLBY (1979) aus der Stabilität der in der Kindheit entstandenen Arbeitsmodelle von sich und den Bindungspersonen. Jede neue Person, zu der eine Bindung entwickelt wird, wird laut BOWLBY den bestehenden Modellen angepaßt. Es können dabei mehrere geeignete und ungeeignete Modelle nebeneinander bestehen. Wie das funktioniert, ist allerdings in der Forschung noch eine weitgehend ungeklärte Frage. So gibt es z. B. nicht wenige Kinder, die zum Vater ein anderes Modell aufbauen als zur Mutter. Reicht ein einziges sicheres Arbeitsmodell für das psychische Wohlergehen des Kindes aus? Welches Modell hat den höheren Einfluß? Wird gar ein mittleres Modell gebildet? Ist das erste Modell von besonderer Wichtigkeit, sozusagen als Prototyp? Wirkt es sich dann auch auf spätere Modelle aus, z. B. auf Arbeitsmodelle in einer Partnerschaft? Zu all diesen Fragen gibt es momentan noch recht wenige fundierte Antworten.

Wie nun aber können wir die internalen Arbeitsmodelle eines Kindes, hier spezifischer eines 4- bis 6jährigen Kindes erfassen? Wir können ein Vorschulkind schlecht Fragen von der Art stellen: »Erlebst Du Dich als liebenswerten Menschen, der Vertrauen in seine soziale Umwelt hat und sich auf die Hilfe seiner Familie verlassen kann?« Natürlich, wir können es - ähnlich wie das einjährige Kind - in einer ausgedehnten Fremden Situation beobachten, und genau dies wurde in der Forschung auch bereits getan (MAIN & CASSIDY, 1988).

Wollen wir aber seine kognitive Repräsentation genauer eruieren, so können wir das Kind mit hypothetischen gespielten Situationen konfrontieren und es danach fragen, welchen Ausgang diese Situationen wohl nehmen. Angenommen, wir erzählen einem Kind die Geschichte von Max, der abends plötzlich Angst bekommt, weil er glaubt, ein Monster befände sich unter seinem Bett. Wir können nun unser Kind dazu auffordern, diese Geschichte zu Ende zu erzählen und schauen, welche Rolle das Kind den Eltern von Max bei der Lösung des Problems zuschreibt: Helfen die Eltern? Oder bestrafen die Eltern Max gar für seine »lächerlichen« Ängste? Mit MEADS Metapher gesprochen erfragen wir also die Reaktionen des »Fechtgegners« (Eltern) und leiten daraus das Bild des Kindes von ihm selbst und seiner sozialen Welt ab.

4.1 Der Geschichtenergänzungstest

Der Geschichtenergänzungstest ist ein semi-projektives Verfahren und geht auf eine amerikanische Version von Inge BRETHERTON und anderen zurück (BRETHERTON, RIDGEWAY & CASSIDY, 1990). Als Versuchsmaterial dient eine Playmobil-Puppenfamilie, bestehend aus Vater, Mutter, zwei Kindern, Großmutter und Großvater. Die einzelnen Spielmaterialien werden dem Kind nacheinander gezeigt und vorgestellt. Der »Test« besteht aus sechs Geschichtenanfängen, wobei die Versuchsleiterin die Geschichten beginnt und das Kind dann diese im Spiel mit den Figuren beenden soll. Jede der Geschichten beinhaltet einen bindungsauslösenden Aspekt.

Geschichte vom verschütteten Saft
Die Familie sitzt um einen Tisch, und die Versuchsleiterin spielt, wie die Kindpuppe, also der Protagonist (immer gleichgeschlechtlich zum jeweiligen Versuchskind), einen Becher mit Saft nimmt und diesen dann verschüttet. Die Thematik wurde gewählt, um festzustellen, in welcher Autoritätsrolle die Bindungsfigur zu dem Kind steht.

Das interne Arbeitsmodell eines Kindes wird dann als sicher klassifiziert, wenn das Kind eine Lösung konstruiert, in der die Tasse aufgehoben, der Saft aufgewischt oder die Scherben entfernt werden. Dabei darf die Disziplinierung der Eltern nicht gewalttätig oder extrem sein.

Geschichte vom verletzten Knie
Die Familie geht im Park spazieren. Der Protagonist klettert auf einen Felsen, fällt herunter und verletzt sich das Knie. Hier wird Schmerz als ein Auslöser für Fürsorge und Bindungsverhalten betrachtet.

Das Arbeitsmodell wird dann als sicheres gewertet, wenn das Kind eine Geschichte erzählt, in welcher dem verletzten Protagonisten geholfen wird, oder in welcher er von den Eltern oder dem Geschwister versorgt wird. Auch wenn die Eltern kommen, den Protagonisten an die Hand oder auf den Arm nehmen, auch ohne die Wunde zu versorgen, gilt dies als Ausdruck einer sicheren Bindung.

Monster-Geschichte
Hier ist Angst Auslöser für Fürsorge- und Bindungsverhalten. Der Protagonist wird von den Eltern ins Bett geschickt. In seinem Zimmer ruft er nach den Eltern, da er ein Monster gesehen hat.

Wendet sich der Protagonist an die Eltern, um Hilfe zu holen, oder beschäftigten sich die Eltern mit der Angst des Protagonisten, wird das Kind als sicher gebunden beurteilt.

Abschiedsgeschichte
Die Eltern lassen die Kinder bei den Großeltern zurück, um eine Reise zu unternehmen. Beobachtet wird also Trennungsangst und deren Bewältigung.

Hier muß der Protagonist Bewältigungsstrategien zur Überwindung der elterlichen Abwesenheit zeigen, damit das Kind als sicher gebunden beurteilt werden kann. Das Reden über die Trennung oder eine Beschäftigung während der Trennung gelten auch als Bewältigungsstrategien.

Wiedervereinigungsgeschichte
Diese zeigt Reaktionen bei der Wiederbegegnung mit den Eltern nach der Rückkehr von der Reise. Hier soll speziell die Art des Wiedervereinigungsverhaltens (z. B. Begrüßung oder Ablehnung) beobachtet werden.

Ein sicher gebundenes Kind läßt den Protagonisten die Eltern begrüßen oder anderweitig positiv beachten.

Ein Kind wird als unsicher gebunden klassifiziert, wenn es bei drei oder mehr Geschichten entweder abwehrende, ambivalente oder extrem seltsame, desorganisierte, nicht nachvollziehbare Antworten gibt. Unsicherheit wird dabei noch in verschiedene Subkategorien aufgeteilt, die aber in diesem Zusammenhang nicht interessieren sollen. Die folgende Beispiele, die aus der anschließend berichteten empirischen Studie stammen, zeigen, was mit unsicherer Bindung gemeint ist: In der Geschichte vom verschütteten Saft erzählt ein als unsicher klassifiziertes Kind, daß der Protagonist ins Bett geschickt wird. In einer anderen unsicheren Version wird er von der Mutter verprügelt. In wieder einer anderen Version werden alle Kinder umgebracht, anschließend stirbt die ganze Familie. In der Geschichte vom verletzten Knie wird das Kind in einer unsicheren Variante verprügelt. Ein anderes Kind läßt die ganze Familie vom Felsen fallen, wobei der Vater stirbt. In der Variante eines wiederum anderen Kindes wird der Protagonist allein im Park gelassen. In der Monster-Geschichte läßt ein unsicher gebundenes Kind den Protagonisten vom Monster auffressen, wobei die Eltern die Hilferufe ignorieren.

4.2 Interne Arbeitsmodelle von Vorschulkindern in Rumänien und in Deutschland

Wir führten die folgende Studie (ANUTI, 1996; GARTMANN, 1995) sowohl in Rumänien als auch in Deutschland durch (zu kulturvergleichender Bindungsforschung s. u. a. GROSSMANN & GROSSMANN, 1990; SAGI, 1990; SAGI, LAMB, LEWKOWICZ, SHOHAM, DVIR & ESTES, 1985; TAKAHASHI, 1990; VAN IJZENDOORN, 1990; VAN IJZENDOORN & KROONENBERG, 1988; außerdem Beiträge in WATERS, VAUGHN, POSADA, & KONDO-IKEMURA, 1995).

Sowohl in Rumänien (in den Städten Bukarest und Onesti) als auch in Deutschland (im Ruhrgebiet) wurde eine Stichprobe von Vorschulkindern mit dem Bindungstest untersucht. In Deutschland nahmen 37 Kinder teil (12 Mädchen und 25 Jungen), in Rumänien 40 Kinder (24 Mädchen und 16 Jungen). Das mittlere Alter der deutschen Kinder lag bei 5,3 Jahren (SD = 10 Monate), bei den rumänischen Kindern bei 5,2 Jahren (SD = 11 Monate).

Warum Rumänien? Die Kindererziehung läuft in Rumänien weitgehend anders ab als in Deutschland. Aufgrund der hohen ökonomischen Not ist es selbstverständlich, daß die Eltern beide arbeiten, manche sogar in zwei Jobs. Die Kinder werden deshalb häufig von den Großeltern betreut, da Kindertagesstätten sehr teuer sind. Gibt es keine Großeltern, so werden die Kinder auch gelegentlich sich selbst überlassen. Die Lebensräumlichkeiten sind beengt, oft wohnen die Familien auf relativ wenigen Quadratmetern zusammen. Technik, welche die Hausarbeit erleichtert, ist teuer, andere erleichternde Erfindungen der modernen Zeit, wie z. B. Fertiggerichte, sind nur in geringem Umfang vorhanden. Die konkreten Lebensbelastungen sind dementsprechend sehr viel größer als in Deutschland. Man kann sich vorstellen, daß die Väter, ganz besonders aber die Mütter, viel weniger im Leben des Kindes präsent sind. Hat dies einen Einfluß auf das Arbeitsmodell der Kinder (zum Einfluß der Berufstätigkeit von Müttern auf die Bindungssicherheit ihrer Kinder s. u. a. BARGLOW, VAUGHN & MOLITAR, 1987)?

Die Ergebnisse sind interessant: Während in der deutschen Stichprobe 51% der Kinder als sicher gebunden klassifiziert wurden, so sind es in der rumänischen Stichprobe 62,5%. Das heißt zunächst einmal, daß eine große Anzahl von Kindern sicher gebunden ist, ein Befund, der immer wieder repliziert wird (van IJZENDOORN & KROONENBERG, 1988). Allerdings ist die Anzahl der unsicher gebundenen Kinder ebenfalls beachtlich.

Den Eltern wurde zudem auch noch ein Fragebogen mit offenen Fragen zu ihrer Lebenssituation, Zufriedenheit usw. gegeben. 36 rumänische und 26 deutsche Elternpaare beantworteten diesen Fragebogen. Demnach waren 92% der rumänischen Mütter und 100% der Väter berufstätig. Die

Mütter arbeiteten im Schnitt 38 Stunden pro Woche, die Väter 47,7 Stunden. In der deutschen Stichprobe arbeiteten 31% der Mütter für 24,6 Stunden pro Woche und 87% der Väter für 43,9 Stunden in der Woche. In Deutschland haben elf Personen (Mutter oder Vater) den Beruf zum Wohl des Kindes aufgegeben, in der rumänischen Stichprobe tat dies niemand. 94% der deutschen Mütter gaben an, innerhalb der ersten drei Lebensjahre die Betreuung des Kindes ganz übernommen zu haben, in Rumänien waren es nur 47,2%. Dafür gaben in Rumänien 44,5% der Eltern an, mit den Großeltern zusammen das Kind betreut zu haben. In Deutschland wurde nur ein Kind von Großeltern und Eltern gemeinsam betreut (obwohl 73% der deutschen Familien auch angaben, gelegentlich externe Hilfe bei der Kinderbetreuung zu beanspruchen).

66,6% der rumänischen Kinder haben schon einmal länger als eine Woche bei den Großeltern verbracht, die meisten davon sogar für einen Zeitraum von mehreren Wochen und Monaten. In Deutschland haben 15% der Kinder schon länger als eine Woche bei den Großeltern verbracht, 81,8% waren überhaupt noch nie länger als eine Woche von den Eltern getrennt.

Das sichere Arbeitsmodell eines Kindes scheint also, wie auch schon andere Studien gezeigt haben, nicht von der dauernden Verfügbarkeit der Eltern abzuhängen. Obwohl die Abwesenheit der Eltern in der rumänischen Stichprobe *extrem* ist, sind die Kinder doch sicher gebunden, ja numerisch gesehen (aber nicht statistisch signifikant), sicherer als die deutschen Kinder. Ein weiterer kleiner Befund mag uns darüber Aufschluß geben: Die Eltern wurden in dem Fragebogen auch dazu aufgefordert anzugeben, ob sie ihre Umgebung als weitgehend kinderfreundlich oder weitgehend kinderfeindlich wahrnehmen und ihr Urteil zu begründen. 83% der rumänischen Eltern gaben an, mit dem Umfeld ihres Kindes zufrieden zu sein (kinderfreundliches Umfeld). Die Eltern führten ihre Zufriedenheit zumeist auf ein gesichertes, ausreichendes Einkommen, materielle Sicherheit und die damit verbundene Möglichkeit, ihrem Kind alles bieten zu können sowie auf ein zufriedenes Familienleben zurück. Diese Begründungen für Kinderfreundlichkeit wurden von den deutschen Eltern *überhaupt nicht* genannt. In Deutschland bezeichneten lediglich 19 Eltern (53%) ihre Umgebung als kinderfreundlich und begründeten dies mit vorhandenen Spielmöglichkeiten, einer kinderfreundlichen Nachbarschaft und verkehrsberuhigtem Wohnen - Kriterien, die von den Rumänen wiederum nie genannt wurden. In Deutschland wurde die Einschätzung einer kinderfeindlichen Umgebung mehrheitlich auf ein mangelndes Verständnis der Mitmenschen für kindliche Bedürfnisse zurückgeführt. Mit diesem Argument wurde die Einschätzung einer kinderfeindlichen Umwelt in Rumänien in keinem einzigen Fall begründet, sondern hier lagen die Gründe in einem häufig abwesenden Elternteil oder finanziellen Schwierigkeiten.

BRETHERTON (1985) zitiert das Ergebnis einer großen, kulturübergreifenden Studie von ROHNER (1975):

»In societies that are highly accepting of children, the children tended to be more self-reliant and achievement motivated (...). In societies where children are rejected, children and adults tended to be emotionally unresponsive, more dependent, less emotionally stable, and less able to become involved in affectionate relationships and to show more aggressive behavior and hostility.« (BRETHERTON, 1985, S. 26)

Betrachtet man das vorliegende Ergebnis aus ROHNERS Sicht, so gewinnt man den Eindruck, daß Rumänien eines der Länder sein könnte, in dem eine hohe Kinderakzeptanz herrscht. Kein Elternteil beklagte sich über mangelndes Verständnis der Mitmenschen für kindliche Bedürfnisse. In Deutschland jedoch wurde diese Antwort von 15 Eltern genannt. Anuti (1996, S. 85) spekuliert:

»Das Gefühl, akzeptiert zu werden, gewollt zu sein, ein wichtiger Teil des Ganzen zu sein, kann so manch andere Einschränkungen wieder ausgleichen. Könnte es sein, daß rumänische Kinder nur deshalb im Durchschnitt genauso häufig sicher gebunden sind wie Kinder anderer Kulturen, weil sie aus diesem Gefühl des Angenommenseins schöpfen?«

Dies ist eine interessante Spekulation. Offensichtlich gehören Kinder in Rumänien eher beiläufig und selbstverständlich zum Alltag. Sie haben ihre selbstverständlichen Rechte, aber es wird ihnen auch viel abverlangt. Sie sind »normale« Mitglieder der Gesellschaft und stellen nicht eine »besondere« Gruppe dar. Vielleicht, so könnte man spekulieren, ist das generelle Klima weniger ambivalent? In Deutschland werden Kinder zum einen überhäuft mit Anregungen, z. B. in Form von Spielzeug, zum anderen aber auch wiederum in ihren Bedürfnissen vergleichsweise wenig wahrgenommen. Dies wäre dann ein ambivalenter Umgang auf gesellschaftlicher, statt auf individueller (also mütterlicher oder väterlicher) Seite, der seinen deutlichen Niederschlag findet.

5. Ausblick

Sicher wäre es interessant, die untersuchten Kinder zu verfolgen, so wie es in anderen Längsschnitten der Fall war. Hier würde dann gefragt, wie stabil das Arbeitsmodell über die Zeit hinweg bleibt, und welche Faktoren sowohl für Stabilität als auch für Veränderung verantwortlich sind.

In der Literatur wird eine hohe Stabilität (zwischen 80% und 90%) zwischen 12 und 18 Monaten in der Fremden Situation bei demselben

Elternteil beobachtet (MAIN & WESTON, 1981; WATERS, 1978; s.a. zusammenfassend MAIN, 1995). Dabei war allerdings häufig eine unterschiedliche Bindungssicherheit zum Vater als zur Mutter beobachtet worden (MAIN & WESTON, 1981). Ähnliches wird von der Bielefelder (GROSSMANN, GROSSMANN, HUBER & WARTNER, 1981) und Regensburger Studie (SUESS, GROSSMANN & SROUFE, 1992) berichtet.

Die Regensburger Kinder zeigten zudem auch eine hohe Stabilität vom ersten bis zum sechsten Lebensjahr in der Fremden Situation (WARTNER, GROSSMANN, FREMMER-BOMBIK & SUESS, 1994). Dies galt auch für die USA (MAIN & CASSIDY, 1988). Im Urteil von Kindergärtnerinnen wurden diejenigen Kinder, die wenigstens eine sichere Bindung zu einem Elternteil hatten, durchweg positiver und sympathischer beurteilt als Kinder, die gar keine sichere Bindung hatten (SUESS, 1987). SCHEUERER-ENGLISCH (1989) konnte bei den zehnjährigen Kindern der Bielefelder Längsschnittstudie einen signifikanten Zusammenhang zwischen Bindungsparametern aus einem Interview mit den Kindern und der Bindung an die Mutter mit 12 Monaten zeigen. Sicher gebundene Kinder berichteten mit 10 Jahren, daß sie eher die Unterstützung der Eltern bei Kummer, Angst oder Ärger suchen, konnten das Erleben von Kummer auch dem Interviewer gegenüber deutlich ausdrücken, hatten also Zugang zu ihren Gefühlen und waren generell flüssiger und offener in ihrem Antwortverhalten während des Interviews.

Keine Stabilität hingegen ergab sich für die Bindungsklassifikation vom ersten bis zum 16. Lebensjahr. Allerdings hing die Bindungsklassifikation der Jugendlichen mit der Bindungsrepräsentation ihrer eigenen Mütter zusammen (erfaßt in einem Interview über die eigene Kindheit), wie auch generell die Bindungsrepräsentation der Mütter die Bindung der Kinder im ersten Lebensjahr vorhersagt (s. u. a. ZIMMERMANN, 1995).

Spannend ist auch die Frage, die in der vorliegenden Studie ebenfalls nicht untersucht wurde, wie ein Kind unterschiedliche Bindungsrepräsentationen organisiert, also z. B. bei den Kindern, die eine unterschiedlich sichere Bindung zu Vater und Mutter haben. Hier denken wir wieder an William James und die Ausführungen zu Beginn, daß eine Person so viele soziale Selbste hat, wie es Personen oder Gruppen gibt, die ihr wichtig sind. Doch hier ist die Frage noch weitgehend ungeklärt, wie diese unterschiedlichen »Selbste« organisiert sind (z. B. OWENS u. a., 1995; s.a. zusammenfassend BRETHERTON, 1995a).

Insgesamt gesehen - so bleibt abschließend festzuhalten - scheint es jedoch angebracht zu sein, zur Erklärung individueller Parameter auch komplexere Systeme als lediglich die Familie, oder gar nur die Mutter heranzuziehen (BRONFENBRENNER, 1979). Das Klima innerhalb einer Kultur mag beispielsweise durchaus einen wichtigen Einfluß haben, so daß es verkürzt wäre anzunehmen, die ganze Erklärungslast für ein sicher oder unsicher gebundenes Kind läge auf den Schultern der Eltern, vor allem jedoch der Mutter.

6. Literatur

AINSWORTH, M. D. S. (1985a). Patterns of infant-mother attachments: Antecedents and effects on development. *Bulletin of the New York Academy of Medicine*, 61, 771-791.

- (1985b). Attachments across the life span. *Bulletin of the New York Academy of Medicine*, 61, 792-812.

AINSWORTH, M. D. S., BLEHAR, M. C., WATERS, E. & WALL, S. (1978). *Patterns of attachment. A psychological study of the Strange Situation.* Hillsdale.

ANUTI, R. (1996). *Bindungsqualität bei rumänischen Vorschulkindern* (unveröff. Diplomarbeit). Bochum.

BARGLOW, P., VAUGHN, B. & MOLITAR, N. (1987). Effects of maternal absence due to employment on the quality of infant-mother attachment in a low-risk sample. *Child Development*, 58, 945-954.

BOWLBY, J. (1951). *Maternal care and mental health.* World Health Organization Monograph Series, No. 2. Dt. (1973): Mütterliche Zuwendung und geistige Gesundheit. München.

- (1969 / 1982). *Attachment and loss, Vol. 1: Attachment.* New York. Dt. (1975): Bindung. München.

- (1973). *Attachment and loss, Vol. 2: Separation.* New York. Dt. (1976): Trennung. München.

- (1979). *The making and breaking of affectional bonds.* London. Dt. (1982): Das Glück und die Trauer. Stuttgart.

- (1980). *Attachment and loss, Vol. 3: Loss, sadness and depression.* New York. Dt. (1983): Verlust. München.

- (1988). *A secure base. Clinical applications of attachment theory.* London.

BRETHERTON, I. (1985). Attachment theory: Retrospect and prospect. In I. BRETHERTON & E. WATERS (Eds.), Growing points of attachment theory and research. *Monographs of the Society for Research in Child Development*, 50, 3-35.

- (1995a). A communication perspective on attachment relationships and internal working models. In E. WATERS, B. E. VAUGHN, G. POSADA & K. KONDO-IKEMURA (Eds.), Caregiving, cultural, and cognitive perspectives on secure-base behavior and working models. New growing points of attachment theory and research. *Monographs of the Society for Research in Child Development*, Vol. 60, 310-329.

- (1995b). Die Geschichte der Bindungstheorie. In G. SPANGLER & P. ZIM-

MERMANN (Hrsg.), *Die Bindungstheorie. Grundlagen, Forschung und Anwendung* (S. 27-49). Stuttgart.

BRETHERTON, I., RIDGEWAY, D. & CASSIDY, J. (1990). Assessing internal working models of the attachment relationship: An attachment story completion task for 3-year-olds. In M. GREENBERG, D. CICCHETTI & E. M. CUMMINGS (Eds.), *Attachment in the preschool years* (pp. 273-308). Chicago.

BRONFENBRENNER, U. (1979). *The ecology of human development.* Cambridge.

GARTMANN, A. (1995). *Arbeitsmodelle der Eltern-Kind Bindung: Der Geschichtenergänzungstest bei Vorschulkindern* (unveröff. Diplomarbeit). Bochum.

GROSSMANN, K. E. & GROSSMANN, K. (1990). The wider concept of attachment in cross-cultural research. *Human Development*, 33, 31-47.

GROSSMANN, K. E., GROSSMANN, K., HUBER, F. & WARTNER, U. (1981). German children's behavior towards their mothers at 12 months and their fathers at 18 months in Ainsworth's Strange Situation. *International Journal of Behavioral Development*, 4, 157-181.

JAMES, W. (1890 / 1918). *Principles of psychology.* London.

MAIN, M. (1995). Desorganisation im Bindungsverhalten. In G. SPANGLER & P. ZIMMERMANN (Hrsg.), *Die Bindungstheorie. Grundlagen, Forschung und Anwendung* (S. 120-139). Stuttgart.

MAIN, M. & CASSIDY, J. (1988). Categories of response to reunion with the parent at age six: Predictable from infant attachment classification and stable over a one-month period. *Developmental Psychology*, 24, 415-426.

MAIN, M., KAPLAN, N. & CASSIDY, J. (1985). Security in infancy, childhood, and adulthood: A move to the level of representation. In I. BRETHERTON & E. WATERS (Eds.), Growing points in attachment theory and research. *Monographs of the Society for Research in Child Development*, 50, 66-106.

MAIN, M. & WESTON, D. R. (1981). The quality of the toddler's relationship to mother and to father: Related to conflict behavior and the readiness to establish new relationships. *Child Development*, 52, 932-940.

MEAD, G. H. (1913). The social self. *The Journal of Philosophy*, 10, 374-380.

- (1934). *Mind, self and society from the standpoint of a social behaviorist.* Chicago.

OWENS, G., CROWELL, J. A., PAN, H., TREBOUX, D., O'CONNOR, E. & WATERS, E. (1995). The prototype hypothesis and the origins of attachment working models: Adult relationships with parents and romantic partners. In E. WATERS, B. E. VAUGHN, G. POSADA & K. KONDO-IKEMURA (Eds.), Caregiving, cultural, and cognitive perspectives on secure-base behavior and working models. New growing points of attachment theory and research. *Monographs of the Society for Research in Child Development*, 60, 216-233.

ROBERTSON, J. (1953). Some responses of young children to loss of maternal care. *Nursing Care*, 49, 382-386.

ROBERTSON, J. & BOWLBY, J. (1952). Responses of young children to separation from their mothers. *Courrier du Centre International de l'Enfance*, 2, 131-142.

ROHNER, R. P. (1975). *They love me, they love me not.* New Haven.

SAGI, A. (1990). Attachment theory and research from a cross-cultural perspective. *Human Development*, 33, 10-22.

SAGI, A., LAMB, M. E., LEWKOWICZ, K. S., SHOHAM, R., DVIR, R. & ESTES, D. (1985). Security of infant-mother, -father, and -metapelet attachment among kibbutz-reared Israeli children. In I. BRETHERTON & E. WATERS (Eds.), Growing points in attachment theory and research. *Monographs of the Society for Research in Child Development*, 50, 257-275.

SCHEUERER-ENGLISCH, H. (1989). *Das Bild der Vertrauensbeziehung bei zehnjährigen Kindern und ihren Eltern: Bindungsbeziehungen in längsschnittlicher und aktueller Sicht* (unveröff. Dissertation). Regensburg.

SPANGLER, G. & ZIMMERMANN, P. (Hrsg.) (1995). *Die Bindungstheorie. Grundlagen, Forschung und Anwendung.* Stuttgart.

SUESS, G. J. (1987). *Auswirkungen frühkindlicher Bindungserfahrungen auf die Kompetenz im Kindergarten* (unveröff. Dissertation). Regensburg.

SUESS, G., GROSSMANN, K. E. & SROUFE, L. A. (1992). Effects of infant attachment to mother and father on quality of adaptation in preschool: From dyadic to individual organization of self. *International Journal of Behavioral Development*, 15, 43-65.

TAKAHASHI, K. (1990). Are the assumptions of the »Strange Situation« procedure universal? A view from Japanese research. *Human Development*, 33, 23-30.

VAN IJZENDOORN, M. H. (1990). Developments in cross-cultural research on attachment: Some methodological notes. *Human Development*, 33, 3-9.

VAN IJZENDOORN, M. H. & KROONENBERG, P. M. (1988). Cross-cultural patterns of attachment: A meta-analysis of the Strange Situation. *Child Development*, 59, 147-156.

VYGOTSKY, L. S. (1931). *Paedology of the adolescent.* Moskau-Leningrad.

WARTNER, U. G., GROSSMANN, K., FREMMER-BOMBIK, E. & SUESS, G. (1994). Attachment patterns at age six in South Germany: Predictability from infancy and implications for preschool behavior. *Child Development*, 65, 1014-1027.

WATERS, E., VAUGHN, B. E., POSADA, G. & KONDO-IKEMURA, K. (Eds.) (1995). Caregiving, cultural, and cognitive perspectives on secure-base behavior and working models. New growing points of attachment theory and research. *Monographs of the Society for Research in Child Development*, 60.

ZIMMERMANN, P. (1995). Bindungsentwicklung von der frühen Kindheit bis zum Jugendalter und ihre Bedeutung für den Umgang mit Freundschaftsbeziehungen. In G. SPANGLER & P. ZIMMERMANN (Hrsg.), *Die Bindungstheorie. Grundlagen, Forschung und Anwendung* (S. 203-231). Stuttgart.

Gemeinschaft und Vertrauen in der Familie: Soziologische und pädagogische Aspekte

Michael Opielka

1. Einführung

Der Beitrag erörtert den Prozeß der Herstellung und Sicherung von Vertrauen in der Familie unter soziologischen und pädagogischen Gesichtspunkten in drei Schritten:

1. Im ersten Schritt wird die zentrale soziologische Kategorie der *Gemeinschaft* erläutert und in ihrer analytischen Relevanz für mikrosoziale Strukturen entfaltet. Die Familie wird als ein prototypisches Gemeinschaftssystem verstanden und in ihren Funktionen »Hilfe«, »Erziehung«, »Kommunikation« und »Legitimation« untersucht. Unterschieden werden weiterhin die mit den jeweiligen Funktionen verknüpften Normen (Prozeß-qualitäten), Werte (Sinnqualitäten) und Medien. Vertrauen (in der Familie als Gemeinschaftssystem) wird sozialtheoretisch als Wert des metakommunikativen (legitimativen) Handlungsvollzugs verstanden. Darin liegt die These und Pointe der hier entfalteten soziologischen Perspektive auf Gemeinschaft und Vertrauen in der Familie: Vertrauen ist weder Norm noch Wert (als Output) von Kommunikation in der Familie, sondern der Wert von Metakommunikation, also der reflexiven Begleitung von Kommunikation.

2. In einem zweiten Schritt wird rekonstruiert, wie *Vertrauen* ein Produkt der metakommunikativen Ebene gemeinschaftlichen Handelns wird und welche Folgen sich aus diesem Konzept ergeben. Während die funktionale Perspektive auf die Familie als Gemeinschaftssystem eine synchrone analytische Ebene eröffnet, führt diese Perspektive auf Vertrauen mit der temporalen Dimension eine diachrone analytische Ebene ein. Vertrauen erscheint hier weniger als Norm, denn als Output bestimmter Handlungs-konstellationen in bestimmten Phasen. Damit wird auch plausibel, warum die Herstellung von Vertrauen beispielsweise in verschiedenen kindlichen und jugendlichen Entwicklungsphasen auf unterschiedlichen Handlungs-qualitäten des Erziehenden basiert.

3. Im dritten Schritt werden die Bedingungen der Herstellung von Vertrauen in den Teilsystemen des Gemeinschaftssystems *Familie* differenziert. Unterschieden wird zwischen den Teilsystemen »Eltern-Kind-Beziehung«, »Paarbeziehung«, »Geschwisterbeziehung«, »Großelternbeziehung und »erweiterte familiale Netzwerke«. Jedes dieser Teilsysteme aktiviert eine andere Kombination möglicher Funktionen des Familiensystems und leistet insoweit einen anderen Beitrag zur Vertrauensbildung. Diese Kombinationen ergeben ein Muster unterschiedlicher Handlungsrelevanzen der am familialen Erziehungsprozeß Beteiligten. In Verbindung mit den individuellen Differentialen (z. B. individuelle Vertrauenskonzepte) ergeben sich Folgerungen für die Familienpädagogik und insbesondere auch für familienergänzende Interventionen, die im Rahmen dieses Beitrages jedoch nur angedeutet werden können.

2. Familie als Gemeinschaft

Soziale Systeme müssen vier grundlegende Problemdimensionen berücksichtigen, wenn sie integriert und das heißt über einen Zeitraum hin stabil sein sollen. Zum ersten geht es im Prozeß des sozialen Lebens um das *Problem der Anpassung an die Objektwelt* und um ihre Gestaltung durch Technologien und wirtschaftliches Handeln. Es stellt sich zweitens das *Problem des Umgangs mit Interessen und Macht* sowie um ihre soziale Gestaltung durch politisches Handeln. Als drittes muß das *Problem der Kommunikation der Mitglieder des sozialen Systems* gelöst werden. Hier sind Gestaltungsformen für die zwischenmenschlichen Beziehungen und ihre Hervorbringung durch Sozialisationsprozesse notwendig. Es handelt sich dabei um die soziale Organisation affektiver Bedürfnisse, des weiteren aber auch um die soziale Organisation von Prozessen gegenseitiger Anerkennung und von Kommunikation im engeren Sinn. Diese Organisation erfolgt durch gemeinschaftliches Handeln. Schließlich muß viertens das *Problem des Sinnbezugs* in zweierlei Hinsicht gelöst werden: Soziales Handeln im weitesten Sinn muß selbst gedeutet werden und Kommunikation darüber muß möglich sein, ob nun eher metaphorisch oder in wissenschaftlicher Strenge. Und die Beziehung zu nicht-sozialen Sinnquellen - das Absolute, Göttliche - muß gestaltet werden. Dies geschieht durch legitimatorisches Handeln. Entsprechend dieser Problemsicht spreche ich deshalb von den *vier* Dimensionen des sozialen Handelns: der adaptiven (Level 1), der strategischen (Level 2), der kommunikativen (Level 3) und der metakommunikativen (Level 4) Dimension. In Bezug auf das System »Gesellschaft« spreche ich von den vier Dimensionen des wirtschaftlichen, politischen, gemeinschaftlichen und legitimatorischen Handelns (Level 1 bis 4). Gemeinschaft als gesellschaftliche Sphäre kann in dieser Perspektive einer Viergliederung sozialer Systeme nach demselben Prinzip weiter in die vier Funktionen »Hilfe« (Level 1), »Bildung« (Level 2), »Öffentlichkeit« (Level 3) und »Kunst« (Level 4) ausdifferenziert werden.

Ein prototypisches Beispiel für eine (strukturelle) Institution, welche dem (gemeinschaftlichen) Hilfesystem zugeordnet werden kann (und mit Wertprinzipien wie Solidarität sowie - in der Moderne - mit Medien wie Liebe konnotiert wird), ist die Familie (generationenversetzte Hilfe, Familienkultur, kommunikative Konstruktion durch Liebe, Sorge usw.), worauf auch PARSONS hinweist: »The family household is the 'primordial' *Gemeinschaft* group.« (PARSONS, 1979, S. 4).

Die Familie ist für PARSONS der Ort, an dem Solidaritätsorientierungen über die Solidarbeziehung mit dem Ehepartner und über die Solidarerfahrungen im Sozialisationsprozeß der Kinder elementar für die Gesellschaft veranlagt werden (s. ausführlich auch PARSONS 1970).

Meine Perspektive knüpft an Talcott PARSONS' Konzept der gesellschaftlichen Funktion der Familie als »´primordiale´ Einheit der Solidarität in allen menschlichen Gesellschaften« an (PARSONS, 1970, S. 200), auch wenn sie sich hinsichtlich der logischen Rekonstruktion des Gemeinschaftlichen von PARSONS unterscheidet. Während PARSONS in seiner AGIL-Theorie die Funktion von Gemeinschaftssystemen als »Integration« bezeichnet, die durch affektuelles Handeln, vermittelt über das »generalisierte« Medium »Einfluß« organisiert wird, werden aus meiner Sicht Gemeinschaftssysteme vor allem durch die Funktion »Kommunikation« bestimmt, mit dem »formalisierten« Medium »Sprache« und natürlich zahlreichen weiteren nicht gleichermaßen formalisierten Medien wie Spiel usw.

Dennoch geben PARSONS' Analysen der Familie als Gemeinschaftssystem wichtige Hinweise. Für PARSONS bildet Solidarität eine von vier Vorbedingungen für das Funktionieren eines sozialen Systems, neben ökonomischer Produktivität, politischer Effektivität und der Integrität der institutionalisierten Wertbindungen. Als Prototyp für gemeinschaftliche Sozialformen (Organisationen bzw. Institutionen) generalisiert die Familie über die »gegenseitige Loyalität« der Ehebeziehung und die strukturelle Abhängigkeit des Kindes von seinen Eltern eine »Annahme der Vertrauenswürdigkeit«, die für PARSONS »der wichtigste gesellschaftliche Tatbestand ist, der aus der Solidarität der Familie resultiert« (PARSONS, 1970, S. 201). PARSONS parallelisiert »die Solidarität der Ehe mit dem Nutzen des Goldes« im Wirtschaftssystem und führt dann den Gesichtspunkt ein, daß im Prozeß der Differenzierung das gemeinschaftliche Medium »Einfluß« selbst systemkonstitutiv wird, wobei die »organisatorische Grundform von Einfluß-Systemen die freiwillige Assoziation« sei (S. 204).

In dieser Perspektive führt die Diskussion familialer Funktionen zur folgenreichen These PARSONS', wonach »sich die Familie als Grundlage des Solidarität-Einfluß-Systems (der Gesellschaft; Anmerk. d. Verf.) selbst zunehmend in Richtung einer freiwilligen Assoziation entwickeln wird« (S. 205). Konkret meint dies den »Trend, die Ehe weitestgehend zu einer möglichst rein persönlichen und freiwilligen Beziehung werden zu lassen. (...) Problematischer, aber dennoch hochinteressant ist die Tendenz, die Kinder in den Status von Mitgliedern einer freiwilligen Assoziation viel früher und ausgeprägter denn je zu bringen«. Hier wird bereits das soziologische und pädagogische Problem des Verhältnisses von Vertrauen und Freiwilligkeit angesprochen, das noch zum Thema werden wird.

Insoweit schlage ich in gewisser Anlehnung an PARSONS vor, vier Grundfunktionen zu unterscheiden, die zugleich anschlußfähig zu sozialpolitischen Interventionsfeldern sind. In Abb. 1 setze ich die Teilfunktionen systematisch zu vier funktionalen Kategorien (Level 1 - 4) in Beziehung: Hilfe, Erziehung, Kommunikation und Legitimation. Mit diesen vier Grundfunktionen des sozialen Systems Familie wende ich eine in einer jüngst abgeschlossenen Arbeit (Opielka, 1996) entwickelte dialektisch-funktionale Soziologie der Viergliederung sozialer Integration auf das Gemeinschaftssystem Familie an. Ohne die Begründung für die Unterscheidung von vier reflexiv-hierarchisch aufeinander bezogenen Stufen (Levels) von Handlungssystemen hier wiedergeben zu können, unterscheide ich für eine Analyse der Familie:

1. Die ökonomischen Funktionen, die auf die Unterstützung im Haushalt und die praktische gegenseitige Hilfestellung (»*Hilfe*«) bezogen sind;

2. den Bereich der generativen und erzieherischen Funktionen (»*Erziehung*«);

3. die Funktionen der gegenseitigen emotionalen Unterstützung, der Erholung, des kulturellen und moralischen Handelns, die mit »*Kommunikation*« im engeren Sinn zu tun haben;

4. diejenigen Funktionen, die auf die Aufrechterhaltung von Strukturmustern und die Rückkoppelungseffekte auf familiales Handeln durch überindividuelle Werte (»*Legitimation*«) abzielen. Im familialen Kontext werden diese Funktionen durch expressives Handeln gewährleistet, in Form von Ritualen (sofern es formalisiert ist), durch mitlaufend metakommunikative Handungsformen wie das Spiel oder durch explizit metakommunikatives Handeln (z.B. positive Gegenübertragung).

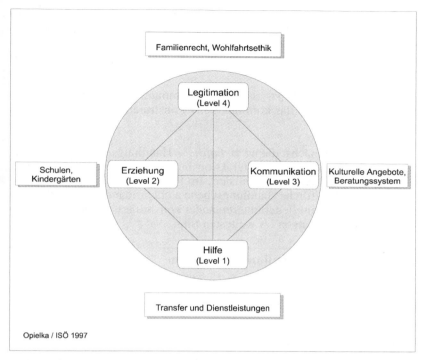

Abb. 1: Funktionen der Familie und wohlfahrtsstaatliche Interventi-onsfelder

Bemerkenswert ist dabei, daß die Familie heute in ein komplexes System sozialpolitischer Regulierung eingebunden ist. Viele Autoren haben Befürchtungen geäußert, daß diese Einbindung der Familie wenig nützt, sie vielmehr mit in ihrem Bestand bedroht, da durch den Wohlfahrtsstaat immer mehr früher im familialen System erbrachte Leistungen in außerfamiliale Systeme verlagert wurden. Ich kann mich einer solchen pessimistischen Einschätzung der gesellschaftlichen Einbettung der Familie nicht anschließen, sehe allerdings, daß die deutsche Familienpolitik erheblichen Nachholbedarf auf allen Ebenen hat (s. Opielka 1997).

Zurück zur soziologischen Analyse der Familie. In Abb. 2 habe ich Medien, Normen und Werte der Familie als Gemeinschaftssystem auf den vier analytischen, funktionalen Ebenen zusammengestellt. Ich unterscheide zwischen Normen und Werten - ungeachtet einer etwas anderen Theoriekonstruktion - mit Parsons wie folgt:

Michael Opielka

»*Werte - im formalen Sinn - erachten wir als das primäre verbindende Element zwischen den sozialen und kulturellen Systemen. Normen sind jedoch primär sozial. Sie haben regulierende Bedeutung für soziale Prozesse und Beziehungen, doch sie beinhalten nicht ´Prinzipien´, welche über die* soziale *Organisation (...) hinaus anwendbar wären.*« (PARSONS, 1975, S. 34).

Anders ausgedrückt: *Werte* als das metakommunikative, legitimative L4-Element, *Normen* als das kommunikativ konstruierte, gemeinschaftliche L3-Element.

Betrachten wir zunächst die *wirtschaftliche* Handlungsebene der Familie. Medien sind generalisierte Interaktionsmuster, die reproduzierbar sind. Sie sind nicht unbedingt formalisiert. Im Familiensystem wird beispielsweise die wirtschaftliche Handlungsebene nicht primär durch Geldleistungen der Familienmitglieder untereinander konstituiert, sondern durch Lebensunterhaltsleistungen im weitesten Sinn.

Funktionsbereich	**Medium**	**Norm**	**Wert**
	(exemplarisch)	*(Prozeßqualität)*	*(Sinnqualität)*
Legitimation/	Spiel	Empathie	Vertrauen
Ausdruck			
Kommunikation	Sprache	Respekt	Liebe
Erziehung	Wissen	Aufrichtigkeit	Gleichheit
Hilfe/	Lebensunterhalt	Reziprozität	Solidarität
Unterstützung			

Abb. 2: Medien, Normen und Werte in der Familie

Die wirtschaftliche Norm ist Reziprozität, also Gegenseitigkeit im Sinn eines komplexen, zeitlich und moralisch vermittelten Tausches. Der Wert der Hilfefunktion ist Solidarität.

Die *Erziehungs-* oder *Bildungs*funktion der Familie wird vor allem über das Medium »Wissen« vermittelt, beginnend mit der Vermittlung elementarer Kulturtechniken. Die Norm ist hier Aufrichtigkeit, der Wert vor allem Gleichheit.

Für die *Kommunikations*funktion gilt - wie für alle menschliche Kommunikation - vor allem das formalisierte Medium der Sprache, das aber gerade im System Familie um differenzierte, besonders auch affektuelle Medien - wie Gesten, Berührungen usw. - ergänzt wird, in Abhängigkeit von der spezifischen Familienkultur. Die Norm ist Respekt - Kommunikation setzt die Anerkennung des anderen voraus -, der Kommunikationswert ist Liebe.

Die *metakommunikative* (*expressive*) oder *Legitimations*funktion der Familie realisiert sich rituell, im günstigen Fall beispielsweise im Medium des Spiels, aber auch in Familienritualen wie gemeinsamen Essen, Gebeten usw.. Hier wird Kommunikation selbst (bewußt oder mitlaufend) »reflektiert«, zur Metakommunikation. Die metakommunikative Norm im Familiensystem ist Empathie - ohne Einfühlung in den anderen bleiben rituelle Akte äußerlich -, der Legitimationswert ist Vertrauen. Sinnvolle Familienrituale müssen - und können - heute selbst entwickelt werden.

Alle drei Elemente - Medien, Normen und Werte - sind einerseits analytisch, andererseits in ihrer Zeitgebundenheit zu verstehen. Ohne entsprechende Ausdifferenzierung der Handlungsebenen treten sie zum Teil nicht oder in anderer Gestalt auf. Das ist beispielsweise für den Kommunikationswert »Liebe« oft untersucht worden. Solange Kommunikation in der Familie nicht zum eigenen Handlungsbereich wurde - weil man wenig versprachlichte oder weil Kommunikation durch mangelnden Respekt, beispielsweise zwischen den Geschlechtern oder den Generationen, nicht geschah oder geschieht -, findet man auch historisch den Kommunikationswert »Liebe« in der Familie nicht verallgemeinert. Uns interessiert hier aber vor allem die Sinnqualität »Vertrauen«, die ich hier als Legitimationswert eingestellt habe. Das ist begründungsbedürftig.

Es erscheint durchaus einsichtig, *Liebe* als Kommunikationswert zu verstehen und nicht Vertrauen. Liebe kann Vertrauen zwar sehr gut gebrauchen, ist aber möglich auch ohne dieses, selbst als gegenseitige Liebe. Geliebt werden - auch im Sinne von Anerkennung - ist eine logische Voraussetzung für die Entwicklung des komplexeren Handlungsergebnisses, nämlich Vertrauen. Auch unterhalb der als emphatisch mißverständlichen Konnotationen von Liebe zeigen die bisherigen sozialpsychologischen Forschungen zu Vertrauen und Kommunikation, daß hier eher die Kategorien »Verläßlichkeit« oder »Glaubwürdigkeit« abgefragt werden können, wenn unter Vertrauen eine komplexe Folge von Kommunikation verstanden werden soll (s. Platzköster 1990, S. 39). Vertrauen wäre insoweit ein *Reflexions*produkt, eine geistige Qualität, kein Aspekt von Kommunikation.

Wenn diese soziologische Konzeptualisierung zutrifft, ergeben sich daraus spezifische Konsequenzen für den familialen Bildungsprozeß. Bevor diese analysiert werden, möchte ich die handlungs- und systemtheoretischen Überlegungen von der mikrosozialen Perspektive der Genese von Metakommunikation in der familialen Entwicklung her rekonstruieren.

Dazu möchte ich auf sozialpsychologische und tiefenpsychologische Annahmen Bezug nehmen, welche die soziologischen Kategorien bestätigen können und einige pädagogische Folgerungen erlauben.

2.   Vertrauen als Produkt familialen Handelns

In seinem letzten Buch »Vom Spiel zur Kreativität« (1971) geht Winnicott genauer auf den bedeutenden Übergang vom subjektiven zum objektiven Objekt ein und unterscheidet hier zwischen Objektbeziehung (*object-relating*) und Objektverwendung (*object-usage*). Der Übergang von der Objektbeziehung zur Objektverwendung stellt für Winnicott den für die menschliche Entwicklung vielleicht schwierigsten Prozeß dar:

»*Es handelt sich darum, daß das Subjekt das Objekt als ein äußeres Phänomen und nicht als etwas Projiziertes erkennt. Es kann nun das Objekt außerhalb des Bereiches seiner eigenen Omnipotenz ansiedeln, also es letztenendes als ein Wesen mit eigenem Recht anerkennen. In dieser Phase wurzeln nach Winnicott die folgenschwersten aller Fehlentwicklungen. Der Entwicklungsschritt von der Besetzung zur Verwendung ist deswegen von solcher Bedeutung und Dramatik, weil in seinem Ablauf das Subjekt das Objekt zerstören muß.*« (STORCK, 1976, S. 21).

Folgen wir WINNICOTT weiter, dann ist aber mit der Zerstörung noch nichts gewonnen: »*Erst wenn das Objekt die Zerstörung durch das Subjekt überlebt hat, kann das Subjekt das Objekt verwenden.*« (S. 22)

Das hier beschriebene psychische Geschehen hängt eng zusammen mit dem Verhalten der Mutter als in der Regel erster Bezugsperson. Sie führt das Kind durch die Destruktion. Sie wird angegriffen und soll zerstört werden. Allzuleicht kann eine Mutter verletzt reagieren und ihre Aggressivität nicht beherrschen, wenn ihr Kind sie beißt oder verletzt. In diesem wichtigen Erfahrungsbereich hängt deshalb alles davon ab, ob die Mutter die Fähigkeit hat, zu überleben, was nach WINNICOTT in diesem Zusammenhang »sich nicht zu rächen« bedeutet. *Die Eigenschaft, ständig von neuem zerstört zu werden, macht die Realität des überlebenden Objektes überhaupt erst erlebbar*, verstärkt die Gefühlsbeziehung und führt zur Objektkonstanz. Erst danach kann das Objekt verwendet werden (s. WINNICOTT 1971, S. 109). In diesem »sich nicht rächen« würde aus psychoanalytischer Sicht eine positive »Gegenübertragung« gesehen werden können. Die gelingende Gegenübertragung könnte man in der weiter oben eingeführten Theoriesprache als »Metakommunikation« des familialen Handelns deuten. Positive Gegenübertragung wäre dann (eine) Voraussetzung von Empathie (als Norm) und Vertrauen (als Wert).

Was von WINNICOTT für den Primärvorgang aus kinderanalytischer Sicht zur Entstehung von Vertrauen beschrieben wird, findet - ohne Bezug auf ihn - eine vordergründige Parallele in der wohl einflußreichsten soziologischen Studie zum Vertrauen, die Niklas LUHMANN verfaßt hat. LUHMANN betont die vertrauensfördernde Bedingung von Selbstvertrauen und wendet sich gegen das »Vorurteil: daß stabile Strukturen einer Person nicht auf instabile Strukturen ihrer Umwelt gegründet werden können« (1989, S. 87). Obwohl er eingesteht, daß für ihn »über die innerpsychischen Vorgänge noch keine ausreichende Klarheit« (S. 88) besteht, behauptet er:

»Selbstsicherheit als Vertrauensgrundlage ist in funktionaler Perspektive zurückzuführen auf das Vorhandensein interner Mechanismen der Reduktion von Komplexität ... Vertrauenserweise werden dadurch ermöglicht und erleichtert, daß das vertrauende System über strukturell nicht gebundene innere Ressourcen verfügt, die im Falle einer Enttäuschung des Vertrauens eingesetzt und die Last der Komplexitätsreduktion und Problemlösung übernehmen können.«

Ich habe von einer vordergründigen Parallele mit WINNICOTT gesprochen. Nun hat LUHMANN den Erwachsenen im Blick und WINNICOTT den Säugling. Man könnte bei den von LUHMANN geforderten »strukturell nicht gebundenen inneren Ressourcen«, die Vertrauen enttäuschungsresistent machen, jene »Objektkonstanz« im Sinne WINNICOTTS vermuten. LUHMANNS Anliegen ist ein soziologisches, die psychischen Prozesse als solche interessieren ihn nur darauf hin. Für LUHMANN ist Vertrauen interne Komplexitätsreduktion, indem per Umweltreduktion bestimmte Risiken eingegangen werden können und das Handlungs- und Erlebenspotential somit erweitert wird.

WINNICOTTS Annahmen hingegen sind radikaler. Man kann ihn so verstehen, daß Vertrauen nicht eigentlich durch Komplexitätsreduktion, sondern durch Komplexitäts*bewältigung* erzeugt wird. Die Kunst der Mutter im Primärvorgang besteht darin, daß sie die tatsächlichen und ganz und gar unvermeidlichen, geradezu existentiellen Zerstörungstendenzen des Kindes aushält und bleibt. Das macht sie natürlich mächtig und magisch. Hier liegt die wichtigste Rolle des Vaters, die Mütterlichkeit der Mutter zu bewahren, indem er etwas in ihr menschlich macht (WINNICOTT, 1976, S. 31ff.). Die Mutter wird entzaubert, indem sie sich versagt. Aber das darf nicht die Vorstellung einer vollkommenen Umwelt gefährden, die für WINNICOTT die wichtigste Wurzel für die Entwicklung des Geistes ist (S. 161ff.). Das geschieht durch die wachsende Fähigkeit des Säuglings und des Kindes, die Mängel der versagenden Mutter durch geistig-seelische Aktivität auszugleichen. Das Kind verwandelt also innerlich die Welt, die seinen Ängsten und seiner Aggressivität standhält.

Hier unterscheidet sich Winnicott wohl von der populärsten tiefenpsychologischen Auffassung von Vertrauen im Entwicklungsmodell ERIKSONS

(1963). Für ERIKSON ist das »Urvertrauen« das Fundament einer gesunden Persönlichkeit. Es hängt von der Qualität der Mutter-Kind-Beziehung ab, die Vertrauen ausschließlich über positive Erfahrungen entstehen sieht, während negative Verhaltensweisen wie Strafen, Drohungen und Unzuverlässigkeit Vertrauen verringern oder gar verhindern. Ähnlich argumentiert auch die von BOWLBY zuerst formulierte Bindungstheorie *(bonding)*. Winnicott hingegen hält Enttäuschung für unvermeidlich und sieht im zunächst äußeren - im Primärvorgang - und später inneren Objekterhalt die Entwicklungsleistung, welche das Kind *selbst* erbringt, von der Mutter angenommen und dadurch begleitet. Es ist dieser »kompetente Säugling«, auf den die neuere, kognitionspsychologisch elaborierte Säuglingsforschung in einer Erweiterung herkömmlicher psychoanalytischer Konzepte verweist (S. DORNES 1993).

Wie geht es dann weiter? In seiner schon klassischen sozialpsychologischen Studie betont PETERMANN (1996, S. 11) in ähnlicher Weise, daß »Vertrauen immer einen Aspekt der *Ungewißheit*, ein *Risiko* und die Möglichkeit der *Enttäuschung* beinhaltet«. Während die meisten psychologischen Autoren Vertrauen als Einstellung auffassen (s. PETERMANN, 1996, S. 17; ähnlich SCHWEER, 1996a, 1996b), sieht PETERMANN den *Prozeß*charakter von Vertrauen (S. 115ff.). Vertrauen ist eine Folge von Vertrauensangeboten, bei der sich zumindest drei Phasen unterscheiden lassen:

Phase 1: Herstellen einer verständnisvollen Kommunikation.
Phase 2: Abbau bedrohlicher Handlungen.
Phase 3: Gezielter Aufbau von Vertrauen.

»Entscheidend ist, daß in allen drei Phasen derjenige konsistentes Verhalten zeigen muß, der Vertrauen bei einem anderen aufbauen will; nur so können die damit verbundenen Sicherheitssignale erkannt werden.« (S. 116)

Ich habe eingangs formuliert, daß die funktionale Perspektive auf die Familie als Gemeinschaftssystem eine synchrone analytische Ebene eröffnet, während die Perspektive auf Vertrauen mit der temporalen, prozessualen Dimension eine diachrone analytische Ebene einführt. Vertrauen erscheint hier weniger als funktionaler Wert, denn als Output bestimmter Handlungskonstellationen in bestimmten Phasen. Damit wird auch plausibel, warum die Herstellung von Vertrauen beispielsweise in verschiedenen kindlichen und jugendlichen Entwicklungsphasen auf unterschiedlichen Handlungsqualitäten des Erziehenden basiert.

Darauf deuten auch die wenigen längsschnittlichen Befunde. SCHEUERER-ENGLISCH (1989) hat im Rahmen der Bindungsforschung die Eltern zehn Jahre alter Kinder befragt, die bereits - im Rahmen des Bielefelder Längsschnittprojektes von GROSSMANN & GROSSMANN - im ersten Lebensjahr auf ihr Bindungsverhalten untersucht wurden. Die Arbeit bestätigt die Hypothese, daß sichere oder unsichere Beziehungserfahrungen des Kindes mit seinen Beziehungspersonen ihren Niederschlag in unterschiedlich strukturierten Arbeitsmodellen der Kinder finden:

»Eltern mit einem hohen Anteil unterstützender und einem geringen Anteil ignorierender oder zurückweisender Episoden bei der Schilderung der Vertrauensbeziehung hatten Kinder, die ein positiveres und realistisches Elternbild hatten und eher beziehungsorientierte Strategien in Situationen emotionaler Belastung äußerten ... Rollenumkehr und Dominanz affektiver Bedürfnisse der Eltern in der Beziehung zum Kind waren verbunden mit Einschränkungen der Kinder in der offenen Äußerung von Gefühlen (insbesondere Ängsten) ...« (S. 231)

Natürlich ist eine unterstützende Haltung der Eltern auch bei älteren Kindern und Jugendlichen angebracht. Die Ausdrucksformen ändern sich jedoch. Verbalisierung und zugewandte Reflexivität werden immer wichtiger, um Vertrauen von Heranwachsenden zu sichern.

Wenn wir noch einmal auf die funktionale Typologie in Abb. 2 zurückgehen, wird der analytische Ertrag dieser Perspektive deutlich. Vertrauen wurde nicht als Kommunikationswert, sondern als Legitimationswert, als Sinnqualität der Familie gefaßt, ohne dies jedoch weiter zu begründen. Die hier versuchte Rekonstruktion des gemeinschaftlichen Prozesses der Herstellung und Sicherung von Vertrauen hat gezeigt, daß es sich bei Vertrauen nicht um einen *unmittelbar* und ausdrücklich kommunikativ konstruierten Wert handelt, vielmehr um einen reflexiven Wert, um ein Resultat ausdrücklicher oder zumindest mitlaufender Metakommunikation.

3. Die Teilsysteme der Familie

Nicht nur in einer temporalen, sondern auch in einer umfangslogischen Perspektive stellen sich Fragen an das hier vertretene Verständnis von Vertrauen. Im letzten Schritt werden die Bedingungen der Herstellung von Vertrauen in den Teilsystemen des Gemeinschaftssystems *Familie* andeutungsweise differenziert. Unterschieden werden kann zwischen den Teilsystemen »Eltern-Kind-Beziehung«, »Paarbeziehung«, »Geschwisterbeziehung«, »Großelternbeziehung« und dem »erweiterten familialen Netzwerk«, wobei ich mich auf die beiden erstgenannten, zentralen Teilsysteme konzentriere. Untersucht werden soll nun, wie jedes dieser Teilsysteme eine andere Kombination möglicher Funktionen des Familiensystems aktiviert und insoweit einen anderen Beitrag zur Vertrauensbildung leistet. Diese Kombinationen ergeben ein Muster unterschiedlicher Handlungsrelevanzen der am familialen Erziehungsprozeß Beteiligten. In Verbindung mit den individuellen Differentialen (z.B. den individuellen Vertrauenskonzepten) ergeben sich Folgerungen für die Familienpädagogik und insbesondere auch für familienergänzende Interventionen, die im Rahmen des Beitrages jedoch nur angedeutet werden können.

Unter Erziehung (bzw. Bildung) wird absichtsvolle Sozialisation verstanden, d. h. das absichtsvolle Bemühen des Erziehenden um eine Hilfe zur Reflexion selbstverständlicher, teils alltäglicher Kommunikation. Die erste aktive Erziehungs- bzw. Bildungstätigkeit der Mutter (bzw. der Eltern) stellt in der Beschreibung von Winnicott bereits eine solche »Reflexionshilfe« dar. Dies zieht sich für die Eltern-Kind-Beziehung durch die weiteren Entwicklungsstadien des Kindes hindurch. Wenn das Erziehungsverhalten der Eltern vertrauensbildend wirken soll, müssen entwicklungsadäquate Angebote der Reflexion von Kommunikationserfahrungen des Kindes seitens der Eltern gemacht werden. Ähnliches gilt im übrigen auch für die pädagogischen Beziehungen der Geschwister, der Großeltern und innerhalb des erweiterten familialen Netzwerkes. Gerade für die nichtelterlichen, familialen Erziehungssituationen lassen sich zumindest konzeptionelle Anhaltspunkte für unsere Hypothese der Vertrauensbildung durch Empathie und Metakommunikation finden. Entscheidend ist - wieder je spezifisch für die kindlichen Entwicklunsstadien - wie konkrete Kommunikationen und die jeweilige »Systemliebe« nicht nur einfach sinnhaft gedeutet, sondern wie sie durch den Reflexionsvorgang zweitcodiert werden. Entscheidend für Vertrauen ist damit die subjektiv *erlebte* Metakommunikation.

Eine spannende Frage ist natürlich, inwieweit das zweite, neben der Eltern-Kind-Beziehung für die Familie konstitutive Subsystem, die Paarbeziehung vertrauensvoll wird. Auch hier gibt es plausible Gründe für unsere Hypothese: Liebe allein genügt nicht für Vertrauen, sie bedarf der reflexiven Bestätigung. Die Einführung der sozialen Norm »Empathie« wirkt regelmäßig vertrauensbildend, sie muß freilich von allen (beiden) Beteiligten auch als solche identifiziert werden und sei es implizit. Das macht Vertrauen in der Paarbeziehung kontingent. Solange in der Paarbeziehung nämlich soziales Handeln nur bis zur Komplexitätsstufe der Kommunikation geschieht, kann Liebe als erfahrbarer Wert von familialer Kommunikation gelingen. Das ist viel, wenn sie als Anerkennung des jeweils anderen zu gegenseitiger Identitätssicherung beiträgt. Doch Liebe wäre allenfalls Gewohnheit, stets vom Abbruch der liebenden Kommunikation bedroht. Erst die nächste Komplexitätsstufe, die auf der *Norm* der Empathie beruhende Metakommunikation, schafft Vertrauen. Metakommunikation im Paarsystem geschieht einerseits rituell - vor allem durch die Heirat und ihre ritualisierte Bekräftigung (Hochzeitstage bis zur »goldenen« usw.

Hochzeit); sie geschieht aber in der modernen, reflexiven Familie auch bewußt, im glücklichen Fall durch positive Gegenübertragung, welche den je anderen in seinem wirklichen Wollen (empathisch) erkennt und damit Vertrauen als gemeinsamen Wert konstruiert.

Eine offene empirische Forschungsfrage dürfte sein, wie diese aus der Handlungslogik bestimmten Bedingungen der Entstehung von Vertrauen in der Familie mit individuellen Differentialen, beispielsweise den individuellen Vertrauenskonzepten (s. SCHWEER 1996a) oder - in der Sprache der Bindungstheorie - den individuellen Arbeitsmodellen der Familienmitglieder, zusammenhängen. Zu vermuten wäre, daß bei Mißlingen von Erziehung als Reflexionshilfe - insbesondere in den frühen Entwicklungsphasen des Kindes - die Vertrauensbildung, die selbst nur als Reflexionsprozeß möglich ist, nicht allein durch pädagogische Interventionen korrigiert werden kann. Hier setzen dann therapeutische Interventionen an, die - selbst stark rituell organisiert - eine wesentliche Funktion in der Wiederherstellung von Vertrauen sowohl gegenüber sich selbst wie gegenüber anderen besitzen. Empirische Studien, die sowohl die individuelle Bandbreite der Vertrauensstörung wie erfolgreiche Strategien der Wiedergewinnung von Vertrauen als individuelle Kompetenz und als gemeinschaftlichen Wert in der Familie in Beziehung setzen, wären gerade für die Familienerziehung bedeutungsvoll.

4. Literatur

BETHUSY-HOC, Viola Gräfin von (1987). *Familienpolitik. Aktuelle Bestandsaufnahme der familienpolitischen Leistungen und Reformvorschläge.* Tübingen.

ERIKSON, E. H. (1963). *Wachstum und Krisen der gesunden Persönlichkeit.* Stuttgart.

IMBER-BLACK, E. & ROBERTS, J. (1993). *Vertrauen und Geborgenheit. Familienrituale und alte Bräuche neu entdeckt.* Düsseldorf u. a..

KAUFMANN, F. X. (1995). *Zukunft der Familie im vereinten Deutschland.* München.

KOHUT, H. (1979). *Narzißmus. Eine Theorie der psychoanalytischen Behandlung narzißtischer Persönlichkeitsstörungen* (2. Aufl.). Frankfurt.

LAPLANCHE, J. & PONTALIS, J.-B. (1977). *Das Vokabular der Psychoanalyse* (2 Bde., 3. Aufl.). Frankfurt.

LUHMANN, N. 1989. *Vertrauen. Ein Mechanismus der Reduktion sozialer Komplexität* (3. Aufl.). Stuttgart.

LUTZE, K. (1996). *Wagnis Vertrauen. Das Verhältnis des Menschen zum Fremden in der anthropologischen Pädagogik Otto Friedrich Bollnows.* Eitorf.

OPIELKA, M. (1996). *Gemeinschaft in Gesellschaft. Entwurf einer Soziologie der Viergliederung gesellschaftlicher Integration.* ISÖ-WP 6/96, Hennef.

- (1997). Does the Welfare State Destroy the Family? In P. KOSLOWSKI & A. FØLLESDAL (Eds.), *Restructuring the Welfare State. Theory and Reform of Social Policy* (pp. 238-274). Berlin u. a..

PAETZOLD, B. & FRIED, L. (Hrsg.) (1989). *Einführung in die Familienpädagogik.* Weinheim / Basel.

PARSONS, T. (1970). The Normal American Family. In B. MEYER & A. SCOURBY, ALICE (Eds.), *Marriage and the Family* (pp. 193-214). New York.

- (1979). *The American Societal Community.* Harvard University.

PARSONS, T. & Bales, R. F. (1956). *Family. Socialization and Interaction Process.* London.

PETERMANN, F. (1996) *Psychologie des Vertrauens* (3. Aufl.). Göttingen u. a..

PLATZKÖSTER, M. (1990). *Vertrauen. Theorie und Analyse interpersoneller, politischer und betrieblicher Implikationen.* Essen.

SCHEUERER-ENGLISCH, H. (1989). *Das Bild der Vertrauensbeziehung bei zehnjährigen Kindern und ihren Eltern: Bindungsbeziehungen in längsschnittlicher und aktueller Sicht* (unveröff. Dissertation). Regensburg.

SCHWEER, M.K.W. (1996a). Vertrauen im Jugendalter. Subjektive Vertrauenskonzepte von Jugendlichen gegenüber Eltern, Lehrern und intimen Partnern. *Pädagogik und Schulalltag*, 51 (3), 380-388.

- (1996b). Eine differentielle Theorie interpersonalen Vertrauens. Überlegungen zur Vertrauensbeziehung zwischen Lehrenden und Lernenden. *Psychologie in Erziehung und Unterricht*, 44, 2-12.

VOGT Frýba, B. (1991). *Können und Vertrauen. Das Tovil-Heilritual von Sri Lanka als kultureigene Psychotherapie.* Chur / Zürich.

Vertrauen in professionellen Beziehungen

Vertrauen zwischen Arzt und Patient: Analyse und Überwindung von Kommunikationsdefiziten

Michael Koller & Wilfried Lorenz

Die Fertigstellung des Manuskripts erfolgte im Rahmen des vom Bundesministerium für Gesundheit geförderten Projekts »Feldstudien zur besseren Versorgung Krebskranker«.

1. Einleitung

In kaum einer anderen zwischenmenschlichen Beziehung spielt Vertrauen eine so große Rolle wie in der zwischen Arzt und Patient. Dies erklärt sich zum einen aus der Beziehungsstruktur und zum anderen durch die Funktion von Vertrauen. Es handelt sich um eine Interaktion, die durch zwei Attribute gekennzeichnet ist: asymmetrisch und risikoreich. Ärzte sind Handelnde, sie haben einen enormen Informations- und Wissensvorsprung, sie üben Kontrolle aus, sie können ihr Risiko (Behandlungsfehler, Schadensersatzansprüche) durch sorgfältiges Handeln kalkulieren und eingrenzen. Patienten befinden sich in der passiven Rolle, das Durchschauen der Behandlungssituation ist ihnen kaum möglich oder wird ihnen nicht zugetraut, sie sind unter Kontrolle, sie tragen das Risiko in Form von Schmerzen, Komplikationen oder gar dem Tod. Patienten können dieses Risiko nicht steuern; sie sind relativ schutzlos der Kontrolle anderer ausgeliefert.

Vertrauen erleichtert die Bewältigung dieser asymmetrischen und risikoreichen Situation erheblich, wie bereits die Definition von Vertrauen erahnen läßt. Vertrauen beinhaltet kognitive, affektive und behaviorale Elemente (KOLLER, 1992):

- positive Erwartungshaltung hinsichtlich des Ausgangs der Interaktion,
- positive affektive Einstellung zum Interaktionspartner,
- die Bereitschaft, Risiko einzugehen *trotz* (oder gerade *wegen*; s. KOLLER, 1988) des Wissens um das Risiko der Situation.

Vertrauende Patienten haben weniger Angst, befolgen die Therapieanweisungen und sind belastbarer. Auch für Ärzte ist das Vertrauen ihrer Patienten von Vorteil: Mehr Therapieerfolge, weniger Therapieabbrecher, zufriedene »Kunden« (s. Tab. 1).

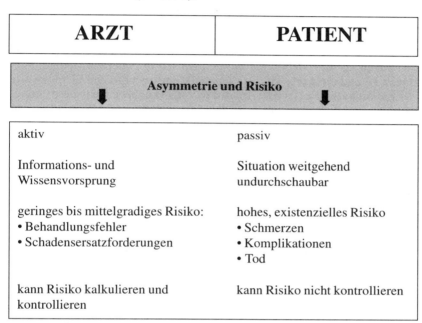

ARZT	**PATIENT**
Asymmetrie und Risiko	
aktiv	passiv
Informations- und Wissensvorsprung	Situation weitgehend undurchschaubar
geringes bis mittelgradiges Risiko: • Behandlungsfehler • Schadensersatzforderungen	hohes, existenzielles Risiko • Schmerzen • Komplikationen • Tod
kann Risiko kalkulieren und kontrollieren	kann Risiko nicht kontrollieren
Vertrauen	
mehr Therapieerfolge	weniger Angst
weniger Therapieabbrecher	mehr subjektive Sicherheit
»zufriedene Kunden«	belastbarer
finanzielle Aspekte	höhere *patient-compliance*

Tab. 1: Arzt-Patient-Beziehung: Struktur und die Rolle von Vertrauen

Ein zentraler Aspekt beim Aufbau eines Vertrauensverhältnisses zwischen Arzt und Patient ist eine intakte *Kommunikation* (SIMPSON u. a., 1991). Beide Parteien müssen die gleiche Sprache sprechen oder zu einer gemeinsamen Sprache finden. Die Alltagserfahrung lehrt, daß es um diese Kommunikation nicht zum besten bestellt ist. Patienten fühlen sich häufig mißverstanden. Gerade chronische, überaus belastende, aber schwer objektivierbare Leiden wie Schmerzen oder psychosomatische Beschwerden haben aus der Sicht einer biomedizinisch orientierten Medizin »geringen Krankheitswert« und werden nicht ernst genommen. Schlagworte wie *Fünfminuten-Praxis* oder *Apparatemedizin* kennzeichnen diese Grundhaltung. Nicht unverständlich ist daher die zunehmende Popularität »alternativer Heilmethoden«, deren gemeinsames Charakteristikum die Faktoren »Zeit« und »Zuwendung« sind, welche dem Patienten entgegengebracht werden. Mittlerweile werden auch die Kriterien für den wissenschaftlichen Nachweis der Wirksamkeit von Heilmethoden aufgeweicht. Ernsthaft wird diskutiert, bereits die »Binnenanerkennung« (eine Gruppe von Medizinern erklärt eine Methode für wirksam) als Gütekriterium gelten zu lassen - mit unübersehbaren Folgen für das Gesundheitswesen (DER SPIEGEL, 1997).

Neben diesen, für jeden im Alltag erfahrbaren Unzulänglichkeiten der Gesundheitsversorgung, gibt es auch wissenschaftliche Belege für Defizite in der Kommunikation zwischen Arzt und Patient. Die Belege kommen aus zwei Forschungsrichtungen: der Medizinischen Soziologie (Kommunikationsstrukturen) und der Lebensqualitätsforschung (Übereinstimmung zwischen Arzt- und Patientenurteil). Ziel dieses Beitrages ist es, einige ausgewählte empirische Beispiele für Kommunikationsdefizite darzustellen, darauf aufbauend zwei Praxisbeispiele für den Aufbau von Kommunikationsstrukturen zu geben und abschließend die wissenschaftliche und gesundheitspolitische Dimension des Themas »Vertrauen in der Medizin« zu verdeutlichen.

2. Defizite 1: Kommunikationsstrukturen und Gesprächsinhalte

Die Medizinische Soziologie hat sich intensiv mit den Formen und Abläufen von Interaktionen zwischen Ärzten und Patienten beschäftigt. Dabei waren sowohl die Variablen »Dauer der Kommunikation« als auch »Gesprächsinhalte« von Interesse.

Untersuchungen an internistischen Kliniken haben gezeigt, daß der Alltag der Ärzte primär von medizinischen Routineaufgaben wie Organisation, Besprechungen, Konsilien oder Arztbriefen bestimmt ist. Nur durchschnittlich 15% seiner Arbeitszeit wendet der Arzt für Visiten und kommunikativ orientierte Patientenbetreuung auf (SIEGRIST, 1988). Noch viel ungünstiger wird dieses Verhältnis, wenn diese ohnehin schon knapp bemessene Zeit auf den einzelnen Patienten verteilt wird (SIEGRIST, 1978). Bei chirurgischen Stationen beträgt die Dauer von Visiten (in Abhängigkeit von der Qualität der Station) zwischen drei Minuten und 48 Sekunden (Tab. 2). Diese Werte erreichen nicht einmal den Standard der viel kritisierten Fünfminuten-Medizin.

Qualität der Station		
hoch	mittel	gering
3,0 min.	1,5 min.	48 sec.

Tab. 2: Durchschnittliche Dauer des Arzt-Patient-Kontaktes während der Visite auf chirurgischen Stationen (nach Siegrist, 1978)

Auch über den Inhalt der Gespräche ist wenig Positives zu berichten. Stationsärzte und vorklinische Medizinstudenten wurden gefragt, ob sie Patienten eher vollständig oder mit Einschränkungen aufklären würden. 82% der Medizinstudenten befürworteten eine vollständige Aufklärung hinsichtlich der Diagnose, hingegen nur 47% der Stationsärzte. Ein ähnliches Bild ergibt sich hinsichtlich der Prognose: 32% der Studenten bevorzugen eine vollständige Aufklärung, aber nur 13% der Stationsärzte (SIEGRIST, 1988). Mit zunehmendem Eingebundensein in den Medizinbetrieb scheinen ärztliche Ideale (wie die Offenheit gegenüber den Patienten) immer mehr zu schwinden. Weitere Untersuchungen haben gezeigt, daß Ärzte bei problematischen Patientenfragen in 90% der Fälle Taktiken der ausweichenden Kommunikation (Nichtbeachten, Themenwechsel, »es sind noch weitere Untersuchungen nötig«) anwenden.

In einer Übersicht der Literatur im britischen, niederländischen und amerikanischen Bereich wiesen ONG u. a. (1995) nach, daß Kommunikationsdefizite auch das »outcome« (Patientenzufriedenheit, compliance, Lebensqualität) verschlechtern können. Besonders beeindruckend ist das Beispiel von Brustkrebspatientinnen: Entgegen einer weitverbreiteten Meinung war die Lebensqualität der Patientinnen nicht direkt davon abhän-

167

gig, ob eine totale Brustentfernung oder eine brusterhaltende Operation durchgeführt wurde. Entscheidend war das Gefühl der Patientin, informiert worden zu sein und am Entscheidungsprozeß teilgenommen zu haben. Die schlechteste Lebensqualität wiesen diejenigen Patientinnen auf, die sich ungenügend informiert und übergangen fühlten (FALLOWFIELD u. a., 1986).

Eine neuere Studie zeigt, daß die Bewertung des Verhältnisses von Arzt und Patient stark von Kommunikationsinhalten abhängt (ROTER u. a., 1997). Sowohl Patienten als auch Ärzte geben größere Zufriedenheit mit der Beziehung an, wenn psychosoziale Aspekte Inhalt des Gesprächs waren, als wenn nur die biomedizinische Seite der Erkrankung besprochen wurde.

3. Defizite 2: Vergleich zwischen Arzturteilen und Patientenselbsteinschätzungen

Ein anderer methodischer Zugang zur Aufdeckung von Kommunikationsdefiziten sind Studien zur Lebensqualität. Dabei können Urteile über den Gesundheitszustand und die Befindlichkeit aus der Sicht von Ärzten und Patienten verglichen werden. Diskrepanzen lassen sich als Indikator für Kommunikationsdefizite deuten.

Wir haben in unserer Arbeitsgruppe am Klinikum der Philipps-Universität Marburg drei derartige Studien durchgeführt, in denen Krebspatienten im Rahmen einer Nachsorgeuntersuchung (Studien 1 und 2, n = 60 und n = 100; JENKINS, 1994; KOLLER u. a., 1996) oder der stationären strahlentherapeutischen Behandlung (Studie 3, n = 55; KOLLER u. a., 1997) einen standardisierten Lebensqualitätsbogen zur Messung der somatischen, psychischen und sozialen Befindlichkeit ausfüllten (EORTC QLQ-C30). Parallel zu diesen subjektiven Patientenselbsteinschätzungen wurden verschiedene Formen der Arzturteile erhoben. Die Ärzte hatten entweder direkten Kontakt zum Patienten (Ärztin der Tumornachsorge, Stationsärztin) oder keinen direkten Kontakt (externe Ärzte). Ebenso wurden Daten zum objektiven Gesundheitszustand (Gewichtsverlust, TNM-Status, Metastasierung) erfaßt.

Für die Datenanalyse waren die körperlichen Symptome der Patienten von besonderem Interesse, da diese meist den Anlaß für die Kontaktaufnahme darstellen und außerdem die weiteren diagnostischen und therapeutischen Schritte stark beeinflussen. Die Ergebnisse der drei Studien sind zusammenfassend in Tab. 3 dargestellt. Es zeigt sich ein konsistentes

Muster: Selbstberichtete körperliche Symptome korrelieren am geringsten mit objektiven Gesundheitskriterien wie der Tumorausbreitung (TNM-Status) und Gewichtsverlust (r = .06 und r = .08), moderat mit Ärzteinschätzungen (r = .19 bis r = .46) und stark mit den psychosozialen Variablen »soziales Stigma«, »selbstbezogene Gedanken« und »negativer Affekt« (r = .51 bis r = .75).

Korrelationen: Körperliche Symptome mit

objektiven Gesundheitsparametern	Gewichtsverlust	.06
	TNM	.08
Arzteinschätzungen	externe Ärzte	.19
	Ärztin Tumornachsorge	.31*
	Stationsärztin Strahlentherapie	.46**
psychosozialen Variablen	soziales Stigma	.51**
	selbstbezogene Gedanken	.71**
	negativer Affekt	.75**

*Tab. 3: Zusammenstellung der Ergebnisse dreier Studien (JENKINS, 1994; KOLLER et al., 1996; KOLLER et al., 1997); * p < .05, ** p < .001*

Geringe Korrelationen zwischen Arzt- und Patienteneinschätzungen wurden in der Literatur immer wieder berichtet (OSOBA, 1994). Übersehen wurde bislang, daß die Korrelationen in ihrer Höhe beträchtlich streuen. Unser Beispiel bietet die Chance für eine Erklärung dieses Phänomens: Die Höhe der Korrelation ist eine Funktion der Enge des Kontaktes zwischen Arzt und Patient. Der niedrigste Wert stammt von externen Ärzten, welche die Patienten nicht persönlich kannten und für ihre Einschätzung die Krankenakten heranzogen. Die anderen beiden Arzturteile basieren auf dem direkten Kontakt mit den Patienten. Im letzten Fall war dieser Kontakt besonders intensiv, da es sich um strahlentherapeutische Patienten mit fortgeschrittenen Tumoren handelte und Beschwerdelinderung (Palliation) das vorrangige Ziel der ärztlichen Bemühungen war. Enger Kontakt fördert offensichtlich (bewußt oder unbewußt) die Tendenz, bei der Beurteilung des Gesundheitszustandes stärker psychosoziale Faktoren zu berücksichtigen.

Diese Interpretation wird durch einen zusätzlichen Befund gestützt: In Studie 1 korrelierte die Einschätzung der untersuchenden Ärztin $r = .31$ mit den körperlichen Symptomen der Patienten und $r = .40$ mit deren emotionalen Zustand. Externe Ärzte (kein direkter Patientenkontakt) waren nicht in der Lage, den emotionalen Zustand der Patienten abzuschätzen ($r = .04$), während sie bei körperlichen Symptomen noch eine Korrelation von $r = .19$ erreichten.

Eine weitere wichtige Frage betrifft die Erwartungen, mit der Patienten und Ärzte in die Therapie gehen. Dies haben wir in der Strahlentherapiestudie untersucht (KOLLER u. a., 1997). Tab. 4 zeigt, daß gute Übereinstimmungen hinsichtlich therapiespezifischer Ziele wie Tumorkontrolle und Schmerzreduktion bestehen. Hingegen treten krasse Unterschiede hinsichtlich nicht-symptomorientierter, idealistischer Ziele wie Heilung und seelische Stabilisierung zutage. Diese Unterschiede traten ironischerweise genau in der Studie auf, in der hinsichtlich körperlicher Symptome die höchste Arzt-Patienten-Korrelation gefunden wurde ($r = .46$). Möglicherweise wäre diese Korrelation noch höher gewesen, wäre die Ärztin über die subjektiven Therapieziele der Patienten informiert gewesen.

Die genauere Erforschung von Therapieerwartungen, deren Ausprägungen und deren Begründungen, ist deshalb ein wichtiger Forschungsgegenstand für die Zukunft. Die Steuerung von Therapieerwartungen durch eine sachgerechte Aufklärung, die dem Patienten nichts vorgaukelt, ihm aber auch nicht die Hoffnung nimmt, kann die Grundlage für eine vertrauensvolle Beziehung von Arzt und Patient schaffen.

Abschließend eine wichtige Klarstellung: Mangelnde Übereinstimmung bedeutet keineswegs, daß der Fehler beim Arzt zu suchen ist, und daß der Patient immer Recht hat. Es muß davon ausgegangen werden, daß beide Parteien Fehleinschätzungen erliegen; bei deren proportionaler Verteilung dürften Variablen wie Ausbildungs- und Informationsstand, Einfühlungsvermögen und Wunschdenken eine große Rolle spielen.

Wesentlich ist es, die unterschiedlichen Standpunkte herauszuarbeiten, ihre Gründe zu kennen, um sie dann durch gegenseitigen Informationsaustausch ausgleichen zu können.

4. Wie kann Vertrauen aufgebaut werden? Praxisbeispiele

Die berichteten Ergebnisse aus der Medizinischen Soziologie und der Lebensqualitätsforschung lassen sich so zusammenfassen:

1. Ärzte haben zu wenig Zeit für ihre Patienten.

2. Gesprächsinhalte entsprechen nicht den ärztlichen Idealen (mangelnde Aufklärung, ausweichende Kommunikation).

3. Symptomberichte von Patienten und Arzturteile korrelieren bestenfalls in moderater Weise und scheinen von der Enge des Kontaktes abzuhängen.

4. Der Einfluß psychosozialer Variablen auf die Befindlichkeit der Patienten wird unterschätzt.

5. Es besteht Uneinigkeit über nicht-symptomorientierte, idealistische Therapieziele.

Es gilt, diese Defizite zu beseitigen, wenn man die Verbesserung des Vertrauensverhältnisses zwischen Arzt und Patient anstrebt. Hier stecken Forschung und Praxis noch in den Kinderschuhen. Zwar liegt für den politischen Bereich ein Konzept der Vertrauensentwicklung vor, jedoch ist die GRIT-Strategie mit ihrer Betonung von Vorleistungen nur sehr bedingt auf die klar asymmetrische Arzt-Patient-Interaktion übertragbar (LINDSKOLD, 1978). Zum gegenwärtigen Zeitpunkt können wir daher keine ausgearbeiteten Vertrauensrezepte anbieten, sondern stellen zwei erste erfolgversprechende Praxisbeispiele dar.

PETERMANN (1996) hat zwei Studien an Kindern im pädagogischen und klinischen Bereich (HNO-Klinik) untersucht. Die Interaktionen zwischen Kindern und Ärzten/Therapeuten wurden aufgezeichnet und nach vertrauensrelevanten Kriterien untersucht. Herauszufinden war, unter welchen Bedingungen Kinder Vertrauen zu den Erwachsenen aufbauen. PETERMANN schließt aus seinen Studien, daß dies nur durch einen schrittweisen Prozeß geschehen kann, welchen der Erwachsene behutsam steuern muß. Dieser Prozeß verläuft in drei Phasen:

1. Herstellen einer verständnisvollen Kommunikation,
2. Abbau bedrohlicher Handlungen,
3. Gezielter Aufbau von Vertrauen.

Übertragen auf das klinische Beispiel stellt sich dieser Phasenverlauf so dar: Zunächst Zuwendung zum Patienten, Aufmerksamkeit bei der Begrüßung, Blickkontakt suchen (Phase 1). Dann Erklären der Situation, spielerischer Umgang mit den Untersuchungsinstrumenten, den Kindern die Situation durchschaubar machen (Phase 2). Schließlich die Kinder in die Untersuchung einbeziehen, sie durch Lob ermutigen, und ihnen verdeutlichen, daß sie selbst einen wichtigen Beitrag zum Therapieerfolg leisten können; klarstellen, daß sie der Mittelpunkt all der Bemühungen sind (Phase 3).

Noch komplexer gestaltet sich das Vertrauensproblem, wenn es um die Verbesserung der Breitenversorgung der Bevölkerung geht. Es geht dann nicht um einzelne Patienten und einzelne Ärzte, sondern um eine Versorgungskette mit einer Vielzahl von Einzelelementen. Vor diese Aufgabe sind wir im Rahmen einer vom Bundesministerium für Gesundheit geförderten Feldstudie zur Verbesserung der Versorgung Krebskranker gestellt (SCHMIDTALBERS u. a., 1996). Konkret soll dabei die Therapie und Nachsorge zweier wichtiger, großer Patientengruppen (Brustkrebs, Mastdarmkrebs) über einen Zeitraum von fünf Jahren untersucht werden. Aus Gründen der Epidemiologie ist es dabei notwendig, daß alle neuerkrankten Patienten einer umschriebenen Region (hier: Landkreis Marburg-Biedenkopf) in die Studie aufgenommen werden. Dieses Ziel ist nur durch eine enge Kooperation aller Beteiligten zu erreichen: Kliniken, niedergelassene Ärzte, Patienten und Studienleitung.

Dieses Feldstudienprojekt fand anfangs keinesfalls ungeteilte Zustimmung. Zweifel an den Zielen und Befürchtungen (Lenkung von Patientenströmen) wurden geäußert. Dieses Mißtrauen mußte abgebaut werden. Dazu war es notwendig, alle Beteiligten an einen Tisch zu bringen, offene Kommunikation zu betreiben und dadurch Transparenz zu schaffen. Zu diesem Zweck wurde ein Gesprächsforum initiiert, das aus Vertretern aller beteiligten Gruppen (also Kliniken, niedergelassene Ärzte, Patientenselbsthilfeverbände und Studienleitung) besteht und 20 Personen umfaßt. Dieser Personenkreis ist die organisatorische Plattform der Studie und agiert in der Funktion eines Qualitätszirkels (ein Begriff aus dem Qualitätsmanagement): Informationen werden ausgetauscht, Studienergebnisse diskutiert und Konzepte für eine Verbesserung der Patientenbetreuung erarbeitet.

Die Resonanz auf diese Bemühungen und die Erfolge nach dem ersten Studienjahr sind in Tab. 5 zusammengefaßt. Der Qualitätszirkel hat bislang fünf mal mit einer Erscheinungsquote von 80% getagt . Das Studiensekretariat hat breite Akzeptanz als Anlaufstelle für Patienten, niedergelassene Ärzte und Institutionen erlangt. Entsprechend sind auch die Dokumentationserfolge. Bemerkenswert ist vor allem die lückenlose Mitarbeit der niedergelassenen Kollegen, die parallel zur Patientenbetreuung einen großen Teil der Nachsorgedokumentation (Krankheitsverlauf, Messung der Lebensqualität bei Patienten) übernehmen und an die Studienzentrale weiterleiten. All dies sind Indikatoren für den Erfolg unserer vertrauensbildenden Maßnahmen.

Das Funktionieren des Organisationssystems garantiert eine flächendeckende Evaluation der Patientenversorgung. Auf der Basis dieser Erkenntnisse lassen sich empirisch begründete Verbesserungen der Versorgungsstrukturen vornehmen. Eine Verbesserungsmöglichkeit ergibt sich aus den oben zitierten Lebensqualitätsstudien: Die Übermittlung von Ergebnissen der Lebensqualitätsmessung an die Ärzte, um ihnen so eine bessere Abschätzung der psychosozialen Situation der Patienten zu ermöglichen.

5. Vertrauen als wichtiges neues Thema in der Medizin: Wissenschaftliche und gesundheitspolitische Implikationen

Vertrauen ist erst jüngst zu einem zentralen Thema der Medizin erklärt worden: Das *Journal of the American Medical Association* (gemeinsam mit dem *New England Journal of Medicine* und *Lancet* die wichtigste wöchentlich erscheinende wissenschaftliche Zeitschrift in der Medizin) enthält seit 1996 eine eigene Rubrik mit der Bezeichnung »Patient-Physician Relationship«. Bewußt wurde bei der Namengebung der Patient vorangestellt. Auf die Erfahrung vertrauend, daß amerikanische Neuentwicklungen mit einer Latenzzeit von zehn Jahren Europa erreichen, erwarten wir eine entsprechende Korrektur der im deutschen Sprachraum gebräuchlichen Bezeichnung »Arzt-Patient-Beziehung«. Programmatisch auch der Untertitel des Editorials: *»JAMA focuses on the center of medicine.«* Zur Rolle des Vertrauens führt der Autor aus: »The integrity of the profession of medicine demands that physicians, individually and collectively, recognize the centrality of the patient-physician relationship and resist any compromises of the trust this relationship requires.« (GLASS, 1996, S. 148)

Das Vertrauen zwischen Patient und Arzt wird in Zeiten der Umstrukturierung des Gesundheitssystems auf eine harte Probe gestellt. Kosten müssen eingespart werden. Dieser Trend spiegelt sich auch in neuen Forschungsschwerpunkten wider. Die Begriffe *outcome movement* und *evidence based medicine* signalisieren eine stärkere Vernunftorientiertheit der Medizin und den Willen, auf rationaler, empirischer Basis den Spreu vom Weizen zu trennen. Therapiemaßnahmen werden kritisch hinsichtlich ihrer Wirksamkeit evaluiert (*outcome movement*; RELMAN, 1988), wobei traditionelle (z. B. 5-Jahres-Überlebensrate) und neue subjektive Parameter (z. B. Lebensqualität) einander ergänzen (TROIDL u. a., 1991). Therapieschemata werden in Form von Leitlinien festgeschrieben und von medizinischen Fachgesellschaften unterstützt und empfohlen (LORENZ u. a., 1997).

All diesen Bemühungen haftet etwas Beängstigendes an: Die Therapiefreiheit scheint in Gefahr, Ärzte sollen sich zunehmend an ökonomischen und juristischen Kriterien orientieren und weniger an den Bedürfnissen ihrer Patienten (MECHANIC & SCHLESINGER, 1996). Hier ist Aufklärung und Erziehung notwendig. Leitlinien beispielsweise haben keineswegs zum Ziel, den Arzt unumstößlich auf ein therapeutisches Vorgehen zu fixieren. Leitlinien sollen der Willkür einen Riegel vorschieben und dem Patienten garantieren, daß er nach dem Stand der Dinge eine optimale Versorgung für den Standardfall erhält. Die vielgepriesene Einzelfallentscheidung bleibt davon unberührt, sollte der Patient nicht dem »Standardfall« entsprechen. D. h. der Arzt ist in seiner Entscheidung weiterhin frei, Abweichungen von den Leitlinien muß er aber (auch gegenüber dem Patienten) begründen können. Als Ideal wird mehr Verantwortung angestrebt - gegenüber dem Patienten, dem medizinischen Fortschritt und gegenüber der Gesellschaft.

Diese Aspekte von Erziehung und Verantwortung sind auch zentrale Bestandteile der von BALINT & SHELTON (1996) geforderten neuen Form der Patient-Arzt-Beziehung.

Beide müssen sich über Werte und Wünsche, Absichten und Möglichkeiten austauschen. Der Arzt übernimmt dabei die Rolle des Advokaten des Patienten und hat primär sein Wohl im Auge. Besonders wichtig ist die Aufklärung über therapeutisch Sinnvolles und Überflüssiges. Eine Patient-Arzt-Beziehung, deren Vertrauen auf umfassender Information fußt, überwindet die (scheinbare) Kluft zwischen persönlicher Autonomie und der verantwortungsvollen Nutzung gesellschaftlicher Ressourcen.

6. Literatur

BALINT, J. & SHELTON, W. (1996). Regaining the initiative. Forging a new model of the patient-physician relationship. *Journal of the American Medical Association*, 275, 887-891.

DER SPIEGEL (1997). Milliarden für Wunderheiler. Bonn plant: »Sanfte Medizin« auf Krankenschein. Nr. 21.

FALLOWFIELD, L. J., BAUM, M. & MCGUIRE, G. P. (1986). Effects of breast conservation on psychological morbidity associated with diagnosis and treatment of early breast cancer. *British Medical Journal*, 293, 1331-1334.

GLASS, R. M. (1996). The patient-physician relationship. JAMA focuses on the center of medicine. *Journal of the American Medical Association*, 275, 147-148.

JENKINS, M. (1994). *Symptom reporting of tumor patients* (unveröff. Diplomarbeit). Marburg.

KOLLER, M. (1988). Risk as a determinant of trust. *Basic and Applied Social Psychology*, 9, 265-276.

- (1992). Sozialpsychologie des Vertrauens. Ein Überblick über theoretische Ansätze. *Psychologische Beiträge*, 43, 98-112.

KOLLER, M., KUSSMANN, J., LORENZ, W., JENKINS, M., VOSS, M., ARENS, E., RICHTER, E. & ROTHMUND, M. (1996). Symptom reporting in cancer patients. The role of negative affect and experienced social stigma. *Cancer*, 77, 983-995.

KOLLER, M., WAGNER, K., KEIL, A., TROTT, D., PFAB, R. & LORENZ, W. (1997). Therapieerwartungen und Lebensqualität von chirurgischen und nicht-chirurgischen Patienten im Zuge der Strahlentherapie. *Langenbecks Archiv, Supplement I, Forumband*, 657-661.

LINDSKOLD, S. (1978). Trust development, the GRIT proposal, and the effects of conciliatory acts on conflict and cooperation. *Psychological Bulletin*, 85, 772-793.

LORENZ, W., u. a. (in Druck, 1997). Qualitätsmanagement in der Operativen Medizin. Konzept eines Universitätsklinikums.

MECHANIC, D. & SCHLESINGER, M. (1996). The impact of managed careon patients' trust in medical care and their physicians. *Journal of the American Medical Association*, 275, 1693-1697.

ONG, L. M., DEHAES J. C. J. M., HOOS, A. M. & LAMMES, F. B. (1995). Doctor-patient communication: A review of the literature. *Social Science and Medicine*, 40, 903-918.

OSOBA, D. (1994). Lessons learned from measuring health-related quality of life in oncology. *Journal of Clinical Oncology*, 12, 608-616.

PETERMANN, F. (1996). *Psychologie des Vertrauens* (3.Aufl.). Göttingen.

RELMAN, A. F. (1988). Assessment and accountability. The third revolution in medical care. *New England Journal of Medicine*, 999, 1220-1222.

ROTER, D. L., STEWART, M., PUTNAM, S. M., LIPKIN, M., STILES, W. & INUI, T. S. (1997). Communication patterns of primary care physicians. *Journal of the American Medical Association*, 277, 350-356.

SCHMIDTALBERS, U., KOLLER, M., LORENZ, W. & SCHULZ, K.-D. (1996). Projekt zur Verbesserung der Tumornachsorge unter besonderer Berücksichtigung der Lebensqualität bei Patientinnen mit Mammakarzinom (5-Jahres-Feldstudie). *Archives of Gynecology and Obstetrics*.

SIEGRIST, J. (1978). *Interaktion im Krankenhaus*. Stuttgart.

- (1988). *Medizinische Soziologie* (3.Aufl.). Heidelberg, Wien.

175

SIMPSON, M., BUCKMAN, R. u. a. (1991). Doctor-patient communication: the Toronto consensus statement. *British Medical Journal,* 303, 1385-1387.

DER SPIEGEL (1997). Milliarden für Wunderheiler. Bonn plant: »Sanfte Medizin auf Krankenschein« (Titel). Nr. 21.

TROIDL, H., SPITZER, W. O., MCPEEK, B., MULDER, D. S., MCKNEALLY, M. F. & WECHSLER, A. S. (Eds.). (1991). *Principles and practice of research* (2nd ed.). Heidelberg.

Die Bedeutung von Vertrauen und Wertschätzung für den Weg in die psychotherapeutische Beziehung

Matthias Franz

1. Einführung

Um es gleich vorweg zu sagen: Aus Sicht der tiefenpsychologischen Entwicklungstheorie und der modernen Bindungsforschung entsteht Vertrauen und realitätsbezogene Vertrauensfähigkeit aus der zuverlässigen und wertschätzenden, die Trieb-, Entwicklungs- und Individuationsbedürfnisse des Kleinkindes angemessen und einfühlsam befriedigenden Zuwendung und Fürsorge der Eltern.

Auch in der psychotherapeutischen Beziehung selber ist Vertrauen von zentraler Bedeutung. Sowohl das realitätsbezogene (Selbst-)Vertrauen des Therapeuten auf die eigene Kompetenz und Fähigkeit, einem bestimmten Patienten helfen zu können, als auch das Vertrauen des Patienten darauf, in der Beziehung zum Therapeuten nicht wieder - wie schon so oft zuvor - in traumatischer Weise verletzt zu werden. Gerade dieses Vertrauen aber ist bei psychogen erkrankten Patienten häufig in zentraler Weise beeinträchtigt.

Aufgrund zahlreicher empirischer Untersuchungen ist heute auch empirisch gesichert, daß nicht nur offensichtliche emotionale Deprivation, sexueller Mißbrauch oder Mißhandlung, sondern auch die latente Ablehnung oder dauernde Entwertung des Kindes zu einer nachhaltigen Störung der Identitätsbildung und der Vertrauensfähigkeit und damit auch der Beziehungsfähigkeit beitragen können. Grundlage der Vertrauensfähigkeit im Erwachsenenalter ist aus psychoanalytischer Sicht aber auch nach Erkenntnissen der Bindungsforschung eine stabile, selbstwerterhaltende innere Referenz aufgrund ausreichend guter und befriedigender Beziehungserfahrungen. Ein solches, unbewußt persistierendes inneres Bild einer zuverlässig präsenten Bezugsperson ermöglicht im Sinne der Objektkonstanz die Entwicklung von Vertrauen auf den Wert der eigenen und anderer Personen auch unter schwierigen Konfliktbedingungen.

Dies ist aber in der Regel nur den Menschen möglich, die Abhängigkeit als Kind nicht überwiegend als traumatisch und mit Gefühlen der Ohnmacht oder Hilflosigkeit versehen verinnerlicht haben. Die Erfahrung von Abhängigkeit innerhalb einer Beziehung, welche die wertschätzende Befriedigung des Abhängigen als integralen Bestandteil des eigenen Glücksempfindens ansieht, wie z. B. in einer wechselseitigen Liebesbeziehung, bewirkt nicht nur die beschriebene Objektkonstanz. Sie ermöglicht dem Kind darüber hinaus später als Erwachsenem auch die Fähigkeit zur Abhängigkeitstoleranz. Es ist in diesem Zusammenhang wichtig festzuhalten, daß Abhängigkeit per Se nicht von vornherein als etwas Negatives, Schlechtes vorgestellt werden muß. Dies gilt nur für die Situation der Angewiesenheit auf eine nicht mit dem Abhängigen wertschätzend identifizierten Person. Im Rahmen einer auf wechselseitige Befriedigung angelegten Liebesbeziehung kann eine dann konstruktive Abhängigkeit Identitätserfahrungen von elementarer Präsenz ermöglichen. Verfügt eine Person von früh an über einen ausreichenden Vorrat solcher Beziehungserfahrungen ist in der Regel die Fähigkeit zur angstfreien Abhängigkeitstoleranz - also zu Vertrauen - vorhanden. Eine generelle Mißtrauenshaltung, schwere Kontaktstörungen und autodestruktives oder konflikthaftes Sozialverhalten hingegen findet sich besonders bei Personen, die nicht in ausreichendem Maße über befriedigende Früherfahrungen verfügen.

Gerade diese gestörte interaktionelle Kompetenz aber hindert an Ängsten, Kontaktstörungen oder psychosomatischen Körperbeschwerden erkrankte Patienten häufig an der rechtzeitigen Kontaktaufnahme mit einem Psychotherapeuten. Dies bewirkt, daß gerade diejenigen, die solcher Hilfe am ehesten bedürften, nicht oder viel zu spät in eine entsprechende Behandlung gelangen.

Zu den hier in Rede stehenden, vorwiegend psychogen beeinflußten Erkrankungen zählen - neben den psychotraumatischen Belastungsreaktionen - die Psychoneurosen, die Charakterneurosen (Persönlichkeitsstörungen inklusive Suchterkrankungen), die funktionellen (somatoformen) Störungen sowie die Psychosomatosen im engeren Sinne. Es handelt sich um klinisch bedeutsame Krankheitszustände als Ausdruck einer konflikthaft situationsbezogenen und persönlichkeitsspezifischen Erlebnisverarbeitung. In Auslösung und Verlauf besteht eine Abhängigkeit von der psychosozialen Biographie des Patienten sowie ein Zusammenhang mit interaktionell reaktualisierten kindlichen Entwicklungskonflikten. Psychogenen Erkrankungen häufig zugrundeliegende Konflikte sind Störungen des Selbstwertempfindens, der Beziehungsfähigkeit oder sexuelle Konflikte. Die Häufigkeit psychogener Erkrankungen in der erwachsenen Normalbevölkerung beträgt 26%. Sie verlaufen überwiegend chronifizierend und ohne bedeutsame Tendenz zur Spontanremission. In groß angelegten epidemiologischen Langzeitverlaufsstudien konnten diese Zusammenhänge belegt werden (FRANZ u. a. 1994, 1995; MATEJCEK, 1991; SCHEPANK 1987,

1990; WERNER, 1992). In Allgemeinkrankenhäusern oder in Allgemeinpraxen beträgt der Anteil *psychogen* erkrankter Patienten zwischen 30 % und 40% (GATHMANN & FRIEDMANN 1987; KÜNSEBECK u. a. 1984; STUHR & HAAG, 1989; TRESS u. a., 1996; WILKINSON & MARKUS, 1989).

Trotz dieser großen Häufigkeit psychogener Erkrankungen in der Bevölkerung wie in Patientenkollektiven liegt die Inanspruchnahme von Psychotherapie in der Bevölkerung unter 1% (MEYER u. a., 1991). In neueren Untersuchungen wurde deutlich, daß Primärärzte das Vorliegen einer psychogen bedingten Störung nur in ca. der Hälfte der Fälle korrekt diagnostizieren. Diese diagnostische Lücke führt zu vermehrtem und oft chronifiziertem Leiden des Patienten sowie zu weiterer und damit teurerer Diagnostik (MEYER u. a., 1991; TRESS u. a., 1996). Darüber hinaus erfolgt im primärärztlichen Bereich auch bei eindeutigem Bestehen psychogener Beschwerden nur in Ausnahmefällen die Überweisung in fachpsychotherapeutische Behandlung (FRANZ & SCHEPANK, 1994).

Häufigkeit und schlechter Spontanverlauf der psychogenen Erkrankungen, die niedrige Inanspruchnahmerate von Psychotherapie in der Bevölkerung sowie die hohe Fehlbehandlungsrate zwingen zu der Frage nach den Ursachen dieser offensichtlichen Fehlsteuerung in der Versorgung psychogen erkrankter Patienten. Die systematische, psychotherapieaversive Nicht-Berücksichtigung nachweisbar möglicher, enormer volkswirtschaftlicher Einspareffekte frühzeitiger psychosozialer Interventionen bzw. deren ungenügende Integration in den primärärztlichen Versorgungsalltag ist in ihren komplexen Ursachen noch nicht ausreichend verstanden (LAMPRECHT, 1996). Orientiert an den konventionellen Rollensteorotypien der hierarchischen Arzt-Patient-Beziehung erfolgt die Delegation des Genesungsgeschehens psychogen erkrankter Patienten derzeit an ein hiervon überfordertes und seinerseits hinsichtlich psychogener Krankheitsursachen weitgehend wahrnehmungsunfähiges Gesundheitssystem.

Die Frage, was - oder vielleicht besser wer - vor diesem Hintergrund psychogen erkrankten Patienten eigentlich die Kraft gibt, Psychotherapeuten aufzusuchen, erscheint auf den ersten Blick trivial: Der Leidensdruck sei es. Er bewirke zunächst die rationalisierende und idealisierende Delegation des Genesungsprozesses an den psychotherapeutischen Experten.

Bei tiefergehender Betrachtung ist es keinesfalls selbstverständlich, daß in konflikthaften Beziehungen erkrankte oder in ihrem Selbstwertgefühl chronisch beschädigte Menschen den Weg in eine anfangs unklare und zumeist mit aversiven oder traumatischen Projektionen aufgeladene psychotherapeutische Beziehung finden. Wie ist ein solcher Neuanfang nach einem oft lange erlittenen und beschämenden Scheitern möglich? Auf den zweiten Blick scheint der Patient gar nicht zu wissen, warum und worauf er sich mit einem Psychotherapeuten einläßt oder einlassen müssen wird. Wo also sind die verborgenen Ressourcen, aus denen der Patient für den mühseligen Annäherungsprozeß schöpfen kann? Werden sie freigesetzt durch regressionsbedingte kindliche Idealisierungen, welche auch den Placebo-Effekt oder Übertragungsheilungen ermöglichen? Nähern sich die Patienten einer Psychotherapie also in einem kindlich-gläubigen und kritikverarmten Zustand? Oder sind es die unbewußten Trieb- oder Beherrschungswünsche, deren Erfüllung der Patient sich nun endlich vom Psychotherapeuten erhoffen zu dürfen glaubt? Ist es gar die latente schamanistische Funktion, die Psychotherapeuten vielleicht auch in dem so rational anmutenden Konventionsgefüge von Indikationsstellung, Kassenanträgen und Gutachterverfahren noch immer ausfüllen?

Der Beginn und Verlauf einer Psychotherapie kann sicherlich nur mit einem motivierten Patienten effektiv und hilfreich sein. Dieser Umstand bewirkte aber in der Vergangenheit eine Tendenz, eine stabile Behandlungsmotivation bei Patienten einfach als notwendig vorauszusetzen. Eine stabile Psychotherapiemotivation als Eingangsvoraussetzung für eine Behandlungszusage enthebt den Therapeuten tendenziell der Notwendigkeit, das Vertrauen und die Therapiemotivation des Patienten - falls erforderlich - zunächst zu entwickeln. Er kann sich mit dem gut motivierten Patienten sofort an die therapeutische Arbeit begeben und der Behandlung »unzureichend motivierter« Patienten eher skeptisch bis ablehnend gegenüberstehen. Motivation wird so in letzter Konsequenz zu einem deskriptiven prognoserelevanten Patientenkriterium der Indikationsstellung. Der Patient wird hierdurch möglicherweise erneut traumatisiert oder zu einem einsamen Leistungsträger. Auf den dritten Blick scheint also eher Leistungsdruck als Leidensdruck den Weg in eine psychotherapeutische Behandlung zu ebnen.

Zahlreiche Einflußfaktoren tragen indessen zum häufigen Nicht-Zustandekommen indizierter Psychotherapie bei: Auf Seiten des Patienten z. B. Uninformiertheit, unzureichende soziale Partizipation, inadäquate Krankheitskonzeptionen und vor allem die Unfähigkeit, im konflikthaften Bereich angstfrei wahrnehmen und rational handeln zu können. Zudem besteht gegen die rechtzeitige Inanspruchnahme psychotherapeutischer Hilfe bei psychogen erkrankten Patienten häufig ein Widerstand. Sie reaktualisieren regelhaft regressiv-magische Denkweisen und Erwartungen, die eher einer kindlichen Erlebnisperspektive zuzuordnen sind. Dies macht diese Patienten - wie erwähnt - besonders anfällig für die unkritische und idealisierende Annahme abwegiger oder auch gefährlicher Heilungsversprechen. Andererseits sind sie in ihrem subjektiven Erleben auch konflikthaften oder traumatischen Affekten ausgesetzt, welche die Herstellung vertrauensvoller Beziehungen erschweren, da Abhängigkeit eben zunächst aufgrund konflikthafter Früherfahrungen nicht mit sichernden Befriedigungserfahrungen gleichgesetzt wird.

Dies wird besonders bedeutsam angesichts der Notwendigkeit, auf eine konstruktive Unterstützung durch hilfreiche Personen vertrauen zu *müssen*. Eine solche Situation ist in der Regel im Vorfeld einer möglichen psychotherapeutischen Behandlung gegeben. Der Widerstand dieser Patienten gegen eine solche ist letztlich gegen jene der Behandlung impliziten Abhängigkeit gerichtet, die jedoch eine Voraussetzung neuen Wachstums darstellt. Aufgrund dieser strukturellen Vertrauensstörung stellt sich das Erlebnis der Angewiesenheit auf äußere Hilfe und der Umgang mit einem psychotherapeutischen Hilfsangebot für psychogen erkrankte Patienten häufig als hochkritische Situation dar.

Der prätherapeutische Annäherungsprozeß gestaltet sich deshalb oft dramatisch und komplikationsbeladen. In der vorgelegten Untersuchung erwiesen sich hierzu passend Einflüsse, die mit RAUCHFLEISCH (1990) als Kränkungsschutz oder als vertrauensbildend bezeichnet werden könnten, als ausgesprochen wichtig für die Etablierung einer positiven Psychotherapieakzeptanz.

2. Empirische Determinanten der Psychotherapieakzeptanz

Die Mannheimer Kohortenstudie zur Epidemiologie psychogener Erkrankungen (FRANZ u. a., 1994, 1995; SCHEPANK, 1987, 1990) erlaubt heute valide Aussagen zu Häufigkeit, Langzeitverlauf und Risikoindikatoren psychogener Erkrankungen. Sie stellt den empirischen Bezugsrahmen auch der hier vorgelegten Untersuchung dar.

Die Gruppe um SCHEPANK untersuchte erstmals zwischen 1979 und 1983 (A-Studie; SCHEPANK, 1987) eine repräsentative Stichprobe der erwachsenen Großstadtbevölkerung Mannheims hinsichtlich psychogener Erkrankungen (»Mannheimer Kohortenstudie zur Epidemiologie Psychogener Erkrankungen«). Insgesamt 600 aus dem Melderegister zufallsgezogene erwachsene Mannheimer Bürger (je 200 der Geburtsjahrgänge 1935, 1945, 1955) wurden von tiefenpsychologisch geschulten und klinisch-psychosomatisch erfahrenen Ärzten und Psychologen in mehrstündigen Forschungsinterviews persönlich untersucht. Ziel dieser Studie war die Aufklärung der wahren Prävalenz psychogener Erkrankungen in der erwachsenen Normalbevölkerung. Neben einem halbstandardisierten, tiefenpsychologisch orientierten Interview kamen zahlreiche sozialempirische, klinische und psychometrische Instrumente und Fragebögen zu kritischen Lebensereignissen sowie Expertenratings zum Einsatz.

Die Häufigkeit (Punktprävalenz) psychogener Erkrankungen betrug in der Mannheimer A-Studie ca. 26% der erwachsenen Normalbevölkerung. Angehörige der unteren Sozialschichten sind bei den Fällen überrepräsentiert, ebenso Ledige, Getrenntlebende und Geschiedene. Es wurden verschiedene frühkindliche Belastungsfaktoren identifiziert, die zu einer späteren Fallzuweisung prädisponierten. Unter anderem waren dies uneheliche Geburt, pathologische Elternbeziehungen, gehäufte Abwesenheit oder deutliche Psychopathologie der Mutter sowie beispielsweise ein erheblicher Altersunterschied zwischen den Eltern.

In einer ersten Folgeuntersuchung zwischen 1983 und 1985 wurden von den 600 Probanden der A-Studie 528 (88%) ein zweites Mal untersucht (B-Studie). Die wesentlichen deskriptiv-epidemiologischen Befunde der A-Studie konnten repliziert werden (SCHEPANK, 1990). Es zeigte sich bereits hier wie im weiteren Verlauf (FRANZ u. a., 1994, 1995) eine hohe Verlaufsstabilität der durch psychogene Beschwerden verursachten Beeinträchtigung sowie deren Abhängigkeit von Persönlichkeitsfaktoren und den frühkindlichen Entwicklungsbedingungen.

Überraschenderweise lassen sich psychogen erkrankte Patienten schon durch ein einfaches Therapieangebot in ganz erheblichem Umfang zu einer psychotherapeutischen Behandlung motivieren. 100 psychogen erkrankte Probanden der Mannheimer Kohortenstudie, die trotz psychogener Beschwerden nur zu einem sehr geringen Anteil psychotherapeutische Hilfe in Anspruch genommen hatten, erhielten im Rahmen einer weiteren Folgeuntersuchung ein Psychotherapieangebot. 32% nahmen dieses Angebot an, nachdem die spontan eigeninitiative Inanspruchnahme von Psychotherapie zuvor lediglich 3% betragen hatte (FRANZ, 1997).

2.1 Soziodemographie

Resultate klinischer Studien an Patientenstichproben, die eine höhere Psychotherapieakzeptanz von Mittelschichtangehörigen, Jüngeren und Frauen nahelegen, konnten nicht bestätigt werden. Auch bei Unterschichtangehörigen, Älteren und Männern besteht in großem Umfang eine positive Bereitschaft zur Psychotherapie, *wenn sie ein entsprechendes Angebot erhalten*. Die oft beschriebene bevorzugte Versorgung von Angehörigen höherer sozialer Schichten mit Psychotherapie erscheint deshalb als Effekt einer ineffizienten Zugangsregulation zu psychotherapeutischen Ressourcen oder als Ausdruck psychotherapieaversiver Tendenzen des Versorgungssystems, denen gut informierte und gut ausgebildete Patienten am ehesten gegensteuern zu können scheinen.

Hinsichtlich der *Qualität* ihrer sozialen Kontakte und sozialen Unterstützung waren die Ablehner zufriedener und besser integriert. Sie verfügten über einen größeren Freundeskreis und häufiger als die Annehmer über eine befriedigende Partnerbeziehung.

2.2 Kritische Lebensereignisse

Die Annehmer gaben statistisch deutlich häufiger ein *aktuelles, subjektiv belastendes Lebensereignis* für die Zeit des letzten Jahres vor Therapieangebot an. Hierzu zählten insbesondere starke Konflikte mit dem Lebenspartner oder anderen Angehörigen i. S. einer Enttäuschung oder Kränkung. Möglicherweise erlaubt die Nennung eines solchen Ereignisses die kränkende Erfahrung der Angewiesenheit auf psychotherapeutische Hilfe selbstwertstabilisierend durch Zurückführung auf eine äußere Ursache (und nicht auf die eigene innere Konflikthaftigkeit) zu kompensieren (Kränkungsschutz).

2.3 Beschwerden

Weder in der Selbst- noch in der Expertenbeurteilung bestanden Gruppenunterschiede im Ausmaß der klinischen Beeinträchtigung. Die Annehmer klagten lediglich hochsignifikant häufiger über *Kopfschmerzen.* Dieses aufgrund gegenseitiger Rollenerwartungen von Arzt und Patient akzeptierte Symptom könnte gewissermaßen als klinischer Code ein latent vorhandenes, interaktionsbezogenes psychogenes Krankheitsverständnis und damit möglicherweise dem Arzt eine positive Psychotherapieakzeptanz signalisieren. Insofern käme gerade diesem Symptom ebenfalls die Funktion eines Kränkungsschutz zu, da der Patient sich nicht von vornherein und eventuell beschämend als psychogen erkrankt »outen« muß. Er hätte mit dieser Symptomäußerung vielleicht auch die Möglichkeit, den Arzt hinsichtlich dessen interaktioneller Kompetenz und seiner Einstellung zu psychosomatischen Betrachtungsweisen zu »testen«. Auf keinen Fall scheint einfach eine höhere Beeinträchtigung oder ein stärkerer Leidensdruck zu einer höheren Psychotherapieakzeptanz beizutragen.

2.4 Persönlichkeit

Die Annehmer zeigten einerseits eine deutlich erniedrigte *Frustrationsto-leranz*, andererseits schilderten sie sich - angesichts ihrer relativ schlechteren sozialen Integration zunächst überraschend - hinsichtlich ihrer sozialen Handlungskompetenz als deutlich überlegen (stärker ausgeprägte *internale Kontrollüberzeugungen, soziale Dominanz), boten aber* Zeichen einer Störung des Selbstwertgefühls i. S. einer *narzißtisch strukturierten Abwehr*. Die Ablehner waren darüber hinaus eher an *sozial erwünschten Normen* orientiert und zeigten einen *unoffen vermeidenden Interaktionsstil*. Sie waren eher nicht auf die Kommunikation affektiv bedeutsamer, möglicherweise konflikthafter Inhalte eingestellt. Stark ausgeprägte internale Kontrollüberzeugungen, soziale Dominanz und der Einsatz narzißtischer Abwehrmechanismen können als Indikatoren eines tendenziell relativ aggressiven sozialen Kontrollanspruchs angesehen werden. Dieser könnte, verbunden mit einer verringerten Frustrationstoleranz, bei den Annehmern zu erheblichen inneren Spannungen aufgrund des Mißverhältnisses zwischen Anspruch und äußeren Realitäten (schlechtere soziale Integration) beitragen. Kann dies jedoch mit einer ausreichenden Offenheit gerade auch in emotional konflikthaften Bereichen mitgeteilt werden, scheinen wesentliche persönlichkeitspsychologische Voraussetzungen für eine positive Psychotherapieakzeptanz gegeben zu sein.

2.5 Proband-Interviewer-Interaktion

Die emotionale Reaktion des Interviewers sowie der erreichbare Grad an Offenheit und Vertraulichkeit im Gesprächskontakt standen in einem deutlich positiven Zusammenhang zum Akzeptanzverhalten. Je positiver die Interviewer die jeweiligen Probanden erleben konnten und je besser sie sich im Kontakt mit den Probanden selbst fühlten und zu einer vertraulich-empathischen Kontaktaufnahme bereit waren, desto eher nahmen die Probanden das Psychotherapieangebot an. Darüber hinaus konnten die Annehmer den Interviewern den interaktionellen Bezug ihrer Beschwerden klarer vermitteln als die Ablehner, welche den Untersuchern eher ein organbezogenes Krankheitsverständnis signalisierten. Diese Ergebnisse belegen die große Bedeutung interaktioneller Variablen und der Fähigkeit zu einer kompetenten Interaktionsdiagnostik für die Etablierung einer positiven Psychotherapiemotivation. Dies deckt sich auch mit Resultaten klinischer Untersuchungen (BARNETT, 1981; Blaser, 1989; BRÄHLER & BRÄHLER, 1986; v. CUBE, 1983; JANTA & TRESS, 1987; KÖCHER, 1982; RIEHL u. a., 1985; STRAUß u. a., 1991; WOOD, 1984). Von großer Bedeutung scheint insbesondere die Güte und Gestaltung des *initialen* Gesprächskontaktes im Vorfeld einer Psychotherapie zu sein. Insgesamt sprechen die Befunde für eine besonders zwischen Annehmern und Untersuchern stattfindende wechselseitige narzißtische Aufwertung und damit für das Gelingen eines vertrauensbildenden Prozesses. Aus einer für beide Seiten befriedigenden Interaktion resultierte so schließlich die positive Psychotherapieakzeptanz des Patienten - trotz dessen evidenter Kontaktstörungen. Besonders deutlich werden diese Zusammenhänge in der Beurteilung der emotionalen Primärreaktion (Gegenübertragungsreaktion) des Interviewers auf den Probanden. Eine positiv getönte Gegenübertragungsreaktion der Interviewer war bei den Annehmern stärker ausgeprägt als bei den Ablehnern. Umgekehrt fand sich eine primär negative Gegenübertragungsreaktion der Interviewer bei den Ablehnern signifikant häufiger als bei den Annehmern.

3. Schlußfolgerungen

Die akzeptanzrelevanten Variablen einer positiven Psychotherapieakzeptanz konvergieren inhaltlich auf drei Bereiche:

1. Persönlichkeitsmerkmale,
2. der Grad der sozialen Integration und
3. selbstwertprotektive Beziehung zum Untersucher.

Aufgrund der Situationsabhängigkeit der Ausgestaltung des Kränkungsschutzes (3) bestehen hier - im Gegensatz zu den Bereichen Persönlichkeit (1) und soziale Integration (3) - am ehesten Möglichkeiten einer konstruktiven Einflußnahme. Zur Verbesserung der Psychotherapieakzeptanz und der ineffizienten Ressourcenerschließung in der Versorgung psychogen erkrankter Patienten sollten den erstbetreuenden Ärzten deshalb bessere psychodiagnostische Fähigkeiten sowie eine ausreichende, auf die Selbstwertstabilisierung des Patienten abzielende, interaktionelle Kompetenzen vermittelt werden. Die Integration der psychosomatischen Grundversorgung in die primärärztliche Versorgung und die Schaffung des Facharztes für Psychotherapeutische Medizin stellen hier sicher in einem versorgungsstrukturellen Sinne vertrauensbildende Schritte dar.

Die vorgelegten empirischen Befunde bestätigen weitgehend klinisches Erfahrungswissen aus dem Bereich der tiefenpsychologischen Psychotherapie. Sie sprechen eindeutig dafür, daß der Patient-Therapeut-Beziehung eine maßgebliche Bedeutung bei der Etablierung einer positiven Psychotherapieakzeptanz zukommt. Dies bedeutet aber auch, daß Psychotherapiemotivation resp. -akzeptanz nicht einfach als statisches Prognosemerkmal mehr oder weniger vorausgesetzt werden kann, sondern im prätherapeutischen Dialog mit dem Patienten häufig erst erarbeitet werden muß.

Es ergibt sich so die paradoxe Konstellation und Notwendigkeit, daß der psychogen erkrankte, in seiner Vertrauensfähigkeit früh verunsicherte Patient im Spannungsfeld von Abhängigkeitswünschen und Abhängigkeitsängsten in der Beziehung zum Therapeuten Wertschätzung und Vertrauen erfährt - daß Vertrauen dort entsteht, wo bislang keines möglich schien.

Die zentrale Leistung des motivationalen Prozesses im Vorfeld einer psychotherapeutischen Behandlung besteht deshalb darin, dem Patienten die Vorstellung einer angstfreieren Abhängigkeitstoleranz als Voraussetzung einer psychotherapeutischen Vertrauensbeziehung zu eröffnen. Für eine konstruktive Gestaltung des prätherapeutischen Attachierungsprozesses und für die Etablierung einer positiven Psychotherapieakzeptanz ist daher in erster Linie eine das Selbstwertempfinden des Patienten stabilisierende, primär akzeptierende - aber nicht unprofessionell überidentifizierte - Haltung des Therapeuten unabdingbare Voraussetzung. Hierzu ist die metakommunikative Erfassung der vom Patienten zur Angstabwehr unbewußt inszenierten destruktiven Übertragungsanteile durch die Beachtung und diagnostische Analyse der eigenen Gegenübertragung hilfreich, wenn nicht essentiell. Eine solche - u. a. durch eigene Selbsterfahrung zu erwerbende - professionelle Haltung ermöglicht die Vermeidung erneuter destruktiver Beziehungserfahrungen und kann dem Patienten eine konstruktive Abhängigkeitserfahrung innerhalb einer psychotherapeutischen Beziehung als Voraussetzung neuen Wachstums eröffnen.

4. Literatur

BARNETT, M. (1981). The effect of client preparation upon involvement and continuation in psychotherapy. *Dissertation abstract international, 42 / 05B, 2040.*

BLASER, A. (1989). Die Wirksamkeit von Wahrnehmungsstereotypen bei der Indikation zur Psychoanalyse. *Zeitschrift für psychosomatische Medizin, 35, 59-67.*

BRÄHLER, C. & BRÄHLER, E. (1986). Der Einfluß von Patientenmerkmalen und Interviewverlauf auf die Therapieaufnahme - eine katamnestische Untersuchung zum psychotherapeutischen Erstinterview. *Zeitschrift für psychosomatische Medizin, 32, 140-160.*

CUBE VON, T. (1983). Katamnese von Patienten der Abteilung für Psychotherapie und Psychosomatik an der Psychiatrischen Universität München. *Zeitschrift für psychosomatische Medizin, 29, 49-75.*

FRANZ, M. (1994). Die Ablehnung psychotherapeutischer Hilfe - empirische Konturen eines destruktiv-narzißtischen Phänomens. *Forum Psychoanalyse, 10, 175-187.*

- (1997). *Der Weg in die psychotherapeutische Beziehung.* Göttingen.

FRANZ, M., Schellberg, G. & SCHEPANK, H. (1995). Indikatoren und Einflußfaktoren des Langzeitspontanverlaufs psychogener Erkrankungen. *Psychotherapie, Psychosomatik und medizinische Psychologie,* 45, 41-51.

FRANZ, M. & SCHEPANK, H. (1994). Zur inadäquaten Inanspruchnahme somato-medizinischer Leistungen durch psychogen erkrankte Patienten. *Fortschritte der Neurologie und Psychiatrie,* 2, 40-45.

FRANZ, M., SCHEPANK, H., REISTER, G. & SCHELLBERG, G. (1994). Epidemiologische Befunde zum Langzeitspontanverlauf psychogener Erkrankungen über 10 Jahre. *Psychotherapie, Psychosomatik und medizinische Psychologie,* 44, 22-28.

GATHMANN, P. & FRIEDMANN, A. (1987). Differential-diagnostical and management difficulties in 3354 psychosomatic / psychiatric patients refered to a psychosomatic department in a general hospital setting. In G. N. Christodoulou (Ed.), *Psychosomatic Medicine.* New York.

GOLDBERG, D., COOPER, B., EASTWOOD, M., CADWARD, H. & SHEPARD, M. (1970). A standardized psychiatric interview for use in community surveys. *British Journal of Preventive Somatic Medicine,* 24, 18-23.

JANTA, B. & TRESS, W. (1987). Psychotherapieindikation. In H. SCHEPANK (Hg.), *Psychogene Erkrankungen der Stadtbevölkerung* (S. 249-251). Heidelberg.

KÖCHER, D. (1982). *Patienten-Compliance im psychosomatischen Konsiliardienst: Ausmaß und Einflußgrössen* (unveröff. Dissertation). Berlin.

KROENKE, K. & MANGELSDORFF, D. (1989). Common symptoms in ambulatory care: Incidence, evalution, therapie and outcome. *American Journal of Medicine,* 86, 262-266.

KÜNSEBECK, H., LEMPER, W. & FREYBERGER, H. (1984). Häufigkeit psychischer Störungen bei nicht-psychiatrischen Klinikpatienten. *Deutsche medizinische Wochenzeitschrift,* 109, 1438-1442.

LAMPRECHT, F. (1996). *Die ökonomischen Folgen von Fehlbehandlungen psychosomatischer Erkrankungen und somatopsychischer Erkrankungen.* Überarbeitete Form eines Vortrages vor der Deutschen Gesellschaft für Psychotherapeutische Medizin, Göttingen.

MATEJCEK, Z. (1991). Die langfristige Entwicklung unerwünscht geborener Kinder. In H. TEICHMANN, B. MEYER-PROBST & D. ROETHER (Hrsg.), *Risikobewältigung in der lebenslangen psychischen Entwicklung* (S. 117-128). Berlin.

MEYER, A., RICHTER, R., GRAWE, K., SCHULENBURG, J. & SCHULTE, D. (1991). *Forschungsgutachten zu Fragen eines Psychotherapeutengesetzes.* Bonn.

RAUCHFLEISCH, U.(1990). Probleme der Indikationsstellung für eine psychoanalytische Psychotherapie von Delinquenten. In U. SCHNEIDER (Hg.),

Indikationen zur Psychotherapie (S. 81-100). Weinheim, Basel.

RIEHL, A., DIEDERICHS, P., BERNHARD, P., LAMPRECHT, H. & STUDT, H. (1985). Psychosomatische Konsiliartätigkeit in einem Großklinikum: Probleme der Integration und die Patienten-Compliance. *Psychotherapie und Medizinische Psychologie*, 35, 183-188.

SCHEPANK, H. (1987). *Psychogene Erkrankungen der Stadtbevölkerung.* Heidelberg.

- (1990). Diskussion der Ergebnisse, Bilanz und Zusammenfassung. In H. SCHEPANK (Hg.), *Verläufe* (S. 196-212). Heidelberg.

STRAUß, B., SPEIDEL, H., PROBST, P. & SEIFERT, A. (1991). Zeitlich begrenzte Kontakte mit einer psychosomatisch-psychotherapeutischen Ambulanz. II. Potentielle Determinanten der Inanspruchnahme therapeutischer Empfehlungen. *Psychotherapie, Psychosomatik und medizinische Psychologie*, 41, 53-60.

STUHR, U. & HAAG, A. (1989). Eine Prävalenzstudie zum Bedarf an Psychosomatischer Versorgung in den allgemeinen Krankenhäusern Hamburgs. *Psychotherapie, Psychosomatik und medizinische Psychologie*, 39, 273-281.

TRESS, W., KRUSE, J., HECKRATH, C. & ALBERTI, L. (1996). Psychosomatische Grundversorgung in der Praxis: Erhebliche Anforderungen an niedergelassene Ärzte. *Deutsches Ärzteblatt*, 93 / 10, 597-601.

WERNER, E. (1992). The children of Kauai: resiliency and recovery in adolescence and adulthood. *Journal of adolescent health*, 13, 262-268.

WILKINSON, G. & MARKUS, A. (1989). PROQSY: a computerised technique for psychiatric case identification in general practice. *British Journal of Psychiatry*, 154, 378-382.

WOOD, G. (1984). Therapist directive style at the initial interview and client dependency as predictors of attendance in psychotherapy and client satisfaction (outcome). *Dissertation abstract international*, 45 / 05B, 1598.

Vertrauensbildung durch faire Entscheidungsverfahren in Organisationen

Günter F. Müller

1. Einleitung

Wirtschaftliche, politische und gesellschaftliche Rahmenbedingungen, wie sie derzeit in vielen westlichen Industrienationen vorherrschen, sind offensichtlich wenig hilfreich, ein Vertrauensklima in Organisationen zu schaffen. Pressemitteilungen geben zu erkennen, daß in Leitungsgremien von Unternehmen nicht selten mit ethisch fragwürdigen Methoden gearbeitet wird oder daß individuelle und soziale Bedürfnisse von Mitarbeitern für betriebliche Entscheidungen kaum eine Rolle zu spielen. Selbstbedienungsmentalität im Top-Management und Ausverkauf von Unternehmensressourcen, obsolete Praktiken der Vorruhestandsregelung und kriminelle Machenschaften bei der Vergabe von Aufträgen, undurchsichtige Kapitalbeteiligungen, rein ökonomisch motivierte Verlegungen, Schließungen oder Veräußerungen von Betrieben, phantasielose Rationalisierung innerbetrieblicher Abläufen, Stellenabbau und Massenentlassungen - dies alles sind Beispiele für Entwicklungen, welche das Einvernehmen zwischen Mitgliedern einer Organisation beeinträchtigen und einen für Vertrauensbeziehungen wichtigen Zielkonsens in Frage stellt. Wenn der vermeintlich »normale« Arbeitsalltag bereits mehr oder weniger stark mikropolitisch infiziert ist, so werden Machtkämpfe, Konkurrenzorientierungen, Egoismen und manipulative Einflußversuche durch krisenhafte Veränderungen oftmals noch verstärkt. Unter diesen Umständen mag man sich fragen, ob so etwas wie »Vertrauensorganisation« in der heutigen Zeit überhaupt noch möglich ist (s. GEBERT, 1995). Können Antagonismen zwischen Bedürfnissen von Organisationsmitgliedern einerseits und Zielen der Organisation andererseits bereits in einer wirtschaftlich weniger angespannten Lage dazu führen, dem Arbeitspartner eher als Mißtrauens- denn als Vertrauensperson zu begegnen (s. BIERHOFF & BUCK, in diesem Band), so scheint ein entfesselter betriebsinterner und -externer Verdrängungswettbewerb noch viel weniger dazu angetan zu sein, die aufgeworfene Frage zu bejahen. Ist die Vertrauensorganisation also nur ein utopisches Leit- oder Gegenbild für eine von Mißtrauen und Vorbehalten geprägte Realität der Zusammenarbeit in Organisationen? Haben mikropolitisches Taktieren, Koalieren, Manipulieren und Ausmanövrieren das Klima in Organisationen nicht schon so beeinträchtigt, daß es rational, überlebensnotwendig und vorteilhaft erscheint, anderen Organisationsmitgliedern gegenüber auf der Hut zu sein? Da mögliche Erscheinungsformen einer Vertrauensorganisation von wissenschaftlicher Seite bislang noch unscharf und abstrakt konturiert worden sind (GEBERT, 1995, S. 70; GRUNWALD, 1997, S. 75ff.), soll an einem konkreten Einzelbeispiel aufgezeigt werden, wie es Organisationen selbst in kritischen Situationen gelingen kann, Vertrauen aufrechtzuerhalten und auf der Basis eines entsprechenden Klimas Wege aus der Krise zu finden. An diesem Beispiel kann auch verdeutlicht werden, wie sich Vertrauen und Fairneß des Umgangs miteinander bedingen, und wie ein für Vertrauensorganisationen wichtiger Grundkonsens funktioniert, der in Anlehnung an Max Weber mit Legitimität qua Verfahren umschrieben werden kann.

Ricardo SEMLER, ein brasilianischer Unternehmer, schildert in einem faszinierenden Buch, wie er den väterlichen Betrieb SEMKO durch konsequente Anwendung vertrauensbildender Maßnahmen zu einer international wettbewerbsfähigen Firma gemacht hat, und wie er auf diese Weise auch die für die Wirtschaft seines Landes typischen KonjunkturSCHWANkungen ohne existentielle Härten für die Belegschaft meistern konnte (SEMLER, 1993). Eine besonders ernste Situation ergab sich für das Unternehmen gleichwohl im Jahr 1990, als die Regierung zur Stabilisierung der wirtschaftlichen und politischen Lage alle Bankguthaben einer gewissen Größenordnung sperren ließ. Dadurch bekamen viele, vor allem auch international tätige Unternehmen sehr schnell Liquiditäts- und Produktionsprobleme. Auch SEMKO verlor über Nacht einen Großteil seines Marktes und sah sich zu rigorosen Schritten gezwungen, um das Überleben des Betriebes zu sichern. Dabei schien es erstmals unumgänglich, Teile der Belegschaft entlassen zu müssen. Die Art, wie diese bedrohliche Situation bewältigt wurde, ist jedoch bemerkenswert. Handelsleitend waren:

- Alle Mitglieder der Organisation sollen vollständig über die akute Situation des Betriebs informiert werden.

- Alle betroffenen Belegschaftsmitglieder werden einbezogen, um Lösungen zur Bewältigung der Krise zu finden.

- Alle Mitglieder der Organisation stimmen darin überein, daß humane und sozial verträgliche Bewältigungsstrategien Priorität haben sollen.

Dieses Vorgehen bei SEMKO erfüllt eine zentrale Voraussetzung der Vertrauensorganisation: die Verständigung auf ein bestimmtes Entscheidungsverfahren und das explizite *commitment*, im Sinne dieses Verfahrens handeln zu wollen. Die letztendlich realisierten Problemlösungen sind auch deshalb interessant, weil sie inzwischen beinahe schon zu feststehenden Bestandteilen von Maßnahmen geworden sind, Betriebe schlank und effizient zu machen. Da solche Maßnahmen jedoch oft willkürlich und über die Köpfe von Betroffenen hinweg umgesetzt werden, stoßen sie verständlicherweise auf Ablehnung und Widerstand (s. MÜLLER, 1995). Das Rettungsprogramm von SEMKO umfaßte folgende Komponenten:

- Ausschöpfung von Sparpotentialen bei allen Funktionen, die nicht im engeren Sinne wertschöpfend waren (Material-/Energieverbrauch, Aussetzen von Sonderzuwendungen usw.).

- *Insourcing* von Funktionen, die bislang an externe Anbieter vergeben gewesen waren (Reinigung, *catering*, Betriebsschutz und -sicherheit). Hierdurch konnte ein Teil der von Entlassung bedrohten Belegschaft weiterbeschäftigt werden.

- *Outsourcing* von Funktionen, die als selbständige Kleinbetriebe Überlebenschancen besaßen. Produktionsmittel wurden den »Satelliten«-Betrieben auf Leasing-Basis überlassen.

- Da weder die Übernahme bestimmter Servicefunktionen, noch die mit unternehmerischen Risiken verbundene Mitarbeit in »Satelliten«-Betrieben erzwungen werden sollte, wurde zusätzlich eine finanzielle Abfindung für solche Mitarbeiter vereinbart, welche den Betrieb verlassen wollten.

Da während der gesamten Krisenintervention für alle Belegschaftsmitglieder transparent war, welche Optionen diskutiert und realisiert wurden, gab es stets mehrere Alternativen, zwischen denen die Betroffenen wählen konnten. Dadurch hatten auch diejenigen, die schließlich aus dem Unternehmen ausschieden, Alternativen zur Arbeitslosigkeit gehabt, die für die humanitäre und soziale Glaubwürdigkeit des Betriebs sprachen.

2. Vertrauen und Fairneß von Entscheidungsverfahren

Zahlreiche sozialpsychologische Untersuchungen zeigen, daß die Zuschreibung von Vertrauen in Organisationen und die Wahrnehmung und Einschätzung der Fairneß von Entscheidungsverfahren hoch miteinander korrelieren (s. TYLER & DEGOEY, 1996). Diese sehr stabile und nicht nur für betriebliche Organisationen nachweisbare Beziehung schließt ein, daß

191

vertrauenswürdige Vorgesetzte in ihrem Entscheidungsverhalten als fairer wahrgenommen werden und für ihre tatsächlichen Entscheidungen mit mehr Akzeptanz rechnen können als weniger vertrauenswürdige Vorgesetzte. Eine Studie von KONOVSKY & PUGH (1994) hat die Kausalbeziehung zwischen Vertrauen, Verfahrensfairneß und Akzeptanzverhalten klarer herausarbeiten können: Die empirischen Befunde sprechen eher dafür, daß wahrgenommene Verfahrensfairneß die Zuschreibung von Vertrauen verursacht als umgekehrt. Interessant ist auch, daß die Vertrauenswürdigkeit einer Führungskraft primär davon abhängt, *wie* diese mit Entscheidungssituationen umzugehen vermag, und weniger davon, welche konkreten Konsequenzen mit einer Entscheidung verbunden sind.

Zwischen wahrgenommener Gerechtigkeit von Entscheidungsergebnissen und wahrgenommener Fairneß von Entscheidungsverfahren gibt es Wechselbeziehungen, die beachtet werden müssen. Vertrauen und Vertrauenswürdigkeit werden dabei primär vom Ausmaß wahrgenommener Verfahrensfairneß beeinflußt (s. BROCKNER & SIEGEL, 1996). Eine metaanalytische Auswertung zahlreicher Experimente und Studien zeigt, daß wahrgenommene Verfahrensfairneß in erster Linie dann zu unterschiedlichen Reaktionen führt, wenn das Entscheidungsergebnis für die Betroffenen *ungünstig* ausfällt (s. BROCKNER & WIESENFELD, 1996). Profitieren die Betroffene hingegen von einer Entscheidung, scheint es ihnen relativ gleichgültig zu sein, wie die Entscheidung zustandegekommen ist. Es zeichnet sich ab, daß ungünstige Entscheidungskonsequenzen fast ebenso leicht wie günstige Entscheidungskonsequenzen akzeptiert werden, wenn deren Zustandekommen durch ein faires Entscheidungsverfahren gerechtfertigt erscheint. Allerdings muß mit extrem negativen Reaktionen gerechnet werden, wenn neben nachteiligen Ergebnissen auch Eindrücke eines willkürlichen Entscheidungsverfahren vorhanden sind.

Für vertrauensbildende Maßnahmen in Organisationen ist dieser Effekt von grundlegender Bedeutung. Er bestätigt die verbreitete Ansicht, daß sich Vertrauen primär in schwierigen Situationen beweisen muß (Verteilung knapper Ressourcen, Schlichtung von Konflikten, Ausgleich von Interessengegensätzen, Übernahme zusätzlicher Lasten und Verpflichtungen). Er zeigt darüber hinaus jedoch auch, daß durch die Implementierung und Anwendung fairer Entscheidungsverfahren solch ein Vertrauensbeweis erbracht werden kann. Daß Organisationen gut beraten wären, die wahrgenommene Fairneß ihrer Entscheidungsverfahren zu überprüfen, legen Beispiele von Frustrationsreaktionen nahe, die aus der Wahrnehmung nachteiliger Entscheidungsergebnisse und unfairer Entscheidungsverfahren resultieren können. Zu bekannten Wirkungen wie subtile oder offene Formen der Arbeitsverweigerung zählen hier nicht selten Diebstahl und Sabotage, gerichtliche Auseinandersetzungen oder zunehmend sogar Vandalismus und körperliche Gewalt gegen vermeintliche Verursacher von Ungerechtigkeiten (s. MANTELL, 1994).

Welche Merkmale weisen faire Entscheidungsverfahren auf? Acht, durch zahlreiche Untersuchungen belegte Merkmale sind in Tab. 1 zusammengestellt (s. SHEPPARD & LEWICKE, 1987; TYLER, 1988; BIERHOFF, 1992).

Merkmale wahrgenommener Verfahrensfairneß

Personenübergreifende Merkmale	Personenspezifische Merkmale
• Beteiligung (*"voice"*)	• Zuwendung (*"consideration"*)
• Konsistenz	• Kommunikative Integrität
• Unvoreingenommenheit	• Aufklärung
• Genauigkeit	• Ethisch-moralische Grundsätze

Tab. 1: Merkmale wahrgenommener Verfahrensfairneß

Die Klassifizierung der Merkmale in personenübergreifende, eher allgemeine Merkmale und personenspezifische, eher idiosynchratische Merkmale findet ihre Entsprechung in zwei Grundformen des Vertrauens, die unterschieden werden können (s. MCALLISTER, 1995; TYLER & DEGOEY, 1996). Personenübergreifende, allgemeine Verfahrensmerkmale sprechen in erster Linie kognitiv-rationale oder instrumentelle Aspekte des Vertrauens an (im Sinne von Zuverlässigkeit, Vorhersehbarkeit, Ausrechenbarkeit). Personenspezifische, idiosynchratische Verfahrensmerkmale adressieren eher affektiv-emotionale oder sozial-relationale Vertrauensaspekte (im Sinne von Hilfsbereitschaft, Unterstützung, Wohlwollen und Wertschätzung).

Die vier personenübergreifenden Verfahrensmerkmale sind folgendermaßen charakterisierbar:

- *Beteiligung*: Personen scheint es wichtig zu sein, daß den von Entscheidungen Betroffenen die Möglichkeit eingeräumt wird, ihre Ansichten äußern, ihre Interessen offen vertreten und ihre Sichtweisen über den Entscheidungsgegenstand darlegen zu können. Allen von Entscheidungen betroffenen Organisationsmitgliedern eine Stimme in eigener Sache zu geben (*voice*), ist eine der wichtigsten mit Fairneß assoziierten Facetten von Entscheidungsverfahren. Dabei scheint es subjektiv wenig bedeutsam zu sein, ob Entscheidungen durch eine Beteiligung tatsächlich beeinflußt werden oder nicht.

- *Konsistenz*: Faire Verfahren zeichnen sich in der Wahrnehmung von Personen überdies dadurch aus, daß sie sich erkennbar um eine objektive und stimmige Entscheidungsfindung bemühen. Ein wichtiges Kriterium ist, daß Verfahren unabhängig davon anwendbar sein sollten, wann, wo und mit welcher Beteiligung bestimmte Fragen, Probleme oder Konflikte entschieden werden müssen. Konsistenz ist ein zentrales Merkmal in Vorstellungen, die Personen über Chancengleichheit bei der Behandlung strittiger Fragen besitzen.

- *Unvoreingenommenheit*: Wahrgenommene Verfahrensfairneß ist weiterhin davon abhängig, ob erkennbar sichergestellt wird, mit der Entscheidungsfindung nur solche Personen zu betrauen, die den Betroffenen und dem Entscheidungsgegenstand gegenüber eine neutrale und unparteiische Position einnehmen. Entscheidungsbefugte Organisationsmitglieder sollten insbesondere kein erkennbar persönliches Interesse am Entscheidungsergebnis haben bzw. nicht selbst vom Ausgang des Verfahrens profitieren.

- *Genauigkeit*: Verfahren werden umso fairer beurteilt, je mehr entscheidungsrelevante Informationsquellen erschlossen und für eine Entscheidung ausgeschöpft werden müssen. Dies unterbindet Eindrücke, daß Entscheidungen überhastet und unreflektiert getroffen werden oder daß Präferenzen und Einschätzungen einzelner Entscheidungsträger ein zu großes Gewicht bei der Entscheidung bekommen. Auch hier sind es weniger objektive, z. B. formal geregelte Gesichtspunkte, die fairneßbestimmend sind, sondern subjektive Überzeugungen, daß Entscheidungsverfahren mit größtmöglicher Genauigkeit gehandhabt werden.

Die vier personenspezifischen Verfahrensmerkmale sind wie folgt beschreibbar:

- *Zuwendung* (consideration): Als fair wird wahrgenommen, wenn die für Entscheidungen verantwortlichen Organisationsmitglieder auf individuelle und soziale Bedürfnisse der Betroffenen eingehen. Dies verstärkt zum einen den Eindruck, das Verhalten entscheidungsbefugter Personen beeinflussen zu können (instrumenteller Aspekt). Zum anderen vermittelt persönliche Zuwendung den Eindruck einer wohlwollenden zwischenmenschlichen Beziehung (nicht-instrumenteller Aspekt). Im zweiten, subjektiv zumeist gewichtigeren Fall bedeutet Zuwendung, daß sich entscheidungsbefugte Personen während des Entscheidungsprozesses offen, zugewandt, aufgeschlossen und freundlich präsentieren. Sozial-emotionale Rücksichtnahme kann unabhängig vom Ausmaß tatsächlicher Entscheidungspartizipation die Fairneßbeurteilung von Verfahren verbessern (s. SHAPIRO, 1993).

- *Kommunikative Integrität*: Faireßrelevante Eindrücke werden hier durch den Kommunikationsstil entscheidungsbefugter Personen vermittelt. Eindrucksbildend ist vor allem die Glaubwürdigkeit des entscheidungsbefugten Organisationsmitglieds als Person. Fairneßsteigernd wirkt sich aus, wenn entscheidungsbefugte Organisationsmitglieder begründet zu kommunizieren verstehen, daß sie weder voreingenommen noch willkürlich handelt und daß sie bei ihren Erwägungen die spezielle Situation der Betroffenen umfassend gewürdigt haben.

- Aufklärung: Dieses Merkmal ist ebenfalls äußerst wirksam, positive Veränderungen wahrgenommener Fairneß von Entscheidungsverfahren hervorzurufen (s. BIES & SHAPIRO, 1987). Allein die Tatsache, daß sich entscheidungsbefugte Personen zu ihrer Beschlüssen äußern oder daß sie über Entscheidungshintergründe informieren, kann dazu beitragen, daß das Entscheidungsverfahren als fair wahrgenommen wird. Die Wirkung aufklärender Maßnahmen beruht auf ihrer *feedback*-Funktion, die Informationsbedürfnisse von Betroffenen zu befriedigen vermag. Da Aufklärungswirkungen auch davon abhängen, *wie* entscheidungsbefugte Personen auf Informationsbedürfnisse von Betroffenen reagieren, spielt die persönliche Ansprache der Betroffenen bei diesem Merkmal ebenfalls eine große Rolle.

- *Ethisch-moralische Grundsätze*: Auch wenn sich Personen darin unterscheiden können, welche ethisch-moralischen Grundsätze sie verinnerlicht haben und worauf sie Fairneßurteile in letzter Instanz stützen, scheint es doch einige Grundsätze zu geben, auf die »fair play« in Organisationen rekurrieren sollte. Ein Grundsatz ist offenbar die weitestmögliche Gleichbehandlung von Betroffenen, ein anderer, die Privatsphäre von Betroffenen unangetastet zu lassen. Auch beeinträchtigt es einen vertrauensrelevanten Zielkonsens, wenn Betroffene den Eindruck gewinnen, daß entscheidungsbefugte Personen mit manipulativen Taktiken oder List, Tükke und Täuschung arbeiten, um die Akzeptanz von Entscheidung zu erhöhen.

Vertrauensbildung in Organisationen ist ein vielschichtiges Problem und oft auch ein langwieriges und mühsames Unterfangen. Gleichwohl gibt es kaum Alternativen, wenn Organisationen selbst in ökonomisch schwierigen Zeiten kreativ, produktiv und überlebensfähig bleiben wollen (s. MISHRA, 1996). Mit Maßnahmen, welche die Fairneß von Entscheidungsverfahren verbessern, können Organisationen dazu beitragen, Vertrauen aufzubauen oder zu stärken. Im folgenden werden einige besonders sensible Brennpunkte der Vertrauensförderung qua Verfahrensfairneß beleuchtet und Erkenntnisse sozial- und organisationspsychologischer Forschung zu Wirkungen spezifischer Verfahrensmerkmale aufgezeigt.

3. Brennpunkte der Entscheidungsfindung in Organisationen

In Organisationen kommt es häufig vor, daß die Verteilung knapper Ressourcen entschieden werden muß oder daß die Konsequenzen von Entscheidungen auch Nachteile für die Betroffenen mit sich bringen können. Sozial- und organisationspsychologische Forschungsarbeiten enthalten inzwischen für eine ganze Reihe potentiell konfliktärer Entscheidungsfelder empirisch begründete Hinweise, wie durch faire Entscheidungsverfahren ein akzeptabler und vertrauensbildender Beitrag zur Lösung von Entscheidungsproblemen auszusehen hätte (s. CROPONZANO, 1993; KRAMER & TYLER, 1996). Sechs Brennpunkte der Entscheidungsfindung sollen im folgenden dargestellt und anhand von Untersuchungsbefunden beleuchtet werden.

3.1 Personalauswahl

Auswahlverfahren entscheiden über Stellen- oder Beförderungschancen und sind inhärent konfliktär, weil Bewerber nicht nur ausgewählt, sondern auch abgewiesen werden müssen. Bemühungen, Auswahlverfahren fair zu gestalten, schaffen nicht nur Vertrauen bei erfolgreichen Bewerbern, sondern können auch bei abgelehnten Bewerbern erreichen, die Entscheidung zu akzeptieren.

BIES (1986, zit. in TYLER & BIES, 1989) befragte Studierende und Beschäftigte, welche Vorstellungen diese mit Auswahlsituationen verbinden und welche eigenen Erfahrungen sie in solchen Situationen bereits gesammelt haben. Zudem sollte angegeben werden, wie die Befragten über faire Verfahren betrieblicher Personalauswahl denken und welche Eindrücke sie in dieser Richtung wiedergeben können. In den Antworten der Befragten ließen sich zwei Merkmale identifizieren, die für Fairneßurteile in Auswahlsituationen bedeutsam sind: Zum einen spiegelte sich durchgängig wider, daß Bewerbern Gelegenheit zu einer umfassenderen Selbstpräsentation gegeben werden sollte, als dies im Rahmen standardisierter Test- und Interviewprozeduren möglich ist. Neben der Gelegenheit, eigene Vorzüge, Stärken, Beweggründe, Präferenzen und Motive angemessen darstellen zu können, erwies sich als ebenso fairneßrelevant, daß Bewerber »als Mensch« behandelt wurden und bei entscheidungsbefugten Kontaktpersonen der Organisation Ehrlichkeit, Höflichkeit, Aufmerksamkeit, Respekt, Offenheit und Entgegenkommen erfahren hatten. Der Einfluß dieses zweiten Verfahrensmerkmals war unabhängig davon nachweisbar, ob die Befragten ein Stellenangebot erhalten hatten oder nicht. Ein für das Vertrauensklima in Organisationen ebenfalls wichtiger Befund war, daß Verlierer *und* Gewinner von Auswahlverfahren ausgesprochen schlechte Fairneßnoten erteilen, wenn sie ihrem Eindruck nach schroff, kalt, ablehnend und respektlos behandelt worden sind.

Eine neuere Untersuchung von BAZERMAN, SCHROTH, SHAH, DIEKMAN & TEUBUNSEL (1994) zeigt allerdings, daß die Fairneß von Auswahlverfahren primär dann eindrucksbildend ist, wenn Bewerbern lediglich ein Stellenangebot vorliegt. Bei mehreren Angeboten schwächt sich der Verfahrenseffekt zugunsten der Vorteilhaftigkeit von Angeboten ab. Unter diesen Umständen wird das attraktivste Angebot unabhängig davon präferiert, wie das Auswahlverfahren selbst erlebt worden ist.

Im allgemeinen kann davon ausgegangen werden, daß AusWAHLverfahren, die Selbstpräsentationsmöglichkeiten enthalten, in einem freundlichen und zugewandten Kommunikationsklima stattfinden und zusätzlich rasche und begründete Rückmeldung über die Entscheidung geben, auch abgelehnten Bewerbern helfen, die Entscheidung zu respektieren.

3.2 Leistungsbeurteilung

Daß die Fairneß von Leistungsbeurteilungs-Systemen oftmals ein Dauerthema in Organisationen ist, kann u. a. daran abgelesen werden, daß die Einigung auf ein bestimmtes System zu einem heftig umstrittenen und langwierigen Prozeß werden kann. In den 50er, 60er und 70er Jahren versuchten Betriebs- und Organisationspsychologen, die Akzeptanz von Leistungsbeurteilungs-Systemen durch verfahrenstechnische Objektivierung zu erhöhen. Die hiermit erzielten Wirkungen sind jedoch gering geblieben, so daß Leistungsbeurteilungs-Systeme inzwischen auch andere fairneßrelevante Merkmale berücksichtigen, um Unzufriedenheits- und Demotivationseffekte zu vermeiden. Ein sehr zentrales Merkmal moderner Leistungsbeurteilungs-Systeme ist die aktive Beteiligung der beurteilten Mitarbeiter. Dies geschieht zumeist in der Weise, daß zu Beginn eines Beurteilungszeitraumes Beurteiler und Beurteilte konkrete Leistungsziele vereinbaren, die sodann die Beurteilungsgrundlage für konkretes Leistungsverhalten in einem definierten Zeitraum darstellen (s. MUNGENAST, 1990).

LIND, KANFER & EARLY (1990) verglichen in einer Studie, wie unterschiedliche Zielsetzungsmöglichkeiten von betroffenen Organisationsmitgliedern beurteilt werden: Zielvorgaben ohne Beteiligung der Betroffenen erhielten erwartungsgemäß die schlechtesten Fairneßnoten. Mittelgünstige Beurteilungen gab es bei Zielvorgaben mit anschließender Anhörung der

Betroffenen. Am fairsten erschien das Verfahren dann, wenn die Betroffenen bereits im Vorfeld der Zielsetzung beteiligt worden waren. Dieser Effekt ließ sich zum einen den instrumentellen Funktionen einer Beteiligung zuschreiben, insbesondere der Möglichkeit, die Formulierung von Beurteilungszielen beeinflussen zu können. Zum anderen spielen aber auch nicht-instrumentelle Aspekte eine Rolle. Insbesondere die kommunikative Integrität und Glaubwürdigkeit der Beurteiler, wenn sie Ziele vereinbaren oder Beurteilungsgespräche führen, wirken sich fairneßsteigernd aus und stärken damit die Vertrauensbasis kooperativer Beziehungen in der Organisation.

Wie wichtig es ist, auf die Fairneß von Beurteilungssystemen zu achten, unterstreicht eine Studie von DALEY & KIRK (1992). Diese belegt, daß Eindrücke, ungerecht beurteilt zu werden, Organisationsmitglieder am häufigsten veranlassen, über die Kündigung ihres Arbeitsverhältnisses nachzudenken oder sich darum zu bemühen, eine neue Arbeitsstelle zu finden.

3.3 Gehaltsanpassung

In diesem äußerst sensiblen Bereich der Entscheidungsfindung ist sowohl untersucht worden, welchen Einfluß Verfahrensmerkmale bei Gehaltskürzungen ausüben, als auch, wie unterschiedliche Verfahren der Gehaltsanhebung wahrgenommen und beurteilt werden.

Studien, die in den USA durchgeführt wurden, zeigen, daß sich bei Gehaltskürzungen sowohl Einspruchsmöglichkeiten als auch Aufklärungskampagnen positiv auf die Situationsbeurteilung von Betroffenen auswirken. Dabei scheint es gleichgültig zu sein, ob Einwände oder Einsprüche der Betroffenen tatsächlich berücksichtigt werden oder nicht. Offenbar kann es (zumindest in den USA) mit glaubwürdig und integer vorgetragenen Erklärungen und Rechtfertigungen gelingen, selbst objektiv willkürliche Gehaltskürzungen in fairem Licht erscheinen zu lassen.

Ein gut kontrolliertes Feldexperiment von GREENBERG (1990) belegt diesen Effekt. Die Untersuchung wurde in zwei Betrieben durchgeführt, die aufgrund wirtschaftlicher Schwierigkeiten vorübergehend Gehaltskürzungen verordnen mußten. Im ersten Betrieb wurde diese Maßnahme sehr gut vorbereitet, indem die Unternehmensleitung umfassend über Hintergründe, Umstände und Folgen der Gehaltskürzung informierte. Hierbei wurde auch betont, daß alle Betriebsangehörigen gleich behandelt würden. Zudem ging die Unternehmensleitung verständnisvoll auf Ängste und Befürchtungen der Belegschaft ein und versuchte, alle Informationsbedürfnisse zu befriedigen, welche die Betroffenen hatten. Im zweiten Betrieb beschränkte sich die Aufklärungskampagne auf das Allernotwendigste. Die Unternehmensleitung trat der Belegschaft gegenüber sehr distanziert auf und war auch nicht bereit, für Transparenz zu sorgen oder für Verständnis bei den Betroffenen zu werben. An Erhebungen in einem dritten Betrieb, der keine Gehaltskürzungen verordnen mußte, konnten Auswirkungen der beiden Aufklärungskampagnen überprüft werden. Analysiert wurde jeweils, ob sich die Diebstahlrate veränderte, während die Gehaltskürzung in Kraft war. Es zeigte sich ein deutlicher Verfahrenseffekt. Wurde die Belegschaft umfassend aufgeklärt, erhöhte sich die Diebstahlrate nur wenig (von 3% auf knapp 5%). Wurde die Belegschaft kaum informiert und praktisch vor vollendete Tatsachen gestellt, stieg die Diebstahlrate auf über 8% an. Zudem war das Empfinden, ungerecht entlohnt zu werden, bei schlechter Aufklärung deutlich stärker ausgeprägt als bei umfassender Aufklärung. Die Diebstahlrate im Betrieb ohne Gehaltskürzung veränderte sich kaum und lag durchgängig bei knapp 3%. Da, wie schon erwähnt, die Vertrauenswürdigkeit von Entscheidungsträgern hoch mit der wahrgenommenen Fairneß praktizierter Entscheidungsverfahren korreliert, kann man im vorliegenden Fall den Schluß ziehen, daß das Vertrauensklima im ersten Betrieb trotz nachteiliger Konsequenzen für die Organisationsmitglieder kaum ernsthaften Schaden genommen hat.

Über die Einschätzung von Verfahren, wie Gehaltserhöhungen bemessen werden sollen, sind Ergebnisse einer Untersuchung aufschlußreich, die BIRNBAUM (1983) durchgeführt hat. In dieser Studie sollten leitende Mitarbeiter einer Universität beurteilen, für wie fair sie drei verschiedene Bemessungsverfahren halten. Die Untersuchungsteilnehmer waren aufgefordert, die beiden üblichen Verfahren prozentualer und linearer Gehaltssteigerungen mit einem Verfahren zu vergleichen, das bei gleicher Mehrleistung in einem bestimmten Beurteilungszeitraum die bereits höher eingruppierten Mitarbeiter weniger stark begünstigt als die niedriger eingruppierten Mitarbeiter. Wie sich zeigte, wurde das dritte Verfahren am fairsten beurteilt, und in der Tat führte nur die Anwendung dieses Verfahrens langfristig zur Herausbildung einer Gehaltsstruktur, welche das *tatsächliche* Leistungsgefälle in der Organisation widerspiegelte.
Ergebnisse anderer Studien weisen allerdings darauf hin, daß die tatsächliche Akzeptanz eines Bemessungsverfahrens auch davon abhängt, wie stark es die Betroffenen begünstigt. Lansberg (1984) fand in diesem Zusammenhang heraus, daß Personen im Zweifelsfall das Verfahren vorziehen, bei dem sie persönlich den größten Vorteil erzielen. Parallelen zu bereits oben zitierten Untersuchungsergebnissen liegen auf der Hand.

3.4 Forcierung freiwilliger Mehrarbeit

Organisationen wären nicht (über-)lebensfähig, wenn Personen, die in ihnen arbeiten, lediglich »Dienst nach Vorschrift« machen würden. Um Organisationen funktionstüchtig zu erhalten, um rechtzeitig auf Veränderungsanforderungen reagieren, Koordinationsengpässe ausgleichen und kritische Situationen am Arbeitsplatz meistern zu können, ist mehr oder weniger umfangreiches *extra-role-behavior* notwendig. Solch ein von Führungskräften sogar explizit erwartetes Mehr an Arbeitsleistung wird auch als *organizational citizenship behavior, organizational spontaneity* oder Arbeitsengagement aus freien Stücken bezeichnet (s. MÜLLER & BIERHOFF, 1994). Hinter diesen Umschreibungen verbergen sich Verhaltensweisen wie soziale Unterstützung am Arbeitsplatz, loyales Verhalten der Organisation gegenüber, wechselseitige Hilfestellung am Arbeitsplatz, Unterbinden betriebsschädigender Betriebsvorkommnisse, selbständige Verbesserung tätigkeitsrelevanter Kompetenzen und/oder imageförderliches Auftreten für den Betrieb. Da freiwillige Mehrarbeit nachgewiesenermaßen stark durch die Stimmungslage und affektive Atmosphäre des Arbeitsumfelds beeinflußt wird (s. GEORGE & BRIEF, 1992), haben Forscher vermutet, daß auch Gefühle, fair behandelt zu werden, die Bereitschaft erhöht, mehr als üblich für den Betrieb zu tun. Diese Vermutung ließ sich in der Tat empirisch belegen (MOORMAN, 1991). Zudem zeigte sich, daß der Einfluß wahrgenommener Verfahrensfairneß auf freiwillige Mehrarbeit durch das Vertrauensklima in der Organisation vermittelt wird (KONOVSKY & PUGH, 1994). Eindrücke, fair behandelt zu werden, fördern das Vertrauen der Organisation gegenüber und die hierdurch erzeugte positive Stimmung motiviert ihrerseits, sich freiwillig für die Belange des Unternehmens einzusetzen. GREENBERG (1993) kommt aufgrund einschlägiger Forschungsbefunde zu dem Schluß, daß es vor allem personenspezifische, idiosynchratische Verfahrensmerkmale sind, welche das Arbeitsengagement in Organisationen wachzuhalten und zu forcieren vermögen.

3.5 Behandlung von Beschwerden

Mit Beschwerdefällen wird in Organisationen sehr unterschiedlich umgegangen. Praktizierte Methoden reichen von institutionalisierten Verfahren (Schlichtung durch eigens dafür eingerichtete Kommissionen) über teilinstitutionalisierte Verfahren (bedarfsweise Schlichtung durch Vertrauensleute) bis hin zu ad-hoc-Verfahren »vor Ort«, mit denen Führungskräfte Streitigkeiten beizulegen versuchen. Sozial- und Organisationspsychologen fanden heraus, daß die wahrgenommene Fairneß von Schlichtungsverfahren u. a. davon abhängt, wie rasch die vermittelnde Instanz im Konfliktfall interveniert. Schlichtungsverfahren werden umso positiver beurteilt, je schneller sie den Konfliktparteien Optionen eröffnen, zu einer Lösung strittiger Fragen zu kommen (s. CONLON & FASOLO, 1990).

Die bereits im anderem Zusammenhang genannten Merkmale sind auch beim Umgang mit Beschwerden von Bedeutung. Eine groß angelegte Feldstudie von SHAPIRO & BRETT (1993) verdeutlicht in diesem Zusammenhang, daß sowohl die Beteiligung und Anhörung der Konfliktparteien als auch die Berücksichtigung individueller Bedürfnisse und kommunikative Integrität die wahrgenommene Verfahrensfaireß erhöhen. Der Vertrauenskredit, den ein fairer Umgang mit Beschwerden zu schaffen vermag, ist substantiell. Insbesondere gilt auch hier, daß der Nutzen für die Organisation umso größer ist, je weniger die Interessen aller Betroffenen durch eine Schlichtung befriedigt werden können. Gehen Personen als Gewinner aus der Schlichtung hervor, ist es ihnen relativ gleichgültig, wie das Verfahren gestaltet gewesen ist. SHAPIRO (1993, S. 74) faßt zusammen:

»(Managers) shoud intervene with actions that will cause the disputants to perceive that they have the potential to influence the resolution decision, and that the third party manager is being responsive to their needs and concerns. When these two perceptions are produced (...), then perceptions of procedural justice should result - regardless of the objective characteristics of the intervention approach used.«

3.6 Entlassung und Weiterbeschäftigung von Organisationsmitgliedern

Kündigungen gehören wegen ihrer extrem negativen Begleiterscheinungen zu den wohl am schwierigsten fair zu handhabenden Entscheidungen im Betrieb. Gleichwohl sind Anstrengungen, praktizierte Verfahren zu verbessern, gerade in diesem Bereich vordringlich, weil zweifelhaft gehandhabte Entlassungen nicht nur ungünstige Wirkungen außerhalb der Organisation entfalten, sondern auch Unruhe und Demotivation bei der verbleibenden Belegschaft hervorrufen können. Forschungsbefunde (aus den USA) zeigen, daß eine umfassende Aufklärung den Entlassungsbescheid weniger aversiv erscheinen läßt.

GREENBERG (1993) berichtet über Studien, in denen er Effekte mehr oder weniger umfangreicher Aufklärungskampagnen auch bei Kündigungsentscheidungen untersucht hat. Wie sich feststellen ließ, sprechen Mitarbeiter, die entlassen werden sollen, auf Verfahrensunterschiede an. Zwar reagieren sie verständlicherweise negativer als nicht von Entlassung bedrohte Mitarbeiter. Umfassende Informationen über die betriebliche Situation wußten sie jedoch positiv zu würdigen. KONOVSKY & BROCKNER (1993) kommen in einem Sammelreferat zu folgendem Resümee: Werden Kündigungen nach eingehender Prüfung unvoreingenommen entschieden, glaubwürdig kommuniziert und mit guten Argumenten gerechtfertigt, fallen die Reaktionen der Entlassenen gemäßigter aus als bei weniger begründet dargestellten Entscheidungen. Der Arbeitsplatzverlust wird unter diesen Umständen weniger schmerzlich erlebt, und die Betroffenen beabsichtigen auch weniger oft, sich auf dem Gerichtswege für eine Entlassung zu rächen. Allerdings hängen Qualität und Stärke individueller Reaktionen auch hier vom definitiven Ergebnis der Kündigung ab. Fällt dieses durch eine hohe Abfindung relativ erträglich aus, spielt die Art ihres Zustandekommens eine weniger große Rolle.

Auch nicht unmittelbar von Entlassungen betroffene Organisationsmitglieder reagieren auf Kündigungen. Auswirkungen ließen sich bei Loyalitätsbekundungen dem Betrieb gegenüber, beim Arbeitsengagement und bei der Bereitschaft feststellen, weiterhin für die Organisation, bei der man beschäftigt ist, arbeiten zu wollen (s. BROCKNER, DE WITT, GROVER & REED, 1990). Betriebliche Kündigungen werden bedrohlicher erlebt, wenn die Entscheidungskriterien für Entlassungen intransparent bleiben, wenn die Organisation zum wiederholten Male Mitarbeiter entläßt, oder wenn besonders geschätzten Kollegen gekündigt wird. Das größte Vertrauensrisiko ist offenbar mit Eindrücken verbunden, die Organisation würde bei der finanziellen Abfindung gekündigter Mitarbeiter knausern und die Betroffenen zudem menschlich kalt, formal und gefühllos behandeln.

4. Ausblick

Aus psychologischer Sicht ist Verfahrensgerechtigkeit in Organisationen kein objektivierbares Merkmal des Umgangs mit Entscheidungssituationen, sondern eine subjektive Vorstellung, die vor allem betroffene Personen aktivieren, um Entscheidungsergebnisse bewerten zu können. Daß objektive Kriterien fehlen, bedeutet, daß die Bewertung betrieblicher Entscheidungssituationen potentiell unsicherheitsbehaftet ist, was andererseits den zentralen Stellenwert des Vertrauens in die Organisation einsichtig erscheinen läßt.

Auf zwei, unter ethischen Gesichtspunkten relevante Implikationen, soll in diesem Zusammenhang noch hingewiesen werden: Der starke Einfluß, den subjektive Eindrücke ausüben, könnte Organisationen dazu verleiten, es beim *impression-management* zu belassen und hinter einer bloßen Fassade von Verfahrensfairneß Ziele zu verfolgen, die betroffene Organisationsmitglieder dauerhaft benachteiligen. Ethisch fragwürdig ist es z. B., wenn »Beteiligung« wenig mehr als ein quasi-demokratisches Mäntelchen wäre, um bereits vorher getroffene Entscheidungen nur noch pro forma absegnen zu lassen, wenn sich »Berücksichtigung« in unechter Rhetorik erschöpft, die schlechten Nachrichten lediglich einen freundlicheren Anstrich gibt oder wenn »Aufklärung« nur dazu dient, Fehlentscheidungen im Nachhinein in vorteilhafterem Licht erscheinen zu lassen. Ein gewisser Trost mag darin liegen, daß solche und ähnliche Fassaden-Techniken in eng vernetzten Arbeitszusammenhängen selten über lange Zeit hinweg die wahren Absichten entscheidungsbefugter Personen verschleiern können. Authentische Eindrücke von Verfahrensfairneß kann stattdessen eine mehrfach rückgekoppelte Praxis der Entscheidungsfindung vermitteln, weil diese viele psychologisch relevante Aspekte von Verfahrensfairneß berücksichtigt. Darüber hinaus erhöht es die Glaubwürdigkeit, wenn seitens der Organisationsleitung strenge Sanktionen gegen Fairneßverstöße angekündigt und in konkreten Einzelfällen auch verhängt werden würden (s. GEBERT, 1995).

Eine zweite Implikation sozial- und organisationspsychologischer Erkenntnisse ist die durchgängige Beobachtung, daß Verfahrensfairneß und damit auch der moralische Impetus von Entscheidungsergebnissen subjektiv wenig bedeutsam zu sein scheint, wenn Personen von Entscheidungsergebnissen profitieren. Daß der Zweck die Mittel heiligt und die Befriedigung egoistischer Bedürfnisse moralische Skrupel überdeckt, mag bedenklich stimmen. Wie weit individuelle Toleranzen in diesem Fall reichen, ist bislang noch nicht untersucht worden. Ergebnisse einer eigenen Studie (MÜLLER, 1997) deuten darauf hin, daß Personen nicht gänzlich unsensibel reagieren und mit größer werdendem Vorteil auch mehr dazu bereit sind, Kompensationsleistungen zu erbringen. Die psychische Konfliktlage bei willkürlich zufallenden Vorteilen ist bisher jedoch weitgehend ungeklärt. Auch über die Beziehung zwischen Schuldgefühlen, Rationalisierungen und Vertrauensreaktionen ist noch wenig bekannt, so daß hier ein vielversprechendes Feld für künftige Untersuchungen entstehen könnte.

5. Literatur

BAZERMAN, M. H., SCHROTH, H. A., SHAH, P. P., DIEKMAN, K. A. & TEUBUNSEL, A. E. (1994). The inconsistent role of comparison others and procedural justice in reactions to hypothetical job descriptions: Implications for job acceptance decisions. *Organizational Behavior and Human Decision Processes*, 60, 326-352.

BIERHOFF, H. W. (1992). Prozedurale Gerechtigkeit: Das Wie und Warum der Fairneß. *Zeitschrift für Sozialpsychologie*, 23, 163-178.

BIES, R. J. (1987). The predicament of injustice: The management of moral outrage. In L. L. CUMMINGS & B. M. Staw (Eds.), *Research in orga-*

nizational behavior, Vol. 9 (pp. 43-55). Greenwich.

BIES, R. J. & SHAPIRO, D. L. (1987). Interactional fairness judgments: The influence of causal accounts. *Social Justice Research*, 1, 199-218.

BIRNBAUM, M. H. (1983). Perceived equity of salary policies. *Journal of Applied Psychology*, 68, 49-59.

BROCKNER, J. & SIEGEL, P. (1996). Understanding the interaction between procedural and distributive justice - the role of trust. In R. M. KRAMER & T. R.TYLER (Eds.), *Trust in organizations* (pp. 390-413). London.

BROCKNER, J. & WIESENFELD, B. M. (1996). An integrative framework for explaining reactions to decisions: interactive effects of outcomes and procedures. *Psychological Bulletin*, 120, 189-208.

BROCKNER, J., DEWITT, R. L., GROVER, S. & REED, T. (1990). When it is especially important to explain why: Factors affecting the relationships between managers' explanations of a layoff and survivors' reactions to the layoff. *Journal of Experimental and Social Psychology*, 26, 389-407.

CONLON, D. E. & FASOLO, P. M. (1990). Influence of speed of third-party intervention and outcome on negotiator and constituent fairness judgments. *Academy of Management Journal*, 33, 833-846.

CROPANZANO, R. (1993). *Justice in the workingplace*. Hillsdale/N.J..

DAILEY, R. C. & KIRK, D. J. (1992). Distributive and procedural justice as antecedents of job dissatisfaction and intent to turnover. *Human Relations*, 45, 305-317.

GEBERT, D. (1995). Ist eine Vertrauensorganisation überhaupt möglich? *io Management Zeitschrift*, 64, 66-70.

GEORGE, J. M. & BRIEF, A. P. (1992). Feeling good - doing good: A conceptual analysis of the mood at work-organizational spontaneity relationship. *Psychological Bulletin*, 112, 310-329.

GREENBERG, J. (1990). Employee theft as a reaction to underpayment inequity: The hidden cost of pay cuts. *Journal of Applied Psychology*, 75, 561-568.

GREENBERG, J. (1993). The social side of fairness: Interpersonal and informational classes of organizational justice. In R. Cropanzano (Ed.), *Justice in the workingplace* (pp. 79-103). Hillsdale/N.J..

GRUNWALD, W. (1995). Wie man Vertrauen erwirbt: Von der Mißtrauens- zur Vertrauensorganisation. *io Management Zeitschrift*, 64, 73-77.

KONOVSKY, M. A. & PUGH, S. D. (1994). Citizenship behavior and social exchange. *Academy of Management Journal*, 37, 656-669.

KRAMER, R. M. & TYLER, T. R. (1996). *Trust in organizations*. London.

LANSBERG, I. (1984). Hierarchy as a mediator of fairness: A contingency approach to distributive justice in organizations. *Journal of Applied Social Psychology*, 12, 124-135.

LIND, E. A., KANFER, R. & Earley, P. C. (1990). Voice, control, and procedural justice: Instrumental and noninstrumental concerns in fairness judgments. *Journal of Personality and Social Psychology*, 59, 9525-959.

MANTELL, M. (1994). *Ticking bombs. Defusing violence in the workplace.* New York.

MCALLISTER, D. J. (1995). Affect- and cognition-based trust as foundations for interpersonal cooperation in organizations. *Academy of Management Journal*, 38, 24-59.

MISHRA, A. K. (1996). Organizational responses to crisis - the centrality of trust. In R. M. KRAMER & T. R. Typer (Eds.), *Trust in organizations* (pp. 261-287). London.

MOORMAN, R. H. (1991). Relationship between organizational justice and organizational citizenship behaviors: Do fairness perceptions influence employee citizenship? *Journal of Applied Psychology*, 76, 845-855.

MÜLLER, G. F. (1995). Führung und Personalmanagement im Zeichen schlanker Organisation. *Gruppendynamik*, 26, 319-329.

- (1997). Vorteilsnahme bei willkürlichem Verteilungsverfahren - heiligt der Zweck immer die Mittel? *Soziale Wirklichkeit*, 1, 19-26.

MÜLLER, G. F. & BIERHOFF, H. W. (1994). Arbeitsengagement aus freien Stücken - psychologische Aspekte eines sensiblen Phänomens. *Zeitschrift für Personalforschung*, 8, 367-379.

MUNGENAST, M. (1990). *Grenzen merkmalsorientierter Einstufungsverfahren und ihre mögliche Überwindung durch zielorientierte Leistungsbeurteilungsverfahren.* München.

SEMLER, R. (1993). *Das SEMCO-System - Management ohne Manager.* München.

SHAPIRO, D. L. (1993). Reconciling theoretical differences among procedural justice researchers by re-evaluating what it means to have one's views »considered«: Implications for third-party managers. In R. Cropanzano (Ed.), *Justing in the workingplace* (pp. 51-78). Hillsdale/N.J..

SHAPIRO, D. L. & BRETT, J. M. (1993). Comparing three processes underlying judgments of procedural justice: A field study of mediation and arbitration. *Journal of Personality and Social Psychology*, 65, 1167-1177.

SHEPPARD, B. H. & LEWICKE, R. J. (1987). Toward general principles of managerial fairness. *Social Justice Research*, 1, 161-176.

TYLER, T. R. (1988). What is procedural justice? Criteria used by citizens to assess the fairness of legal procedures. *Law and Society Review*, 22, 103-134.

TYLER, T. R. & BIES, R. J. (1989). Beyond formal procedures: The interpersonal context of procedural justice. In J. S. Caroll (Ed.), *Applied social psychology and organizational settings* (pp. 77-98). Hillsdale/N.J..

TYLER, T. R. & DEGOEY, P. (1996). Trust in organizational authorities - the influence of motive attributions on willingness to accept decisions. In

R. M. KRAMER & T. R. TYLER (Eds.), *Trust in organizations* (pp. 331-356). London.

Das Prinzip Wechselseitigkeit: Fundament aller Sozial- und Arbeitsbeziehungen

Wolfgang Grunwald

1. Das Problem

Geht man Problemen gerechter Arbeitsbeziehungen, des Betriebsklimas oder der Arbeitsmotivation auf den Grund, wird man fündig: Seit einigen Jahren läßt sich immer häufiger beobachten, daß im Wirtschaftsleben - aber auch im Privatbereich - eine uralte universelle Norm zwischenmenschlicher Beziehungen verletzt wird: das Prinzip der Wechselseitigkeit. Personenbezogene Ursachen für die zunehmende Ungleichgewichtigkeit im Geben und Nehmen sind Unwissenheit, Gleichgültigkeit, Eigennutz oder Habgier.

Beispiele:

- Man schreibt einen längeren privaten/geschäftlichen BRIEF, erhält nur eine Postkarte oder einen kurzen telefonischen Anruf; nicht selten keine Antwort.

- Nach dem Versand eines Geburtstags-Päckchen muß man sich nach Wochen erkundigen, ob die Sendung den Empfänger überhaupt erreicht hat.

- Nachdem man Bekannte zu einem opulenten Essen eingeladen hatte, bedanken sich diese weder telefonisch noch postalisch; eine Gegeneinladung bleibt nicht selten aus.

- Ein zuverlässiger und relativ gesunder 55jähriger Angestellter, der »seinem Unternehmen« 25 Jahre lang gedient hat, wird - gegen seinen Willen - aus Kostengründen in den Vorruhestand gedrängt.

- Eine Firma gewährt einem Mitarbeiter teure Weiterbildungskurse. Kurz danach kündigt er und geht zur Konkurrenz, um eine höher dotierte Stelle anzunehmen.

- Eine Mitarbeiterin verschweigt bei ihrer Einstellung ihre Schwangerschaft (legal, aber nicht legitim).

- Ein Mitarbeiter nimmt im Vorgriff seinen ganzen Jahresurlaub; kurz danach kündigt er.

- Nachdem ein langjähriger Mitarbeiter gekündigt hatte, wird ihm vom Vorgesetzten und vom Personalleiter ein Abschieds-Essen versprochen - das ohne Begründung »ausfällt«.

2. Thesen

In unserer schnellebigen, von ökonomischen und sozio-kulturellen Umbrüchen geprägten Zeit gerät das Prinzip des *gleichgewichtigen* Gebens und Nehmens zugunsten kurzfristiger Nutzenmaximierung immer mehr ins Hintertreffen. Mehr noch: Angesichts eines weitverbreiteten Individualismus, Egoismus und Hedonismus ist vielerorts das Gefühl für Anstand, für Stolz, für Treue, für das richtige Maß, sogar für Recht und Unrecht, verloren gegangen (s. o. g. Beispiele).

Die eigentliche Ursache vieler Führungs- und Motivationsprobleme sowie unlösbar erscheinender Konflikte in Wirtschaft und Gesellschaft scheint darin zu liegen, daß in vielen Organisationen das Prinzip der Wechselseitigkeit von Arbeitgebern, Gewerkschaften, Führungskräften und unterstellten Mitarbeitern zu wenig respektiert oder gar mißachtet wird. Die hiermit verbundenen seelischen, sozialen und materiellen »Kosten« dürften jährlich zweistellige Milliardensummen ausmachen. Sie erscheinen in keiner Bilanz; von den negativen Spätfolgen bei der Arbeitsleistung und -zufriedenheit ganz zu schweigen. Für die Gestaltung dauerhafter, vertrauensvoller Arbeits- und Führungsbeziehungen reicht das kodifizierte Recht nicht aus: Es ist zwar notwendig, aber nicht hinreichend für den Erhalt des sozialen Friedens. Erst die Beachtung des Wechselseitigkeits-Prinzips vermag vertrauensvolle soziale Beziehungen *dauerhaft* zu fundieren.
    Eher ungewollt wird Wechselseitigkeit von vielen Unternehmensberatern mit dem ökonomischen Begriff »Wertschöpfung« thematisiert. So werden Personen/Abteilungen befragt (MÜLLER, 1995, S. 118f.): »Glauben Sie, daß ihre Abteilung notwendig ist? Warum? Welchen Nutzen erbringen Sie für andere Personen/Abteilungen? Was wäre der aus Ihrer Sicht optimale Beitrag anderer Abteilungen für Sie?« usw. All diese Fragen/ Konzepte im Zusammenhang mit »Lean management«, »Business reengineering«, »Downsizing« oder »Geschäftsprozeß-Optimierung« bleiben

oberflächliches Kurieren an den Symptomen mangelnder Produktivität oder zu hoher Kosten, solange nicht grundsätzlicher gefragt wird nach dem Selbst- und Fremdverständnis ausgesprochener und - noch wichtiger - unausgesprochener Forderungen/Erwartungen in den täglichen Arbeitsbeziehungen.

Vor dem Hintergrund dramatisch zunehmender Verteilungs- und Wertekonflikte in den kommenden Jahren sei das Prinzip der Wechselseitigkeit als grundlegendes Regulativ für die Stabilität sozialer Arbeitsbeziehungen näher betrachtet. Dabei wird sein Nutzen für das Verständnis und für die Gestaltung gerechter und motivierender Führungsbeziehungen deutlich.

2.1 Der »innere Monolog« des psychologischen Vertrages

Mit jedem juristischen Arbeitsvertrag geht stillschweigend ein »psychologischer Vertrag« einher (COMELLI & v. ROSENSTIEL, 1995; ROUSSEAU, 1995; ROUSSEAU & PARKS, 1993; SPRENGER, 1991; STAEHLE, 1994). Er ist tiefgründiger als eine bloße rechtliche Vereinbarung, weil man das Wesentliche nicht kodifizieren kann. Der psychologische Vertrag beinhaltet mehr als Gleiches mit Gleichem zu vergelten, nämlich: Wohlwollen, Loyalität, Vertrauen, Treue, Aufrichtigkeit, Offenheit, Ehrlichkeit, Gerechtigkeit, und zwar auf der Grundlage des Prinzips der Wechselseitigkeit. Es führt beim Mitarbeiter zu folgendem »inneren Monolog«:

»Wenn Du mich fair behandelst und es ehrlich mit mir meinst,
- mich als Arbeitnehmer und Mensch in meinem Gewordensein und Sosein respektierst,
- meine Arbeit gerecht bezahlst,
- mich ernst nimmst mit meinen Gedanken, meinen Gefühlen und meinem Tun,
- mich über Deine Absichten und Entscheidungen informierst,
- mich am ökonomischen Gewinn beteiligst,
- insgesamt großzügig und wohlwollend bist und nicht bloß Gleiches mit Gleichem vergilst,

dann:
- gebe ich mein Bestes, identifiziere ich mich mit meiner Aufgabe, mit unserer Arbeitsbeziehung und mit dem Unternehmen.
Wenn Du aber meine Erwartungen auf Dauer nicht zu erfüllen vermagst oder sie sogar bewußt mißachtest, dann spreche ich - je nach meiner Lebens- und Arbeitssituation - die 'innere Kündigung' aus, oder ich schädige oder verlasse das Unternehmen.«

2.2 Das Prinzip der Wechselseitigkeit: historisch gesehen

Die Norm der Wechselseitigkeit (auch Gegenseitigkeit, Reziprozität oder Fairneß genannt) hat eine uralte Tradition. Seit Menschen in arbeitsteiligen sozialen Gruppen/Verbänden leben und arbeiten (Familie, Clan, Dorf, Gemeinde, Unternehmen, Stadt, Staat), existiert die Regel der Gegenseitigkeit. So betont ARISTOTELES in seiner Ethik, daß es die Austauschbeziehungen sind, die Menschen aneinander binden. Auch in der altrömischen Rechtsformel: »do ut des« (ich gebe, damit Du gibst) findet sich der Ausgleich von Leistung und Gegenleistung. Ähnliches meint auch Seneca: »Dies ist die Summe meiner Lehre: Lebe mit einem niedriger Gestellten so, wie Du möchtest, daß ein höher Gestellter mit Dir lebe.«

In der berühmten »Goldenen Regel« aller Weltreligionen findet man die Grundidee der Wechselseitigkeit. So heißt es in der Bergpredigt (Luk. 6.31 u. 6.37; Matth. 7.12): »Und wie ihr wollt, daß Euch die Leute tun sollen, also tut ihnen gleich auch ihr.« Ferner: »Richtet nicht, so werdet ihr auch nicht gerichtet. Verdammet nicht, so werdet ihr nicht verdammt. Vergebet, so wird Euch vergeben. Gebet, so wird Euch gegeben.«

Auch der Urvater der Marktwirtschaft, Adam SMITH, meint: »Gib mir das, was ich wünsche, und Du sollst bekommen, was Du brauchst.« Ebenfalls im berühmten Kategorischen Imperativ von I. Kant findet sich die Wechselseitigkeit: »Handle so, daß die Maxime deines Willens jederzeit zugleich als Prinzip einer allgemeinen Gesetzgebung gelten könnte.«

2.3 Die vierfache Bedeutung von »Wechselseitigkeit«

Ohne Gegenleistung etwas zu empfangen oder sich beLIEBIG »bedienen« zu können wie im Schlaraffenland, mag ein heimlicher, infantiler Wunsch vieler Menschen sein. Wegen des Prinzips der Wechselseitigkeit gilt dies freilich als verpönt oder gar als unmoralisch. Es drückt sich aus in den durch Arbeitsteilung, Spezialisierung und Hierarchisierung bedingten wechselseitigen Abhängigkeiten der Menschen in einer Welt knapper Ressourcen.

»Wechselseitigkeit« findet sich in vierfacher Bedeutung (ARISTOTELES, 1969; BIRNBACHER & Hoerster, 1976; GOULDNER, 1984; GRUNWALD, 1993; HOCHE, 1978; MIKULA, 1985; OTTEL, 1961; RAWLS, 1975; REINER, 1974; SCHMIED, 1986): Als

1. innere Grundhaltung;
2. wechselseitiger Austausch von Wohltaten, Gütern, Dienstleistungen, Geld, Informationen;

3. Wertäquivalenz von Leistung und Gegenleistung;
4. generalisierte moralische Norm:»Du sollst jenem Dienste erwidern, der Dir Dienste geleistet hat.«

Das Prinzip der Wechselseitigkeit gilt freilich nur für *gleichgewichtiges* Geben und Nehmen; denn es soll die *ausgleichende* Gerechtigkeit i. S. eines gut funktionierenden Marktes gewährleisten (Tauschgerechtigkeit). Es versagt bei ökonomisch und/oder sozial Schwachen (Alte, Kranke, Kinder), die i. A. keine oder nur unzureichende Gegenleistungen erbringen können. Deshalb müssen hier ergänzend die Normen der Solidarität, der Subsidiarität und der Wohltätigkeit wirksam werden i. S. einer *austeilenden* Gerechtigkeit.

Das Prinzip der Wechselseitigkeit sollte freilich nicht bei negativen Beziehungen gelten (z. B.»Auge um Auge, Zahn um Zahn«).

2.4 Drei Arten von Wechselseitigkeit

Die universelle Norm der Wechselseitigkeit wird erheblich eingeschränkt durch Verwandtschafts- und Freundschaftsbeziehungen (gemäß Grad der Intimität, Vertrautheit, Nähe und Ähnlichkeit). Der Wert (»ungefähr gleichwertig«) erwiesener Dienste wird überdies bewertet nach dem Status und den situativ-persönlichen Gegebenheiten des Gebenden: Motiv (eigennützig/uneigennützig), Knappheit der Ressourcen (arm/reich; viel/wenig), Zeitpunkt (rechtzeitig/verspätet), rechtliche Zwänge (freiwillig/Gesetzesvorschrift) usw. Dementsprechend findet man drei Arten des Prinzips der Wechselseitigkeit, die unterschiedliche Grade von Intimität und Vertrauen widerspiegeln (MIKULA, 1985; WUNDERER & GRUNWALD, 1980):

1. *Generalisierte* (altruistische) Wechselseitigkeit, wobei A dem B etwas gibt, ohne etwas von B ausdrücklich zu erwarten (z. B. bei nahen Verwandten und Freunden).

2. *Gleichgewichtige* (ökonomische) Wechselseitigkeit, wobei die gegenseitigen Zuwendungen von A und B äquivalent sind (z. B. bei Tauschgeschäften sowie in Arbeitsbeziehungen). Der Romancier Charles DICKENS hat es auf den Punkt gebracht:»Hier ist die Regel für Geschäftsbeziehungen: Tue anderen, was sie für dich tun würden. Das ist der wahre Geschäftsgrundsatz.«

3. *Negative* (egoistische) Wechselseitigkeit, wobei sich A auf Kosten von B bereichert/profiliert.

In Wirtschaftsorganisationen findet man vornehmlich die zweite Art; seit einigen Jahren verstärkt auch die dritte Art als Folge des neo-kapitalistischen Zeitgeistes, des allgemeinen Werteverfalls sowie ungleicher Macht- und Eigentumsverteilung. »Konflikte haben also oft die Ursache, daß die wechselseitigen Konten (an Ansehen, Einfluß, Anerkennung, Geltung, aber auch Kränkungen und Beleidigungen usw.) allzu unausgeglichen sind.« (GRUNWALD, 1993, 1995b, c; HUSTER, 1993; PESENDORFER, 1995) Diese Ursachen sind mit-verantwortlich dafür, warum verschiedenen Umfragen zufolge (Selbst- und Fremdeinschätzung) maximal 25% aller Führungskräfte wirklich kooperativ führen - allen Lippenbekenntnissen und Beschwörungen zum Trotz (GRUNWALD, 1993, 1995a, b, c; MARSTEDT, 1983; MIEGEL & WAHL, 1984; WIRTSCHAFTSWOCHE, 1993, 1994; WUNDERER & GRUNWALD, 1980).

Einige Philosophen sowie die Anhänger der reinen Marktwirtschaft vertreten die Auffassung, daß ein (aufgeklärtes) Eigeninteresse oder gar Egoismus letztlich dem Nutzen aller dienlich sei, wodurch ein gewisser Altruismus entstehe. Berühmt geworden ist in diesem Zusammenhang der Satz von Adam SMITH: »Nicht vom Wohlwollen des Metzgers, Brauers und Bäckers erwarten wir unsere Mahlzeit, sondern davon, daß sie ihre eigenen Interessen wahrnehmen.« Dahinter steht die Auffassung, daß die Wechselseitigkeitsnorm in Verbindung mit egoistischen Motiven die Stabilität sozialer Systeme fördere. Das Credo lautet: »Wenn Du möchtest, daß Dir von anderen geholfen wird, dann mußt Du auch ihnen helfen.« (ETZIONI, 1994; GOULDNER, 1984; HUSEMAN & HATFIELD, 1990; KOHN, 1989, 1993; MANDEVILLE, 1980; RAWLS, 1975; SCHMIED, 1996) Sollte diese Meinung für alle Situationen wahr sein (ich glaube es nicht, denn nicht ohne Grund gibt es die *soziale* Marktwirtschaft sowie die Sozialpflichtigkeit des Eigentums im Grundgesetz, Art. 14), so wäre nichts nützlicher, als die Norm der Wechselseitigkeit in den Dienst personalpolitischer Maßnahmen zu stellen. Immerhin zeigen spieltheoretische Computersimulationen, daß eine kooperative Haltung sogar in Konkurrenzsituationen auf längere Sicht erfolgreicher ist als eine konkurrenzorientierte oder individualistische Strategie (sog. »Wie-Du-mir-, so-ich-Dir-Strategie«). Dies gilt vor allem dann, wenn erwartet wird, auch künftig mit dem anderen zu interagieren (AXELROD, 1984; HOFSTADTER, 1983; KOHN, 1989, 1993; LUDWIG, 1991).

2.5 Der soziale Vergleich: Ein Maß für Gerechtigkeitsempfinden

Ein grundlegender Orientierungsmaßstab für das Gefühl, gerecht behandelt zu werden ist der Vergleich mit anderen Personen, die einem ähnlich sind (Alter, Aussehen, Herkunft, Ausbildung, Tätigkeit). Dabei vergleicht sich A mit B wie folgt:

Ertrag = Summe aller als wichtig erachteten Ergebnisse
  (Belohnung, Nutzen, Leistung, Geld, Status usw.)
Aufwand = Summe aller als wichtig erachteten Beiträge
  (Kosten, Anstrengung, Ausbildung, Energie usw.)

Beispiel

Ein Gruppenleiter setzt seine Arbeitsbelastung, sein Wissen, seine Ausbildung, seine Anstrengung, seine Verantwortung usw. in Beziehung zu seinem Gehalt, seiner Position, seinem Status. Sodann vergleicht er diese Relation mit dem Input-Output-Verhältnis anderer Gruppenleiter, seiner Mitarbeiter oder seines Abteilungsleiters bzw. mit Arbeitnehmern anderer Unternehmen (s. Abb. 1).

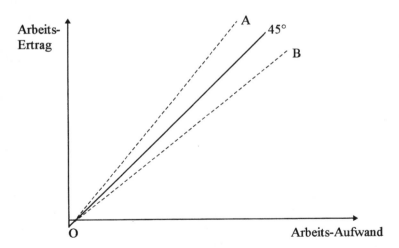

Abb. 1: Gerechte Arbeitsbeziehung
(Im Bereich OAB wird die Beziehung zwischen Arbeitsaufwand und -ertrag noch als gerecht akzeptiert.)

Dabei können sich drei verschiedene Empfindungen einstellen:

1. *Unverdiente Belohnung / Schuldgefühle* (Erträge unverhältnismäßig größer als entsprechende Aufwendungen: »Ich erhalte mehr, als mir eigentlich zusteht.«)

2. *Faire Arbeitsbeziehung* (Aufwand steht in angemessenem Verhältnis zum Ertrag; »Ich erhalte das, was mir zusteht.«)

3. Benachteiligung (Aufwand größer als der Ertrag; »Ich werde ausgenutzt; mir wird vorenthalten, was mir zusteht.«)

2.6 Reaktionen bei wahrgenommener Ungerechtigkeit

Für die Gestaltung von Arbeitsbeziehungen, insbesondere für die Motivation von Mitarbeitern, ist es wichtig, zu wissen, wie Menschen auf wahrgenommene Ungerechtigkeit reagieren. Zwischenmenschliche Beziehungen werden positiv bewertet und als gerecht empfunden, wenn für alle Beteiligten die Kosten-Nutzen- bzw. die Belohnungs-Bestrafungs-Bilanz als fair *wahrgenommen* wird. Bleibt das Ergebnis hinter den Erwartungen resp. Versprechungen zurück, führt dies zu unangenehmen psychologischen Empfindungen (Enttäuschung, Ärger, Unzufriedenheit, Wut, Aggression, Trauer, Depression oder Apathie - je nach Persönlichkeitsstruktur). Eine solche Person trachtet danach, Gerechtigkeit (wieder-)herzustellen. Prinzipiell kann sie in sechsfacher Weise versuchen, Ungerechtigkeit zu verringern bzw. zu beseitigen (FALLER, 1991; FREY, 1993; HUSEMAN & HATFIELD, 1990; KRYSTEK, 1995; LIEBIG, 1995; LÜCKE, 1991; WUNDERER & GRUNWALD, 1980):

1. Die Person verändert ihre Inputs.
Je nach Situation erhöht oder verringert sie ihre Inputs (arbeitet mehr oder weniger), wobei i. d. R. die Inputs verringert werden, da
(a) Nachteile in einer sozialen Beziehung gemeinhin eher wahrgenommen werden als Vorteile,
(b) gemäß dem Ökonomie-Prinzip das Individuum bemüht ist, Anstrengungen zu minimieren und Belohnungen zu maximieren.

2. Die Person verändert ihre Outputs.
Je nach Situation erhöht oder verringert sie ihre Outputs, wobei eine Erhöhung der Outputs am wahrscheinlichsten ist (Forderungen nach Gehaltserhöhung, nach besseren Arbeitsbedingungen usw.).

3. Die Person reduziert die soziale Beziehung auf ein Minimum oder kündigt sie ganz auf (Fehlzeiten, Krankheit, Kündigung).

4. Die Person verzerrt ihre Wahrnehmung der Inputs und/oder Outputs (Abwehrmechanismen wie Verdrängen, Verleugnen, Verschieben, Projektion, Verkehren ins Gegenteil usw.). Dies ist besonders der Fall, wenn eine reale Veränderung der Input-Output-Beziehungen nicht möglich ist.

5. Die Person veranlaßt die Vergleichsperson,
   a) ihr Input-Output-Verhältnis zu ändern,
   b) ihre Wahrnehmung der Input-Output-Beziehung zu verändern oder
   c) sie zum Verlassen des »Feldes« zu bewegen.
   Dabei ist es i. d. R. leichter, bei anderen Personen eine Verringerung der Inputs als eine Erhöhung der Outputs zu bewirken.

6. Die Person wählt eine andere Vergleichsperson bzw. einen anderen »inneren Vergleichs-Standard«.

2.7 Zuteilungs-Normen

Gemäß den kulturell-traditionell bedingten Rollenerwartungen der Mitarbeiter an den Inhaber einer Führungsposition sollte der erste Schritt i. A. vom Vorgesetzten erfolgen (Führen = etymologisch: Vorangehen, den Weg weisen). Es folgen reziproke Reaktionen der Mitarbeiter, die wiederum vom Vorgesetzten ähnlich beantwortet werden usw.. Auf diesem Weg entsteht eine sich selbstverstärkende Vertrauens-Spirale; und umgekehrt (DORNSTEIN, 1991; GRUNWALD, 1995c; KOHN, 1989, 1993; LUDWIG, 1991; MIEGEL & WAHL, 1984; MÜLLER & HASSEBRAUCK, 1993; SCHWEER, 1996; WUNDERER & GRUNWALD, 1980; ZÜNDORF, 1986).

Die Norm der Wechselseitigkeit gebietet zwar dem Führenden, mit entsprechenden Gegenleistungen auf Leistungen der Mitarbeiter zu antworten. Freilich erfolgt dies gemäß verschiedener Zuteilungs-Normen, wobei die Wechselseitigkeit nur eine von mehreren ist (LÜCKE, 1991; MIKULA, 1980; PERELMAN, 1967; SCHWINGER, 1982; SMITH, 1983; WUNDERER & GRUNWALD, 1980):

1. *Leistungsprinzip* (Belohnung gemäß erbrachter Leistung)
2. *Gleichheitsprinzip* (jeder erhält gleich viel)
3. *Wechselseitigkeit* (Gleichgewichtigkeit von Leistung und Gegenleistung)
4. *Norm der Aushandlung* (jedem gemäß seinem Verhandlungsgeschick)
5. *Bedürfnisprinzip* (jedem das Seine gemäß seiner lebensnotwendigen Bedürfnisse)
6. *Gesetzesprinzip* (jedem nach seinen gesetzlichen Rechten)
7. *Privilegienprinzip* (jeder nach seinen Verdiensten/Fähigkeiten und/oder nach seinem Rang/Status)

Das Problem der Führenden besteht u. a. darin, die z.T. unvereinbaren Normen auszubalancieren:

a) *Gleichheits-Norm*, um Unzufriedenheit und Konflikte zu minimieren sowie die
b) *Leistungs-Norm*, um Leistung und Zufriedenheit zu maximieren.

In beiden Normen spiegeln sich die klassischen Führungsfunktionen: Aufgaben- *und* Mitarbeiterorientierung.
Konflikte dürften bei Anwendung des Gleichheitsprinzips am geringsten sein; vor allem bei erfolgreicher Gruppenarbeit. Demgegenüber wird in Wettbewerbssituationen das Leistungsprinzip vorherrschen. In Familien- und Freundschaftsbeziehungen finden sich zumeist die Normen »Gleichheitsprinzip« und »Bedürfnisprinzip«.

3. Fazit

Seit vielen Jahren ist Gerechtigkeit und Arbeitsmotivation in Führungsbeziehungen ein »Dauerbrenner«. Faire und praktikable Konzepte, die alle Beteiligten zufriedenstellen, stehen noch aus. Die üblichen technokratischen Maßnahmen (z. B. Lob, Incentives, Boni, Cafeteria-Systeme) motivieren nur kurzfristig, wenn die Wechselseitigkeit ausgewogenen Gebens und Nehmens nicht gewährleistet ist.

Die Ureinwohner Neuseelands (Maori) haben hierfür das Sprichwort: »Gib, soviel du empfängst, und alles wird zum besten sein.« (MAUSS, 1968, S. 165)

4. Literatur

ARISTOTELES (1969). *Nikomachische Ethik.* Stuttgart.
AXELROD, R. (1984). *The Evolution of Cooperation.* New York.
BIRNBACHER, D. & Hoerster, N. (Hrsg.). (1976). *Texte zur Ethik.* München.
COMELLI, G. & ROSENSTIEL, L. v. (1995). *Führung durch Motivation.* München.
DORNSTEIN, M. (1991). *Conceptions of Fair Pay.* New York.
ETZIONI, A. (1994). *Jenseits des Egoismus-Prinzips.* Stuttgart.
FALLER, M. (1991). *Innere Kündigung.* München/Mehring.
FREY, D. u. a. (1993). Die Theorie sozialer Vergleichsprozesse. In D. FREY & M. IRLE (Hrsg.), *Theorien der Sozialpsychologie* (Bd. I, S. 81-122) (2. Aufl.). Bern.

GOULDNER, A. W. (1984). *Reziprozität und Autonomie.* Frankfurt/M..

GRUNWALD, W. (1993). Führung in der Krise: Rückbesinnung auf die Tugend-Ethik! *io Management Zeitschrift,* 62 (9), 34-40.

- (1995a). Konfliktmanagement: Denken in Gegensätzen. *Zeitschrift für Unternehmensentwicklung und Industrial Engineering,* 5, 254-259.

- (1995b). Über die Grenzen unternehmensinterner Öffentlichkeit. *Führung + Organisation,* 2, 95-99.

- (1995c). Wie man Vertrauen erwirbt: Von der Mißtrauens- zur Vertrauensorganisation. *io Management Zeitschrift,* 64 (1/2), 73-77.

HOCHE, H.-U. (1978). Die Goldene Regel. *Zeitschrift für philosophische Forschung,* 32, 355-375.

HOFSTADTER, D. R. (1983). Metamagikum. *Spektrum der Wissenschaft,* 8, 8-14.

HUSEMAN, R. C. & HATFIELD, J. D. (1990). *Der Equity-Faktor.* Frankfurt/M..

HUSTER, E. U. (Hg.) (1993). *Reichtum in Deutschland.* Frankfurt/M..

KIRSCH, G. (1993). *Neue Politische Ökonomie* (3. Aufl.). Düsseldorf.

KOHN, A. (1989). *Mit vereinten Kräften.* Weinheim.

- (1993). *Punished by Rewards.* Boston.

KRYSTEK, U. u. a. (1995). *Innere Kündigung.* München, Mehring.

LIEBIG, S. (1995). Gerechtigkeitsvorstellungen und Unternehmenskultur. *Industrielle Beziehungen,* 4, 345-366.

LUDWIG, P. H. (1991). *Sich selbst erfüllende Prophezeiungen im Alltagsleben.* Stuttgart.

LÜCKE, W. (1991). *Der gerechte Arbeitslohn.* Göttingen.

MARSTEDT, G. (1994). Management by Stress. *Psychologie heute,* 7, 32-37.

MALINOWSKI, B. (1983). Gegenseitigkeit und Recht. In F. KRAMER & C. SIGRIST (Hrsg.), *Gesellschaften ohne Staat* (S. 135-149). Frankfurt/M..

MANDEVILLE, B. (1980). *Die Bienenfabel.* Frankfurt/M..

MAUSS, M. (1968). *Die Gabe.* Frankfurt/M..

MIEGEL, M. & WAHL, S. (1984). *Das Ende des Individualismus* (2. Aufl.). München.

MIKULA, G. (Hg.) (1980). *Gerechtigkeit und soziale Interaktion.* Bern.

- (1985). Psychologische Theorien des sozialen Austausches. In D. FREY & M. IRLE (Hrsg.), *Theorien der Sozialpsychologie* (Bd. II, S. 273-306). Göttingen, Bern.

MÜLLER, G. F. & HASSEBRAUCK, M. (1993). Gerechtigkeitstheorien. In: D. FREY & M. IRLE (Hrsg.), *Theorien der Sozialpsychologie* (Bd. I, S. 217-242) (2. Aufl.). Bern.

MÜLLER, U. R. (1995). *Schlanke Führungsorganisationen.* Planegg..

OTTEL, F. (1961). Die Idee des gerechten Lohnes in betriebswirtschaftlicher Sicht. *Zeitschrift für Betriebswirtschaft,* 12, 705-720.

PERELMAN, C. (1967). *Über die Gerechtigkeit.* München.

PESENDORFER, B. (1995). Konflikt-Management als angewandte Dialektik. In B. Voß (Hg.), *Kommunikations- und Verhaltenstraining* (S. 170). Göttingen.

RAWLS, J. (1975). *Eine Theorie der Gerechtigkeit.* Frankfurt/M..

REINER, H. (1974). Die »Goldene Regel«. *Monographien zur philosophischen Forschung* (Bd. 5, S. 348ff.).

ROUSSEAU, D. M. (1995). *Psychological contracts in organizations.* London.

ROUSSEAU, D. M. & PARKS, J. M. (1993). The contracts of individuals and organizations. *Research in Organizations & Behavior*, 15, 1-43.

SCHMIED, G. (1996). *Schenken.* Opladen.

SCHWEER, M. K. W. (1996). *Vertrauen in der pädagogischen Beziehung.* Bern.

SCHWINGER, T. (1982). Steuerung und Rechtfertigung sozialer Prozesse durch Gerechtigkeitsnormen. In W. GRUNWALD & H.-G. Lilge (Hrsg.), *Kooperation und Konkurrenz in Organisationen* (S. 97-107). Stuttgart, Bern.

SMITH, A. (1983). *Der Wohlstand der Nationen.* München.

SPRENGER, R. K. (1991). *Mythos Motivation.* Frankfurt/M., New York.

STAEHLE, W. H. (1994). *Management* (7. Aufl.). München.

WIRTSCHAFTSWOCHE (1993). *Schlechte Zeugnisse.* 9, 26.2.1993, 40-46.

- (1994). *Die Fetzen fliegen.* 11, 11.3.1994, 70-75.

WISWEDE, G. (1980). *Motivation und Arbeitsverhalten.* München, Basel.

WUNDERER, R. & W. GRUNWALD (1980). *Führungslehre (Bd. 1 + 2).* Berlin, New York.

ZÜNDORF, L. (1968). Macht, Einfluß, Vertrauen und Verständigung. Zum Problem der Handlungskoordinierung in Arbeitsorganisationen. In R. SELTZ u. a. (Hrsg.), *Organisation als soziales System* (S. 33-56). Berlin.

Vertrauen und Gesellschaft

Der »vertrauenswürdige« Politiker im Urteil der Wähler

Martin K.W. Schweer

1. Einführung

»Jugendliche trauen den Parteien kaum noch« (FR, 20.11.1996)

So wie in dieser Nachrichten-Überschrift aus der Frankfurter Rundschau mehren sich in der öffentlichen und veröffentlichten Diskussion seit längerem Klagen über eine Abnahme des Vertrauens in die Politik, ihre Institutionen und deren Repräsentanten. Sinkende WAHLbeteiligungen, steigende Stimmenanteile von Protestparteien, Mitgliederschwund bei den etablierten Parteien und geringe Sympathiewerte von Politikern in zahlreichen Umfragen haben in Deutschland eine nachhaltige und andauernde Debatte über die sogenannte Politik-Verdrossenheit ausgelöst (s. u. a. BACKES, 1990; GABRIEL, 1993). Obwohl dem Konstrukt »Vertrauen« im Bereich des Politischen also offensichtlich eine hohe Bedeutung zukommt, muß zunächst gefragt werden, was denn überhaupt gemeint ist, wenn von Vertrauen zu Politikern und Vertrauen in politische Institutionen gesprochen wird.

Betrachtet man die hierzu vorliegenden theoretischen und empirischen Arbeiten, so zeigt sich eine deutliche Heterogenität hinsichtlich der Begriffsbestimmung. So definiert etwa STOCKES politisches Vertrauen relativ unspezifisch als »basic evaluative orientation toward government« (1962, S. 67). Andere Autoren betonen die Bedeutung normativer Erwartungen und sprechen beispielsweise von »the general expectation people have about the quality of the products and outputs that the political system produces« (GAMSON, 1968, S. 40) oder von »the belief that government«, its authorities and institutions should function« (MILLER, 1974, S. 989). Inhaltlich konkreter wird Abramson (1972, S. 1245) in Bezug auf das konkrete Handeln der Politiker: »The belief that they will usually be honest ... the belief that they will usually act in the interests of the people ... the belief that leaders are competent«. Einen anderen Ansatz vertritt ROTTER (1971), der Vertrauen im Sinne einer erlernten generalisierten Erwartung als relativ stabile Persönlichkeitseigenschaft begreift. In der von ihm entwickelten »Interpersonal Trust Scale« erweist sich »Politisches Vertrauen« neben dem »Vertrauen gegenüber Eltern oder anderen relevanten Autoritätspersonen« und dem »Vertrauen gegenüber Freunden« als eine der drei grundlegenden Dimensionen interpersonalen Vertrauens.

Zusammenfassend läßt sich festhalten:

1. Vertrauen kann als eine wichtige Teildimension diffuser politischer Unterstützung aufgefaßt werden.

2. Politisches Vertrauen ist eng verbunden mit generellen Erwartungen bezüglich des Verhaltens und der Kompetenz von Repräsentanten des politischen Systems.

3. Politisches Vertrauen impliziert die Übertragung von Kontrolle über Handlungen, Ressourcen und Ereignisse.

Nur selten wird im wissenschaftlichen Diskurs jedoch zwischen dem Vertrauen zu konkreten Repräsentanten des politischen Systems (*personales Vertrauen*) und dem Vertrauen gegenüber politischen Institutionen (*Institutionen-Vertrauen*) unterschieden. Unstreitig ist, daß ein Mindestmaß an Institutionen-Vertrauen eine unverzichtbare Grundlage zur Aufrechterhaltung der Demokratie darstellt (GABRIEL, 1993; WALZ, 1996). Dies gilt um so mehr, wenn solche Institutionen betroffen sind, deren Aufgabe die verfassungsmäßige Wahrung der demokratischen Grundordnung ist (s. DÖRING, 1990).

Dieses Institutionen-Vertrauen speist sich jedoch zu einem erheblichen Maß aus dem Vertrauen gegenüber deren konkreten Repräsentanten; d.h. Institutionen-Vertrauen und personales Vertrauen sind nicht unabhängig voneinander, sondern bedingen sich vielmehr wechselseitig. So kann ein hohes Maß an personalem Vertrauen ein systematisches Vertrauen in die freiheitliche pluralistische Demokratie fördern, andererseits besteht die Gefahr, daß sich ein personaler Vertrauensverlust gegenüber den politischen Akteuren zu einem systematischen Mißtrauen gegenüber der demokratischen Grundordnung generalisiert (SCHWAN, 1990). Zu beobachten ist dies vor allem in Zeiten gesellschaftlichen Wandels, z. B. da, wo sich demokratische Ordnungen erst in einer Verfestigungsphase befinden. Die Gewinnung und Aufrechterhaltung personalen Vertrauens scheint hier geradezu die Eingangsbedingung für die Schaffung von Institutionen-Vertrauen zu sein. Die Entwicklungen in Osteuropa bieten hierfür zahlreiche Beispiele (s. u. a. UTTITZ, 1991), aber auch die Wiedervereinigung beider deutscher Staaten zeigt ähnliche Phänomene.

2. Schwerpunkte und Defizite bisheriger empirischer Forschung

Ungeachtet obiger Überlegungen, liegt in der empirischen Forschung im deutschsprachigen Bereich der Schwerpunkt bislang eindeutig auf der Erfassung von Institutionen-Vertrauen. Ein zentraler Grund hierfür ist sicherlich, daß in unserer Verfassungsordnung - anders beispielsweise als im anglo-amerikanischen Bereich - dem Institutionen-Vertrauen eine weitaus größere Bedeutung eingeräumt wird als dem Vertrauen zu konkreten Repräsentanten des politischen Systems (zu entsprechenden demokratietheoretischen Erläuterungen s. u. a. JÄCKEL, 1990; WESTLE, 1989).

Hierbei läßt sich nun seit dem Beitritt der fünf neuen Bundesländer eine deutliche Forschungsintensivierung beobachten, sehen doch eine Reihe von Autoren durch die Folgen dieser Entwicklung Deutschland in einer besonderen »Vertrauenskrise«: Wie nämlich die Erfahrungen in der Weimarer Republik erwiesen haben, zieht die bloße Etablierung eines demokratischen Institutionen-Systems nicht zwangsläufig auch dessen Akzeptanz durch die Bevölkerung nach sich (s. a. FEIST, 1991).

So zeigt sich in der meta-analytischen Untersuchung von WALZ aus dem Jahr 1996 ein einheitlich schwaches Institutionen-Vertrauen bei der west- und ostdeutschen Bevölkerung. Im Westen ist dieses Ergebnis jedoch auf einen eindeutigen Vertrauensverlust in den vergangenen Jahren zurückzuführen. Am stärksten ausgeprägt ist dieser für den Bundestag und die Bundesregierung, gefolgt von den politischen Parteien. Eine eigene empirische Studie (SCHWEER, 1997a), in welcher das Vertrauen in verschiedene gesellschaftliche Institutionen erhoben wurde, erbrachte ähnliche Befunde: Das subjektive Vertrauenserleben gegenüber zentralen gesellschaftlichen Institutionen ist bei jungen Erwachsenen insgesamt auffallend schwach ausgeprägt. Leicht positive Tendenzen finden sich noch hinsichtlich »sozialer« Einrichtungen (u. a. Freizeitverbände, Sportvereine, Wohlfahrtsorganisationen), gegenüber Kirchen, Medien, Wirtschaftsorganisationen und vor allem politischen Einrichtungen sind junge Erwachsene jedoch deutlich reserviert eingestellt.

Es ist jedoch nicht auszuschließen, daß sich Befragte bei der Einschätzung der Vertrauenswürdigkeit von Institutionen (auch) auf ihre subjektive Wahrnehmung von den derzeitigen Agenten und Vertretern dieser Einrichtungen stützen: »People running these institutions.« (LIPSET & SCHNEIDER, 1983; s. a. PARKER, 1989)

Insofern ergibt sich auch für den politikwissenschaftlichen Bereich die Notwendigkeit, das *personale Vertrauen* verstärkt in den Mittelpunkt der Analyse zu rücken. Hierbei reichen einfache Fragen nach der Vertrauensintensität gegenüber konkreten Politikern, wie sie beispielsweise für den anglo-amerikanischen Bereich vorliegen (u. a. JENNINGS, CUMMINGS & KIL-PATRICK, 1966; TYLER, RASINSKI & McGRAW, 1985) sicherlich nicht aus. Sie erinnern stark an eher allgemeine und unverbindliche Beliebtheits-Skalierungen deutscher Polit-Barometer. Vielmehr stellt sich die Frage, warum denn eigentlich manchen Politikern in hohem Maße vertraut wird, warum denn anderen Politikern verschwindend geringes Vertrauen geschenkt wird und vor allem welche Auswirkungen fehlendes oder erlebtes Vertrauen für das eigene politische Engagement haben. Um Antworten auf diese Fragen näher zu kommen, gilt es, die Vorstellungen und Ansichten der Wähler selbst zu untersuchen.

3. Fragestellungen der empirischen Untersuchung

Im folgenden werden erste Ergebnisse aus einem laufenden Forschungsprojekt zum Vertrauen in die Politiker vorgestellt. Als Untersuchungsgruppe wurden im Rahmen dieser Pilotstudie bewußt Studierende gewählt, da sie in der politikwissenschaftlichen Forschung als besonders kritische und differenziert antwortende Bevölkerungsgruppe betrachtet werden (s. u. a. DÖRING, 1990).

Folgende *Fragestellungen* wurden untersucht:

1. Wie stark ist bei den Wählern das Vertrauen in die Politiker grundsätzlich ausgeprägt?

2. Welche Folgen hat (fehlendes) Vertrauen in die Politiker für das eigene politische Engagement?

3. Wodurch erschüttern Politiker das Vertrauen ihrer Wähler?

4. Welche Eigenschaften und Verhaltensweisen muß ein Politiker aus Sicht der Wähler aufweisen, damit man ihm Vertrauen entgegenbringen kann?

5. Ist der »vertrauenswürdige« Politiker nur eine Utopie?

4. Darstellung der Befunde

4.1 Erlebtes Vertrauen in die Politiker

Die vorliegenden Befunde (s. Tab. 1) zeigen zunächst, daß die Befragten mehrheitlich nur *wenig Vertrauen* in die Politiker haben (M = 2.10).

Vertrauensrelevante Einstellungen	M	SD
Im allgemeinen bringe ich unseren Politikern Vertrauen entgegen.	2.10	1.59
Ich fühle mich den Entscheidungen der Politiker ausgeliefert.	5.77	1.16
Die Politiker müßten in wesentlich höherem Maße kontrolliert werden.	5.42	1.22
Eher als Gesetze und Programme werden mutige und „vertrauenswürdige" Politiker gebraucht.	4.97	1.61
Von den heutigen Politikern bin ich zutiefst enttäuscht.	4.32	1.47
Ohne Details zu kennen, weiß ich, daß meine Interessen von den Politikern gut vertreten werden.	2.61	1.13

Anmerkung: *Die Angaben wurden auf einer 7-stufigen Skala*
              (1 = trifft überhaupt nicht zu", 7 = „trifft völlig zu") erhoben.
              M = Mittelwert; SD = Standardabweichung.

Tab. 1: Erlebtes Vertrauen in die Politiker (N = 125)

Warum dies so ist, erklären ihre deutlich *pessimistischen politischen Einstellungen*: So glauben sie nicht, daß ihre Interessen von den Politikern hinreichend vertreten werden (M = 2.61), sie fühlen sich den Entscheidungen der Politiker quasi hilflos ausgeliefert (M = 5.77) und sind von daher auch der Ansicht, daß die Politiker wesentlich stärker kontrolliert werden müßten (M = 5.42). Insgesamt sind die Befragten von den heutigen Politikern in hohem Maße enttäuscht (M = 4.32). Anlaß zur Hoffnung gibt jedoch, daß die Notwendigkeit des Vertrauens in die Politiker durchaus gesehen wird: Die Befragten sind nämlich der Meinung, daß vor allen Dingen »vertrauenswürdige« Politiker gebraucht werden - mehr noch als Gesetze und Programme (M = 4.97).

4.2 Erlebtes Vertrauen und politisches Engagement

Wenngleich die Befragten also den Politikern mehrheitlich wenig Vertrauen entgegenbringen, ist die diesbezügliche Verteilung in der Stichprobe nicht einheitlich (SD = 1.59). Für die weitere Analyse wurden von daher Personen mit vergleichsweise hohem versus geringem Vertrauen in die Politiker unterschieden und auf relevante Unterschiede hinsichtlich ihres politischen Handelns untersucht (s. Tab. 2).

Politisches Engagement	Hohes Vertrauen (N = 66)		Geringes Vertrauen (N = 59)			
	M	SD	M	SD	DIFF	SIG
Kenntnis der Wahlprogramme	3.46	1.41	3.52	1.39	0.06	ns
Wahlbeteiligung	6.04	1.79	6.52	1.20	0.48	< .05
Eigene politische Initiativen	4.07	1.74	4.82	1.55	0.75	< .01
Anmerkung: Die Angaben wurden auf einer 7-stufigen Skala (1 = trifft überhaupt nicht zu", 7 = „trifft völlig zu") erhoben. M = Mittelwert; SD = Standardabweichung; DIFF = absolute Differenz der Mittelwerte; SIG = Signifikanzniveau.						

Tab. 2: Erlebtes Vertrauen und politisches Engagement (N = 125)

Die beiden Personengruppen unterscheiden sich nicht unerheblich voneinander. Zwar sind die parteipolitischen Programme - wie nicht anders zu erwarten - übereinstimmend kaum bekannt. Zumindest Ansätze eines politischen Engagements sind aber - und das war so sicherlich nicht zu erwarten - bei geringerem Vertrauen in die Politiker vergleichsweise stärker ausgeprägt: Dies gilt sowohl für die Aussage, regelmäßig zur WAHL zu gehen (DIFF = 0.48), als auch für die Vorstellung, sich selbst politisch zu betätigen (DIFF = 0.75).

Somit wird ersichtlich, daß geringeres Vertrauen in die Politiker *nicht* mit einer Gleichgültigkeit gegenüber der Politik als solche einhergeht, geschweige denn mit einem Zweifel an den Grundpfaden der Demokratie. Im Gegenteil: Geringeres Vertrauen in die Politiker scheint gerade aus einer engagierteren und kritischeren politischen Haltung zu resultieren und findet ihren Niederschlag in einer pessimistischeren Grundeinschätzung unserer heutigen politischen Landschaft.

4.3 »Vertrauenshemmendes« Verhalten von Politikern

Aufgrund der oben referierten Befunde stellt sich die Frage, was denn Politiker aus Sicht der Wähler eigentlich tun, so daß Vertrauen erschüttert, gänzlich zerstört oder aber von vornherein behindert wird (s. Tab. 3).

„Vertrauenshemmendes" Verhalten	Absolute Häufigkeit der Nennungen	Relative Häufigkeit der Nennungen
Unehrlichkeit	53	51.5 %
Kriminelles Verhalten	24	23.3 %
Egoismus	22	21.4 %
Fehlendes Rückrat	22	21.4 %
Widersprüchlichkeit	20	19.4 %
Mißbrauch der Position	15	14.6 %

Tab. 3: »Vertrauenshemmendes« Verhalten von Politikern (N = 103; Mehrfachnennungen möglich)

An erster Stelle steht hier eindeutig die wahrgenommene *Unehrlichkeit* von Politikern (51.5%): »Lügen«, »Aussagen nicht einhalten«, »Wortbruch«, »falsche Versprechungen«, »Versprechen brechen« sind typische Beispiele dieser Kategorie. Ebenfalls das Vertrauen gefährden *kriminelle Handlungen* (23.3%) wie »Steuerhinterziehung«, »Meineid«, »Veruntreuen von Geldern« oder »Korruption«. Ähnlich häufig genannt wird *Egoismus* (21.4%) wie »das rücksichtslose Durchsetzen von Eigeninteressen«, »Skrupellosigkeit«, »nur auf sein Ansehen bedacht sein« und »das Ignorieren der Bedürfnisse anderer«. Ferner wird das *fehlende Rückrat* (21.4%) mancher Politiker kritisiert, also beispielsweise »Manipulierbarkeit«, »absolute Konformität mit der Partei«, »sich wie eine Fahne im Wind drehen«, »gegen sein Gewissen handeln« und »sich unterkriegen lassen«. Auch wird Vertrauen durch *Widersprüchlichkeit im Verhalten* (19.4%) gefährdet: U. a. »gegen das Handeln, was gesagt wird«, »Dinge tun, die vorher verteufelt wurden«, »Familie hochhalten, aber selbst Affären haben«, »Sparen wollen, aber dies selbst nicht tun«. Last but not least wird der *Mißbrauch der politischen Position* (14.6%) genannt: »in die eigene Tasche wirtschaften«, »Diäten erhöhen«, »Amtsmißbrauch« oder gar »sich verkaufen«.

Welche konkreten Ereignisse werden denn nun mit solchen »vertrauenshemmenden« Handlungen von Politikern in Verbindung gebracht (s. Tab. 4)?

„Vertrauenshemmende" politische Ereignisse	Absolute Häufigkeit der Nennungen	Relative Häufigkeit der Nennungen
Innenpolitische Ereignisse allgemein *Beispielhafte Nennungen:* ♦ *Bildungspolitik* ♦ *Führungswechsel bei der SPD* ♦ *lasche Gesetze gegen Kinderschänder* ♦ *Nicht-Ernstnehmen von Demonstrationen* ♦ *Paragraph 218* ♦ *Umgang etablierter Parteien mit extremen Parteien wie den REPs* ♦ *Umgang mit Ausländern und Asylanten*	76	36.7 %
Innenpolitische Ereignisse, die finanzielle Leistungen betreffen *Beispielhafte Nennungen:* ♦ *Autobahngebühren* ♦ *Besteuerung von Renten* ♦ *evtl. Erhöhung der Benzinsteuer* ♦ *Lohnfortzahlung im Krankheitsfall* ♦ *Sozialabbau* ♦ *Sparpaket* ♦ *Verschiebung der Kindergelderhöhung*	91	44.0 %
Außenpolitische Ereignisse *Beispielhafte Nennungen:* ♦ *Aufbau Ost / Ost-West Politik* ♦ *Balkankonflikt / tatenloses Zusehen* ♦ *Ignorierung des Golfkriegs* ♦ *Naturschutz / Umweltkonferenzen / Umweltgipfel Brasilien* ♦ *Regierungsverhalten: französ. Atomtests*	40	19.3 %

Tab. 4: »Vertrauenshemmende« politische Ereignisse (N = 106; Mehrfachnennungen möglich)

Es zeigt sich, daß es sich hierbei in erster Linie um innenpolitische Ereignisse handelt (80.7%), insbesondere um solche, die sich auf *finanzielle Leistungen* beziehen (44%): So gehen die Äußerungen von Fragen der Rechtsprechung über den Sozialabbau im Allgemeinen bis hin zur eigenen finanziellen Absicherung. Vergleichsweise eher selten genannt werden außenpolitische Ereignisse (19.3%).

Somit scheinen sich insbesondere solche Ereignisse auf das Wählervertrauen auszuwirken, die einen unmittelbaren Bezug zur *eigenen Lebenssituation* der Befragten aufweisen. Gerade in dieser Hinsicht von den Politikern erlebte Enttäuschungen und damit verbundene antizipierte oder faktisch vorhandene eigene Einschränkungen sind wohl entscheidend dafür (mit-)verantwortlich, daß das Vertrauen in die Politiker nur gering ausgeprägt ist.

4.4 Erwartungen an den »vertrauenswürdigen« Politiker

Nach den bisher doch eher nachdenklich stimmenden Befunden soll nun abschließend der Frage nachgegangen werden, wie denn das Vertrauen der Wähler in die Politiker gefördert werden könnte. Zunächst sei angemerkt, daß der überwiegende Teil der Befragten (92.8%) durchaus konkrete Vorstellungen davon hat, wie ein »vertrauenswürdiger« Politiker sein sollte. Nur ganze 7.2% äußern sich hierzu nicht bzw. verweisen explizit darauf, daß Vertrauen zu Politikern aus ihrer Sicht eine Illusion darstellt.

Vertrauensrelevante Erwartungen	Absolute Häufigkeit der Nennungen	Relative Häufigkeit der Nennungen
Orientierung an den Interessen der Wähler	57	49.1 %
Rückgrat	51	44.0 %
Orientierung an ethisch-moralischen Werten	50	43.1 %
Ausgeglichenheit	39	33.6 %
Kompetenz	35	30.2 %
Orientierung an humanitären Werten	31	26.7 %
Handlungsorientierung	25	21.6 %
Glaubwürdigkeit	22	19.0 %

Tab. 5: Erwartungen an den "vertrauenswürdigen" Politiker (N = 116; Mehrfachnennungen möglich)

Welche Eigenschaften und Verhaltensweisen sind denn nun aus der Sicht der Befragten wichtig, damit Vertrauen zu einem Politiker entstehen und dieses Vertrauen auch aufrechterhalten werden kann (s. Tab. 5)?

Die vertrauensrelevanten Erwartungen der Befragten beziehen sich in erster Linie auf die Orientierung des Politikers an den *Interessen der Wähler* (49.1%). Beispiele hierfür sind: »Der Politiker sollte die Wähler integrieren«, »sich der öffentlichen Meinung beugen können«, »Positionen für die Allgemeinheit, nicht für einzelne Gruppen durchsetzen«, »Interesse an den Problemen der Leute haben« sowie »Kontakt zu den Wählern ermöglichen«. Ebenfalls besonders wichtig ist das wahrgenommene *Rückgrat* eines Politikers (44%), also »Konsequenz«, »Zielstrebigkeit«, »Engagement«, »Mut«, »Durchsetzungsfähigkeit in der eigenen Partei«, »Oppositionsfreudigkeit auch in den eigenen Reihen«, »zu seiner Meinung stehen« und »Entschlüsse fassen können«. Ferner wird die Orientierung an *ethisch-moralischen Werten* (43.1%) wie »Bescheidenheit«, »Achtung vor dem Leben, vor Kultur, vor religiösen Dingen«, »Gewissenhaftigkeit«, »Strebsamkeit« sowie »religiöse Orientierung« gefordert. Etwa ein Drittel der Befragten erwartet *Ausgeglichenheit* (33.6%) und *Kompetenz* (30.2%) von einem Politiker, damit man ihm Vertrauen entgegenbringen kann. Ebenfalls von Bedeutung ist eine Orientierung an *humanitären Werten* (26.7%) wie »Einsatz für die Umwelt«, für »Minderheiten«, »Menschenfreundlichkeit« und »soziales Engagement«. Etwa 20% der Befragten erwarten zudem *Glaubwürdigkeit* (19%) und eine verstärkte *Handlungsorientierung* (21.6%), nämlich »konkrete Verbesserungsvorschläge«, »nicht nur reden, sondern auch tun«, »Fakten, keine Polemik«, »kein Schwafeln«, »keine leere Phrasen«, »Lösungen anbieten, statt nur die Gegenpartei zu kritisieren«.

Zusammengenommen zeigt sich also:
Der »vertrauenswürdige« Politiker ist in erster Linie ein »Volksvertreter«, der sich an ethisch-moralischen und humanitären Werten orientiert und diese glaubwürdig vertritt. Hierzu hat er die erforderliche Kompetenz und das nötige Rückgrat, er redet nicht nur, sondern handelt auch.

4.5 Ist der „vertrauenswürdige" Politiker nur eine Utopie?

Um diese Frage beantworten zu können, sollten die Befragten angeben, was denn einen konkreten Politiker, dem sie tatsächlich vertrauen schenken, von anderen Politikern unterscheidet (s. Tab. 6).

„Vertrauensfördernde" Eigenschaften	Absolute Häufigkeit der Nennungen	Relative Häufigkeit der Nennungen
Rückgrat	25	53.2 %
Glaubwürdigkeit	22	46.8 %
Orientierung an humanitären Werten	14	29.8 %
Kompetenz	12	25.5 %
Orientierung an ethisch-moralischen Werten	10	21.3 %
Handlungsorientierung	7	14.9 %
Ausgeglichenheit	7	14.9 %

Tab. 6: Eigenschaften "vertrauenswürdiger" Politiker (Angaben in Prozent; N = 47; Mehrfachnennungen möglich)

Zunächst einmal wird ersichtlich, daß noch nicht einmal die Hälfte der Befragten (37.6%) einen konkreten Politiker benennen kann, dem sie tatsächlich Vertrauen entgegenbringt. Eine inhaltsanalytische Auswertung der hier genannten Aspekte, die diesen Politiker von anderen unterscheiden, zeigt: Ein Politiker, dem Vertrauen entgegengebracht wird, zeichnet sich durch *Rückgrat* (53.2%), *Glaubwürdigkeit* (46.8%) sowie durch die Orientierung an *humanitären* (29.8%) und *ethisch-moralischen Werten* (21.3%) aus. Ebenfalls charakteristisch für einen »vertrauenswürdigen« Politiker ist dessen *Kompetenz* (25.5%), *Handlungsorientierung* (14.9%) und *Ausgeglichenheit* (14.9%).

Also: Vertrauen wird dann zu einem konkreten Politiker erlebt, wenn er den diesbezüglichen normativen Erwartungen seiner Wähler entspricht. Hierbei mag der Prototyp des »vertrauenswürdigen« Politikers vielleicht eine Utopie sein, es gibt aber durchaus (zumindest für einen Teil der Befragten) Politiker, die diesem Prototyp so nah kommen, daß ihnen Vertrauen geschenkt wird.

Dieser Befund steht in Einklang mit neueren Untersuchungen zum Vertrauensphänomen: Je mehr die subjektiven normativen Erwartungen an eine »vertrauenswürdige« Person erfüllt sind, umso eher wird denn auch Vertrauen zu der konkreten Person erlebt (SCHWEER, 1996a; 1997b, c). Hierfür ist es zunächst einmal relativ gleichgültig, ob diese Person nun tatsächlich solche Eigenschaften und Verhaltensweisen aufweist. Es spielt hier vielmehr eine Rolle, ob der Beurteiler, also derjenige, der ein Vertrauensurteil fällt, diese Eigenschaften und Verhaltensweisen als vertrauensrelevant einschätzt und sie als gegeben wahrnimmt (SCHWEER, 1996b).

5. Zusammenfassung der Ergebnisse und Ausblick

Im Mittelpunkt der dargestellten Untersuchung stand das personale Vertrauen von Studierenden gegenüber Repräsentanten des politischen Systems. In dieser Hinsicht zeigen die vorliegenden Befunde:

1. Die Befragten weisen eine überwiegend *negative Einstellung* zu den Politikern als solchen auf und bringen diesen insgesamt wenig Vertrauen entgegen. Sie glauben jedoch, daß vor allen Dingen »vertrauenswürdige« Politiker gebraucht werden - mehr noch als Gesetze und Programme.

2. Besonders geringes Vertrauen in die Politiker ist nicht mit einer grundsätzlichen politischen Ignoranz, sondern eher mit einer engagierteren und *kritischeren politischen Haltung* verbunden. Vergleichsweise hohe Erwartungen bringen eine entsprechend höhere Gefahr mit sich, enttäuscht zu werden.

3. Das Vertrauen der Befragten wird insbesondere durch innenpolitische Ereignisse, welche die eigene Lebensqualität tangieren, erschüttert. Hierzu gehören in erster Linie *finanzpolitische Entscheidungen*. Gerade aber das Vertreten der Bürgerinteressen wird am stärksten von den Befragten erwartet, damit sie Vertrauen zu einem Politiker aufbauen können.

4. Um Vertrauen zu einem Politiker erleben zu können, muß dieser in erster Linie ein »*Volksvertreter*« sein, der sich an ethisch-moralischen und humanitären Werten orientiert und diese auch glaubwürdig vertritt. Hierzu muß er über die erforderliche Kompetenz und das nötige Rückgrat verfügen; er sollte nicht nur reden, sondern auch handeln.

5. Die einzelnen Politiker, denen tatsächlich Vertrauen entgegengebracht wird, weisen aus Sicht der Befragten viele der normativen Erwartungen an einen »vertrauenswürdigen« Politiker auf. D. h., der »vertrauenswürdige« Politiker ist (zumindest als Einzelfall) durchaus *keine Utopie*.

In weiteren Untersuchungen müßte nun gezielt der Frage nachgegangen werden, warum die vertrauensrelevanten Erwartungen nur bei so wenigen Politikern als realisiert erlebt werden. Hierzu müßten dann selbstverständlich auch nicht-studentische bzw. repräsentativere Stichproben zugrunde gelegt werden. Dennoch geben bereits die hier vorgelegten Ergebnisse wichtige Ansatzpunkte dafür, was die Wähler eigentlich von den Politikern erwarten. Dies gilt insbesondere deshalb, da ja die in dieser Untersuchung geäußerten Erwartungen nicht in erster Linie parteipolitischen Ansichten zuzuordnen sind. Für die Befragten scheint es also weniger um parteipolitische Fragen zu gehen, sondern vielmehr um allgemeine Verhaltensregeln, die sie von den Volksrepräsentanten erwarten. Eine echte und ehrliche Auseinandersetzung von Politikern mit eben diesen Erwartungen könnte durchaus dazu beitragen, daß die Wähler sich (wieder) ernstgenommen fühlen. Denn Politik ohne das Vertrauen der Wähler in ihre Repräsentanten kann langfristig nicht funktionieren. Hierzu müßten die Politiker aber für sich selbst zunächst die Frage beantworten, wie wichtig ihnen denn das Vertrauen ihrer Wähler eigentlich ist.

6. Literatur

ABRAMSON, P. A. (1972). Political efficacy and political trust among black school children. Two explanations. *The Journal of Politics*, 34, 1243-1275.

BACKES, U. (1990). Politik ohne Vertrauen? *Zeitschrift für Politik*, 37, 82-88.

DÖRING, H. (1990). Aspekte des Vertrauens in Institutionen. Westeuropa im Querschnitt der Internationalen Wertstudie 1981. *Zeitschrift für Soziologie*, 19, 73-89.

FEIST, U. (1991). Zur politischen Akkulturation der vereinten Deutschen. Eine Analyse aus Anlaß der ersten gesamtdeutschen BundestagsWAHL. *Aus Politik und Zeitgeschichte*, B 11-12, 21-32.

GABRIEL, O. W. (1993). Institutionenvertrauen im vereinigten Deutschland. *Politik und Zeitgeschehen*, 43, 3-12.

GAMSON, W. A. (1968). *Power and discontent.* Homewood.

JÄCKEL, H. (1990). Über das Vertrauen in die Politik. Nicht an Personen, sondern an Institutionen entscheidet sich das Wohl der Bürger. In P. Haungs (Hg.), *Politik ohne Vertrauen* (S. 31-41)? Baden-Baden.

JENNINGS, M. K., CUMMINGS, M. C. Jr. & KILPATRICK, F. P. (1966). Trusted leaders. Perceptions of appointed federal officials. *Public Opinion Quarterly*, 30, 368-384.

LIPSET, S. M. & SCHNEIDER, W. (1983). The decline of confidence in American institutions. *Political Science Quarterly*, 90, 379-402.

MILLER, A. H. (1974). Rejoinder to »Comment« by Jack Citrin: Political discontent of a ritualism. *American Political Science Review*, 68, 989-1001.

PARKER, G. R. (1989). The role of constituent trust in congressional elections. *Public Opinion Quarterly*, 53, 175-196.

ROTTER, J. B. (1971). Generalized expectancies for interpersonal trust. *American Psychologist*, 26, 443-452.

SCHWAN, G. (1990). Politik ohne Vertrauen? Ideengeschichtliche und systematische Überlegungen zum Verhältnis von Politik und Vertrauen. In P. Haungs (Hg.), *Politik ohne Vertrauen* (S. 9-30)? Baden-Baden.

SCHWEER, M. K. W. (1996a). *Vertrauen in der pädagogischen Beziehung.* Bern.

- (1996b). Vertrauen im Jugendalter: Subjektive Vertrauenskonzepte von Jugendlichen gegenüber Eltern, Lehrern und intimen Partnern. *Pädagogik und Schulalltag*, 51, 380-388.

- (1997a). Vertrauen in zentrale gesellschaftliche Institutionen. Ergebnisse einer empirischen Untersuchung bei jungen Erwachsenen. *Gruppendynamik* (im Druck).

- (1997b). Eine differentielle Theorie interpersonalen Vertrauens - Überlegungen zur Vertrauensbeziehung zwischen Lehrenden und Lernenden. *Psychologie in Erziehung und Unterricht*, 44, 2-12.

- (1997c). Bedingungen interpersonalen Vertrauens zum Lehrer: Implizite Vertrauenstheorie, Situationswahrnehmung und Vertrauensentwicklung bei Schülern. *Psychologie in Erziehung und Unterricht*, 44, 143-151.

STOCKES, D. E. (1962). Popular evaluations of government: An empirical assessment. In H. CLEVELAND & H. D. LASWELL (Eds.), *Ethics and bigness* (pp. 61-73). New York.

TYLER, T. R., RASINSKI, K. A & MCGRAW, K. M. (1985). The influence of perceived injustice on the endorsement of political leaders. *Journal of Applied Social Psychology*, 15, 700-725.

UTTITZ, P. (1991). Motive und Einstellungen tschechoslowakischer Wähler. Die JuniWAHL und die Entwicklung bis Ende des Jahres 1990. *ZA-Information*, 28, 40-51.

WALZ, D. (1996). Vertrauen in Institutionen in Deutschland zwischen 1991 und 1995. *ZUMA-Nachrichten*, 20, 70-89.

WESTLE, B. (1989). *Politische Legitimität - Theorien, Konzepte, empirische Befunde.* Baden-Baden.

233

Verzeichnis der Autorinnen und Autoren

Prof. Dr. Hans W. Bierhoff ist seit 1992 Professor an der Ruhr-Universität Bochum. Forschungsschwerpunkte: Vertrauen und Selbstöffnung; Altruismus und soziale Verantwortung; Gerechtigkeit in engen Beziehungen und Kooperation in sozialen Dilemmata.

Dipl.-Psych. Ernst Buck war Mitarbeiter in dem Forschungsprojekt »Vertrauen und soziale Interaktion« an der Universität Marburg.

Andrea M. Dederichs, M.A. ist seit 1994 wiss. Mitarbeiterin an der Gerhard-Mercator Universität Gesamthochschule Duisburg. Forschungsschwerpunkte: Emotionssoziologie; Soziales Kapital in der Leistungsgesellschaft; Ästhetik, Emotionalität und Rationalität in der soziologischen Theorie; Soziale Ungleichheit und Lebensstile.

Prof. Dr. Matthias Franz ist seit 1995 Professor am Klinischen Institut und an der Klinik für Psychosomatische Medizin und Psychotherapie der Heinrich-Heine Universität Düsseldorf. Forschungsschwerpunkte: Epidemiologie und Verlaufsprädiktion psychogener Erkrankungen; Einflußfaktoren der Psyhotherapieakzeptanz und des Inanspruchnahmeverhaltens psychogen erkrankter Patienten; Psychophysiologie der Affektverarbeitung; Alexithymieforschung; Psychosomatik neurologischer und orthopädischer Erkrankungen.

Prof. Dr. Wolfgang Grunwald ist seit 1986 Professor an der Universität Lüneburg. Forschungsschwerpunkte: Führung; intrapersonale, interpersonale und gruppenspezifische Konflikte; Gruppenarbeit; Beratung und Trainings in Unternehmen sowie im Bereich der öffentlichen Verwaltung.

Dr. Ingrid E. Josephs ist seit 1995 wiss. Assistentin an der Otto-von-Guericke Universität Magdeburg. Forschungsschwerpunkte: Bindungsentwicklung; Entwicklung des Selbstkonzeptes; Bedeutung von Orten, Plätzen und Dingen für die Entwicklung des Selbst; emotionale Entwicklung.

Dr. Michael Koller ist seit 1991 wiss. Assistent an der Chirurgischen Universitätsklinik in Marburg. Forschungsschwerpunkte: Interpersonale Attraktion und Vertrauen; Gerüchte; kognitive Theorien der Sozialpsychologie; Lebensqualität; klinische Studien im Bereich der chirurgischen Forschung.

Prof. Dr. Günter Krampen ist seit 1991 Professor an der Universität Trier. Forschungsschwerpunkte: Entwicklungs- und Persönlichkeitspsychologie; Pädagogische Psychologie und ausgewählte Bereiche der Klinischen Psychologie und der Sozialpsychologie.

Prof. Dr. med. Wilfried Lorenz ist Leiter des Instituts für Theoretische Chirurgie. Forschungsschwerpunkte: Histamin; Sepsis; medizinische Entscheidungsfindung; Outcome-Analysen.

Prof. Dr. Günter F. Müller ist seit 1992 Professor an der Universität Koblenz-Landau. Forschungsschwerpunkte: Empirisch-psychologische Analyse von Bewußtseins-Verhaltens-Relationen bei organisationalen und alltäglichen Fairneß-, Qualitäts-, Leistungs- und Ökologie-Anforderungen; Untersuchung dispositioneller und biographischer Bedingungen selbständiger Erwerbstätigkeit; Erforschung von Selbstmanagementprozessen im Kontext von Führungssituationen und beim Erwerb komplexer Wissensinhalte.

Dr. Michael Opielka ist seit 1997 Geschäftsführer am Institut für Sozialökologie in Hennef. Forschungsschwerpunkte: Soziologie der Gemeinschaft; Soziologie und Sozialpädagogik; Sozialpädagogik im Beruf.

Prof. Dr. M.E. Oswald ist seit 1996 Professorin an der Universität Bern. Forschungsschwerpunkte: Social cognition; Hypothesentesten; richterliche Urteilsbildung; abweichendes Verhalten; Verantwortungsattribution.

Priv.-Doz.. Dr. Martin K.W. Schweer ist Vertretungsprofessor an der Universität Dortmund und Mitbegründer des Zentrums für Vertrauensforschung (ZfV) am Institut für Pädagogik der Ruhr-Universität Bochum. Forschungsschwerpunkte: Vertrauen in der pädagogischen Beziehung; Interpersonale Konflikte; Führung.

Dipl.-Psych. Luitgard Stumpf ist seit 1994 Promotionsstipendiatin am Max-Planck-Institut für Psychologische Forschung in München. Forschungsschwerpunkte: Kognitive und soziale Entwicklung bei Kindern; Entwicklung des Vertrauens; Entwicklung des Verstehens von Intentionen und Ambiguität; Moralentwicklung.